Wirtschafts- und Sozialkunde

Kammerprüfung im Blick

Berufsbildende Schulen

Autoren
Olaf Ansorge
Peter Nabholz
Willi Overkamp

Ernst Klett Verlag
Stuttgart · Leipzig

1. Auflage   1   5   4   3   2   1 | 13   12   11   10   09

Alle Drucke dieser Auflage sind unverändert und können im Unterricht nebeneinander verwendet werden.
Die letzte Zahl bezeichnet das Jahr des Druckes.

Autoren: Olaf Ansorge, Göttingen; Peter Nabholz, Eningen;
Willi Overkamp, Bocholt

Redaktion: Heidi Trabert, Kaarst; Dr. Hans-Werner Thunig
Herstellung: Krystyna Müller

Illustrationen: Aurel Voigt, Ludwigsburg
Satz: Holm Klix, Leipzig
Reproduktion: Meyle + Müller Medienmanagement, Pforzheim
Druck: Stürtz GmbH, Würzburg

Printed in Germany

ISBN 978-3-12-882730-8

Inhalt

So arbeiten Sie mit diesem Buch

Das Buch setzt die neuen Vorgaben der Kultusministerkonferenz (KMK) vom 10.05.2007 für den Unterricht der Berufsschule im Bereich Wirtschafts- und Sozialkunde gewerblich-technischer Berufe um. Diese Vorgaben sind Grundlage der jeweiligen Kammerprüfungen. Der vorgegebene Prüfungsstoff der KMK ist in drei Kapitel unterteilt, diese wiederum in mehrere Abschnitte. Jeder Abschnitt des Buchs behandelt ein Thema, ist in sich abgeschlossen und enthält:

1–2 Lernsituationen mit handlungsorientierten Aufgaben

Die Lernsituation erleichtert Ihnen den Einstieg ins Thema und erschließt den folgenden Infotext. Wenn Sie mehr zu einem Thema wissen wollen, finden Sie oben auf der ersten Seite jedes Abschnitts einen **Online-Link**. Wenn Sie die dort angegebene Zahlenfolge, z.B. **882730-1100**, unter der Internet-Adresse www.klett.de eingeben, werden Sie direkt zu ausgewählten Internet-Adressen und Zusatzmaterialien geführt. Diese werden laufend aktualisiert.

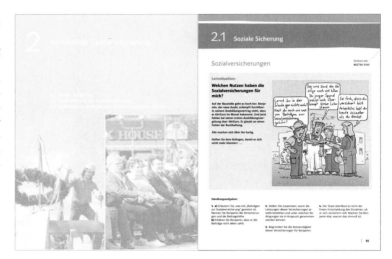

Informationstext mit Grundwissen

Der Infotext ist das Kernstück des Buchs. Er enthält den Lernstoff für mögliche Klassenarbeiten und für die Prüfung. Das Zeichen ▶ verweist auf andere Abschnitte oder auf Materialien. Das Zeichen ↖ weist auf Zusatzmaterialien im Online-Bereich hin. Der Lernstoff wird vertieft durch schematische Darstellungen, aktuelle Statistiken, Grafiken und Fotos. Der Text wird durch Zusatzinformationen wie Begriffserläuterungen, zusätzliche Definitionen oder Hinweise auf Gesetze in der Randspalte ergänzt.

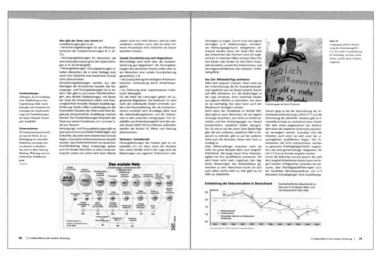

Fragen zum Querdenken

stehen am Ende jeder Lernsituation. Sie sind offen formuliert, geben Ihnen Anstöße zum Nachdenken über Politik und ermuntern Sie, selbst Stellung zu beziehen.

Zum Querdenken

1. Einwanderung wird von manchen Leuten als Lösung für die demografischen Probleme der Bundesrepublik gesehen. Nehmen Sie zu diesem Standpunkt Stellung.

2. „Die Familien tragen die Lasten des sozialen Systems und ernten dafür Nachteile."

(Heribert Prantl) Erläutern Sie die Aussage und nehmen Sie dazu Stellung.

3. Sehen Sie in Arbeitsgelegenheiten (1-Euro-Jobs) eine Antwort auf die Beschäftigungskrise? Begründen Sie. Stellen Sie weitere Wege aus der Beschäftigungskrise dar.

Prüfungsaufgaben

finden Sie am Ende jedes Abschnitts. Sie sollen Ihnen eine Hilfe beim Überprüfen Ihres Wissens und beim Üben des Gelernten geben und Sie gezielt auf die Fragen in der Abschlussprüfung vorbereiten.

Wir unterstützen Sie darüber hinaus bei der Prüfungsvorbereitung durch weitere Prüfungsaufgaben, weitere Materialien und Lösungen zu allen Aufgaben, die Sie unter www.klett.de/online herunterladen können (▶ Übersicht auf S. 160).

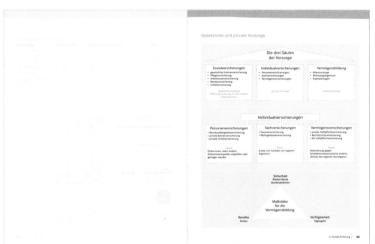

strukturierte Zusammenfassungen

Auf einer Seite wird der Lernstoff jeder Lernsituation nochmals übersichtlich in Form eines Schemas dargestellt. So können Sie sich nochmals einen Überblick über die wichtigen Inhalte verschaffen und den Stoff wiederholen. Die Zusammenfassungen finden Sie ebenfalls im Online-Bereich (▶ Übersicht auf S. 160).

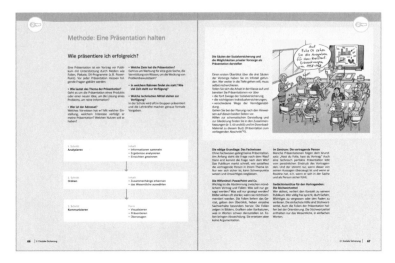

Methodenseiten

In jedem Abschnitt wird eine Unterrichtsmethode an einem Beispiel aus dem gerade behandelten Themenbereich vorgestellt. Hier können Sie unterschiedliche Formen der Zusammenarbeit erproben und das Gelernte vertiefen.

Wir wünschen uns, dass Ihnen das Buch eine selbstständige und effiziente Prüfungsvorbereitung ermöglicht und Ihnen Antworten auf Ihre offenen Fragen gibt.

1 Der Jugendliche in Ausbildung und Beruf

Unternehmen in der dualen Ausbildung

Online-Link
882730-1100

Lernsituation:

Was muss ich über meinen neuen Ausbildungsbetrieb wissen?

Sie haben eine duale Ausbildung im gewerblich-technischen Bereich begonnen. Um sich möglichst schnell im neuen Ausbildungsbetrieb zurechtzufinden, wollen Sie mehr über das Unternehmen wissen. Außerdem möchten Sie sich „richtig" als Auszubildende/r im Betrieb verhalten. Sie informieren sich auch, wie im schlimmsten Falle die Ausbildung beendet werden kann.

Handlungsaufgaben:

1. Erkunden Sie Ihren neuen Ausbildungsbetrieb. Informieren Sie sich über die Stellung des Unternehmens in der Gesamtwirtschaft. Die Erkundung der entsprechenden Unternehmensziele, des Produktsortiments, der einzelnen Abteilungen und deren Leitungen sowie die Namen der einzelnen Ausbildungsverantwortlichen helfen Ihnen dabei, sich möglichst schnell im Unternehmen zu orientieren. Präsentieren Sie Ihre Ergebnisse der Klasse. Veranschaulichen Sie Ihre Informationen möglichst durch Schaubilder wie ein Organigramm des Unternehmens.

2. Sie wollen sich richtig im Unternehmen verhalten. Überlegen Sie, wie ein entsprechender Verhaltenskatalog für Sie aussehen sollte.

3. Sie besuchen zudem die Berufsschule. Wie ist die Aufgabenverteilung zwischen dem Ausbildungsbetrieb und der Berufsschule (das duale System der Berufsausbildung)? Bewerten Sie das duale System der Berufsausbildung in Deutschland.

4. Wie sind Ihre Möglichkeiten, in Zukunft einen Arbeitsplatz zu erhalten? Untersuchen Sie die Arbeitsbedingungen der Zukunft.

Organigramm

Das Organigramm stellt den Aufbau des Unternehmens dar. Es zeigt, auf welche Stellen und Abteilungen sowie Tochterunternehmen die betrieblichen Aufgaben verteilt sind und wer wem gegenüber Anweisungen geben darf.

Das Unternehmen als Ausbildender

In der Bundesrepublik Deutschland stellen überwiegend private Unternehmen Ausbildungsplätze zur Verfügung. Die Auswahl der zukünftigen Auszubildenden treffen die Unternehmen selbstständig ohne Eingriff des Staates (Grundsatz der Vertragsfreiheit).

Jährlich beginnen mehr als eine halbe Million junge Erwachsene eine **duale Ausbildung**, das ist eine Ausbildung, in der sich Betrieb und Schule die Aufgaben teilen. Die meisten anderen Schulabgänger beginnen eine vollzeitschulische Ausbildung (z. B. in den Berufsfachschulen mit Berufsabschlüssen) oder ein Studium.

Eine Berufsausbildung, egal welche, ist in vielen Unternehmen heute eine Voraussetzung, um überhaupt als Arbeitnehmer eingestellt zu werden. Unter den Arbeitslosen und denen, die sich mit Gelegenheitsarbeiten über Wasser halten, finden sich besonders viele ungelernte Arbeiter.

Betrieb und Schule – die zwei Säulen der dualen Berufsausbildung

Lernen in der Berufsschule soll fachtheoretische Grundlagen sowie Lern- und Arbeitstechniken in beruflichen Lernsituationen vermitteln. Des Weiteren soll die Berufsschule eine arbeits- und berufsbezogene Allgemeinbildung in den Fächern Deutsch, Englisch, Politik, Sport und Religion bzw. Ethik fördern. Was gelernt werden muss, ist von den Kultusministerien aller Bundesländer in **Rahmenlehrplänen** festgelegt.

Der Ausbildungsbetrieb vermittelt in betrieblichen Handlungssituationen praktische Kenntnisse, Fertigkeiten und Fähigkeiten für den Ausbildungsberuf. Was hier gefördert werden soll, ist in bundesweit gültigen **Ausbildungsordnungen** geregelt.

Vor- und Nachteile des dualen Systems

Das duale System führt zu einer praxisnahen Berufsausbildung und ist in der Lage, die Wirtschaft mit qualifizierten Arbeitskräften zu versorgen.

Durch die Festlegungen von Ausbildungsordnungen (▶ S. 29) und damit der zu erlernenden beruflichen Kenntnisse, Fertigkeiten und Fähigkeiten sowie der bundesweit geregelten Inhalte der schulischen Ausbildung ist für ein Mindestniveau gesorgt. Die Ausbildungsbetriebe sind verpflichtet, nicht nur nach ihrem speziellen betrieblichen Bedarf auszubilden.

Allerdings funktioniert dieses System nur, wenn viele Betriebe bereit sind, auch über ihren Bedarf hinaus auszubilden. Ein Gleichgewicht zwischen dem Angebot und der Nach-

Traumberufe und Lehrberufe der Jugend	
Die häufigsten Lehrberufe für männliche Auszubildende	**Traumberufe für Männer**
1. Kfz-Mechatroniker 2. Industriemechaniker 3. Kaufmann im Einzelhandel 4. Koch 5. Elektroniker 6. Anlagenmechaniker für Sanitär-, Heizungs- und Klimatechnik	1. Kfz-Mechatroniker 2. Kaufmann/Bankkaufmann 3. handwerklicher Beruf 4. Polizist 5. Fußballprofi 6. Ingenieur
Die häufigsten Lehrberufe für weibliche Auszubildende	**Traumberufe für Frauen**
1. Kauffrau im Einzelhandel 2. Bürokauffrau 3. Verkäuferin 4. Friseurin 5. Medizinische Fachangestellte 6. Industriekauffrau	1. Kauffrau/Bankkauffrau 2. Tierärztin 3. Tierpflegerin 4. Lehrerin 5. Gesundheits- und Krankenpflegerin 6. andere soziale/pflegerische Berufe

Quelle: BIBB, Globus (Stand 2008)

frage nach Ausbildungsplätzen ist jedoch nur schwer herzustellen. Einige Ausbildungsberufe sind überlaufen; in anderen, weniger attraktiven, können die Stellen nicht besetzt werden. Dazu kommen teilweise sehr große regionale Unterschiede: Besonders in Ostdeutschland fehlt es seit langem an betrieblichen Ausbildungsplätzen, obwohl sie dort von der Agentur für Arbeit finanziell gefördert werden.

Insgesamt erfordert eine optimale duale Berufsausbildung eine hohe **Abstimmung** zwischen der betrieblichen, überbetrieblichen und schulischen Ausbildung.

Beginn einer dualen Berufsausbildung

Ein Ausbildungsvertrag wird zwischen dem oder der **Auszubildenden** und einem Unternehmen bzw. Ausbildungsbetrieb (offizielle Bezeichnung: **Ausbildender**) geschlossen. Bei minderjährigen Auszubildenden müssen auch die Erziehungsberechtigten unterschreiben. Mit erwänt im Vertrag ist manchmal auch **der Ausbilder bzw. die Ausbilderin**, das ist die Person, die im Unternehmen für die Ausbildung vor Ort verantwortlich ist.

Das Berufsbildungsgesetz (BBiG §3,4) schreibt vor, dass vor dem Ausbildungsbeginn ein schriftlicher **Berufsausbildungsvertrag** ⌕ abgeschlossen werden muss. Er enthält mindestens folgende Angaben:
• genaue Bezeichnung des Ausbildungsberufes,
• genaue Angabe über Ausbildungszeit, Ausbildungsbeginn und -ende,
• Ausbildungsmaßnahmen außerhalb des Unternehmens (etwa in überbetrieblichen Einrichtungen),
• Dauer der täglichen Arbeitszeit,
• Dauer der Probezeit,
• Höhe und Zahlungstermin der Vergütung,
• Urlaubsanspruch,
• Hinweise auf Tarifverträge, Betriebsvereinbarungen (▶ S. 19), die für diesen Vertrag gelten.

Der unterschriebene Vertrag wird bei der zuständigen Kammer eingereicht. Diese prüft, ob er mit der entsprechenden Ausbildungsordnung übereinstimmt und ob die Ausbildungsstätte und deren Ausbilderinnen und Ausbilder fachlich und persönlich geeignet sind. Zur fachlichen Eignung müssen Ausbilder die erforderlichen Qualifikationen und die

Ausbildungsbefähigung besitzen (z. B. durch eine Meisterprüfung). Hat ein Ausbilder bereits gegen Ausbildungsvorschriften verstoßen, weist er nicht mehr die erforderliche persönliche Eignung auf.

Bei minderjährigen Auszubildenden ist eine erste Gesundheitsprüfung vorgeschrieben (▶ JArbSchG S. 28).

Der Vertrag wird in ein Verzeichnis (z. B. Lehrlingsrolle der Handwerkskammer) eingetragen; die Überwachung der Vertragseinhaltung ist Sache der zuständigen Kammer. Diese Regeln dienen insgesamt dem Schutz des Auszubildenden.

Rechte und Pflichten während und am Ende der Ausbildungszeit ⌕

Die Rechte und Pflichten, die im Ausbildungsvertrag eingegangen werden, sind im Berufsbildungsgesetz geregelt (▶ S. 27 und 29). Ein Verstoß gegen diese Pflichten durch die jeweiligen Vertragspartner kann zu einer **fristlosen Kündigung** führen.

Jeder Berufsausbildungsvertrag enthält eine **Probezeit** (mindestens ein Monat und längstens 4 Monate). In dieser Zeit kann das Ausbildungsverhältnis von beiden Seiten jederzeit und ohne Angabe von Gründen gekündigt werden. Danach kann der Auszubildende mit einer Frist von vier Wochen kündigen, wenn er eine andere Berufsausbildung aufnimmt. Der Ausbildungsbetrieb kann nur aus einem wichtigen Grund kündigen, z. B. wenn der Auszubildende seine Pflichten laut Vertrag grob verletzt hat.

Mit bestandener Abschlussprüfung endet das Ausbildungsverhältnis sofort.

Überbetriebliche Ausbildung (ÜBA)

Ausbildungsstätten, die von Auszubildenden aus verschiedenen Betrieben genutzt werden, weil ihr Ausbildungsbetrieb nicht alle Lerninhalte vermitteln kann

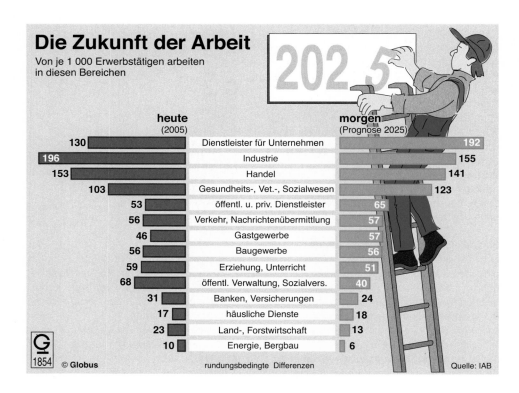

Die Zukunft der Arbeit

Von je 1 000 Erwerbstätigen arbeiten
in diesen Bereichen

202 5

	heute (2005)		morgen (Prognose 2025)
130		Dienstleister für Unternehmen	192
196		Industrie	155
153		Handel	141
103		Gesundheits-, Vet.-, Sozialwesen	123
53		öffentl. u. priv. Dienstleister	65
56		Verkehr, Nachrichtenübermittlung	57
46		Gastgewerbe	57
56		Baugewerbe	56
59		Erziehung, Unterricht	51
68		öffentl. Verwaltung, Sozialvers.	40
31		Banken, Versicherungen	24
17		häusliche Dienste	18
23		Land-, Forstwirtschaft	13
10		Energie, Bergbau	6

G 1854
© Globus   rundungsbedingte Differenzen   Quelle: IAB

Neue Ausbildungsberufe 2008
- Fachkräfte für Automatenservice
- Fotomedienfachmann/-frau
- Personaldienstleistungskaufmann/-frau
- Produktionstechnologe/Produktionstechnologin
- Servicekraft für Schutz und Sicherheit
- Speiseeishersteller/in

Ausbildungsbetriebe aus unterschiedlichen Branchen und ihre Zukunft

Unternehmen, die Ausbildungs- oder Arbeitsplätze schaffen, können aus verschiedenen Wirtschaftssektoren sein:

- Der **primäre Sektor** umfasst alle landwirtschaft- und forstwirtschaftlichen Unternehmen (Urproduktion).
- Im **sekundären Sektor** befinden sich die Unternehmen, die etwas produzieren. Hierzu zählen die Industrie, das Handwerk und die Energiewirtschaft (Produzierende Unternehmen).
- Dem **tertiären Sektor** werden alle Dienstleistungsunternehmen zugeordnet, z. B. Handelsunternehmen, Kreditinstitute, Reise- und Touristikunternehmen.

Der Anteil der jeweiligen Sektoren an der Gesamtwirtschaft hat sich in den vergangenen Jahrzehnten stark verändert und wird sich weiter verändern:
Die Wirtschaftssektoren können dann weiterhin in Branchen (Geschäftszweige) unterteilt werden. Die Branchen Lebensmittel- und Autoproduktion sind Teil des Bereichs Industrie.

**Wandel des Arbeitsplatzes –
Wandel der Berufe**

Mehr als die Hälfte aller Arbeitnehmerinnen und Arbeitnehmer ist heute nicht mehr im erlernten Beruf tätig. Vor allem bei jüngeren Arbeitnehmern gibt es neben Zeiten der Berufstätigkeit oft auch Zeiten der von der Agentur für Arbeit geförderten Fortbildungen, Umschulungen oder Arbeitslosigkeit.
Mit der immer schnelleren Entwicklung immer neuer Produkte und Produktionsverfahren wurden und werden die Berufe vielfältiger und spezialisierter. Die Anforderungen an die Qualifikationen verändern sich ständig.
Neue Berufe entstehen, alte treten in den Hintergrund oder sterben ganz aus. Der Wandel von Berufsinhalten lässt sich insbesondere mit drei Entwicklungen in Verbindung bringen:
- dem **technischen Fortschritt**, der neue Produkte ermöglicht und neue Produktionsverfahren hervorbringt;
- dem **wachsenden Bedarf an persönlichen Dienstleistungen und informierenden Tätigkeiten**, ohne die eine moderne Gesellschaft nicht mehr funktionieren kann – z. B. in den Bereichen Ausbildung, Informationsvermitt-

Produktion des VW Käfer um 1950

Roboter im VW-Werk Wolfsburg

lung, Beratung, Hilfe bei Krankheit oder im Alter;
• der Abhängigkeit von Infrastruktur-Leistungen wie z. B. Verkehr und Kommunikation, Energie- und Wasserversorgung, Entsorgung von Abwässern und Abfällen.

Insgesamt bestimmen zunehmend informierende Tätigkeiten die Berufswelt:
Einige dieser Tätigkeiten hat es immer schon gegeben: den Postboten, die Lehrerin, den Journalisten. Rund um die neuen Kommunikationsmedien wie Computer, Internet und Handy ist ein neuer Bereich von Dienstleistungen entstanden.
Neu ist auch der Aufbau großer Netzwerke, in denen Informationen verschiedenster Art ausgetauscht und verarbeitet werden.

Auf Grund dieser fortschreitenden Entwicklungen werden die heutigen technisch und wirtschaftlich besonders entwickelten Gesellschaften bereits als Informationsgesellschaften bezeichnet.

Infrastruktur
Notwendiger wirtschaftlicher, technischer und organisatorischer Unterbau einer hochentwickelten Wirtschaft. Beispiel: Verkehrsnetz, Telekommunikationsnetz, Kinderbetreuungseinrichtungen

Zum Querdenken

1. Welche Rechte haben Sie als Staatsbürger/in in Bezug auf die Berufsausbildung nach unserem Grundgesetz (GG)?

2. Warum sind in der Bundesrepublik Deutschland die Unternehmen für das Angebot an Ausbildungsplätzen verantwortlich?

3. Warum sprechen gerade die Gewerkschaften immer wieder von einer „Ausbildungskrise in Deutschland"? Wie stehen Sie dazu?

4. Wie bewerten Sie die politische Maßnahme der „Ausbildungsplatzabgabe"? Recherchieren Sie verschiedene Positionen dazu im Internet oder in Ihrer schulischen Mediathek.

5. Welche Berufe werden in 40 Jahren gebraucht? Machen Sie eine gemeinsame kreative Zeitreise mit Ihrer Klasse.

Das Unternehmen als Ausbildender

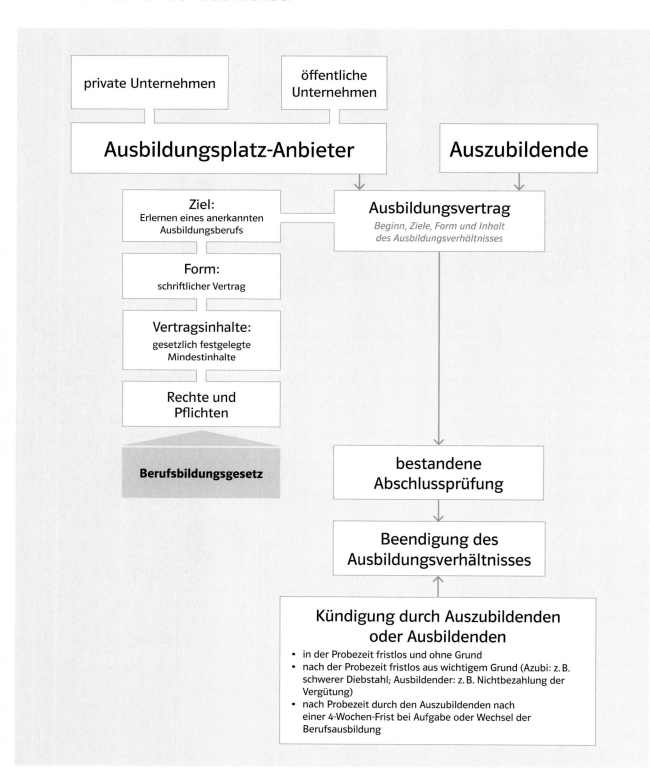

Prüfungsaufgaben

1. Welches ist die wesentliche Aufgabe eines Dienstleistungsbetriebes?
a) Erstellung von Dienstleistungen, z. B. Fachberatung
b) Ein- und Verkauf von Waren
c) Erzeugung von Lebensmitteln
d) Produktion von Autos
e) Erstellung, Wartung und Reparatur von Sachgütern

2. In welchem Gesetz sind die wichtigsten Grundlagen der Berufsausbildung niedergeschrieben?
a) im Grundgesetz (GG)
b) im Bürgerlichen Gesetzbuch (BGB)
c) im Betriebsverfassungsgesetz (BetrVG)
d) im Jugendarbeitsschutzgesetz (JArbSchG)
e) im Berufsbildungsgesetz (BBiG)

3. Warum wird die Berufsausbildung für das spätere Arbeitsleben immer entscheidender?
a) Der berufliche Aufstieg ist unabhängig von der Berufsausbildung.
b) Weil ausgebildete Arbeitskräfte auf dem Arbeitsmarkt deutlich bessere Arbeitsplatzchancen haben.
c) Weil der Arbeitslose nur Arbeitslosengeld beziehen kann, wenn er eine abgeschlossene Berufsausbildung hat.
d) Weil man ohne Ausbildung keinen Arbeitsplatz mehr findet.

4. Was muss in einem Berufsausbildungsvertrag nicht enthalten sein?
a) die Dauer der Probezeit
b) die überbetrieblichen Ausbildungsmaßnahmen
c) die Anzahl der Urlaubstage
d) die Höhe der Ausbildungsvergütung
e) die Angabe über den Prüfungstermin

5. Welche gesetzlich vorgeschriebenen Vorgaben werden im rechts abgebildeten Berufsausbildungsvertrag nicht eingehalten?

Antrag auf Eintragung
in das Verzeichnis der Berufsausbildungsverhältnisse zum nachfolgenden

Berufsausbildungsvertrag
Zwischen dem Ausbildenden (Ausbildungsbetrieb)

IHK Industrie- und Handelskammer

und der / dem Auszubildenden   männlich ☐   weiblich ☒

Öffentlicher Dienst ☐ ja   ☒ nein

| Firmenident-Nr. | Tel.-Nr. |
| 91056-17 | 09131/887904-0 |

Anschrift des Ausbildenden
Feinkost Maurer
Inh. Stephan Miller

Straße, Hausnummer
Agnes-Bernauer-Straße 17-19

| PLZ | Ort |
| 91056 | Erlangen |

E-Mail-Adresse des Ausbildenden
stephan-miller@feinkost-maurer.de

Verantwortliche/-r Ausbilder/-in
Herr/Frau   geboren am
Manfred Kustusch   **22.08.1960**

| Name | Vorname |
| Hobauer | Christine |

Straße, Hausnummer
Salierstraße 12

| PLZ | Ort |
| 91051 | Erlangen |

Geburtsdatum
21.12.1988

Staatsangehörigkeit   Gesetzliche Vertreter 1)
Deutsch

Namen, Vornamen der gesetzlichen Vertreter

Straße, Hausnummer

| PLZ | Ort |

wird nachstehender Vertrag zur
Ausbildung im Ausbildungsberuf   **Kauffrau im Einzelhandel**
mit der Fachrichtung/dem Schwerpunkt/
dem Wahlbaustein etc. nach Maßgabe der Ausbildungsordnung 2) geschlossen.   **Lebensmittel**

Höchster allgemein bildender Schulabschluss ☒
☐ ohne Schulabschluss (einschl. Sonderschulabschluss)
☐ Hauptschulabschluss
☒ Realschulabschluss oder vergleichbarer Abschluss („Mittlerer Bildungsabschluss")
☐ Fachhochschul-/Hochschulreife (Abitur/Fachabitur)   Abgangsklasse
☐ Sonstiger bzw. im Ausland erworbener Abschluss, der nicht anders zuzuordnen ist

Zuständige Berufsschule   Berufsfeld (nur bei Berufsgrundschuljahr oder Berufsfachschule)

| **A** Die Ausbildungszeit beträgt nach der Ausbildungsordnung | **F** Die regelmäßige Ausbildungszeit (§ 6 Nr. 1) beträgt in Std.: |
| **48** Monate. Die vorausgegangene Ausbildung/Vorbildung | täglich 4) **9**   wöchentlich 4) |

wird mit ☐ Monaten angerechnet, bzw. es wird eine
entsprechende Verkürzung beantragt.
Das Berufsausbildungsverhältnis

beginnt   endet
am **01.09.2007**   am **31.08.2010**

B Die Probezeit (§ 1 Nr. 2) beträgt **3** Monate. 3)
C Die Ausbildung findet vorbehaltlich der Regelungen nach D in

und den mit dem Betriebssitz für die Ausbildung üblicherweise zusammenhängenden Bau-, Montage- und sonstigen Arbeitsstellen statt (§ 3 Nr. 12).
D Ausbildungsmaßnahmen außerhalb der Ausbildungsstätte (§ 3 Nr. 12) mit Zeitangabe

Teilzeitberufsausbildung
wird beantragt   ja ☐ nein ☒

G Der Ausbildende gewährt der/dem Auszubildenden Urlaub nach den geltenden Bestimmungen. Es besteht folgender Urlaubsanspruch:

im Jahr	2007	2008	2009	2010
Werktage	32	32	32	32
Arbeitstage				

H Hinweis auf anzuwendende Tarifverträge und Betriebsvereinbarungen / sonstige Vereinbarungen (§ 11)

1) Vertretungsberechtigt sind beide Eltern gemeinsam, soweit nicht die Vertretungsberechtigung nur einem Elternteil zusteht, ist ein Vormund bestellt, so bedarf dieser zum Abschluss des Ausbildungsvertrages die Genehmigung des Vormundschaftsgerichtes.
2) Solange die Ausbildungsordnung nicht erlassen ist, sind gem. § 104 Abs. 1 BBiG die bisherigen Ordnungsmittel anzuwenden.
3) Die Probezeit muss mindestens einen Monat und darf höchstens vier Monate betragen.
4) Das Jugendarbeitsschutzgesetz sowie für das Ausbildungsverhältnis geltende tarifvertragliche Regelungen und Betriebsvereinbarungen sind zu beachten.

| **E** Der Ausbildende zahlt der/dem Auszubildenden eine angemessene Vergütung (§ 5); diese beträgt zur Zeit monatlich brutto |
| € | **€1.603,00** | **€ 666,00** | **€ 767,00** | **€ 816,00** |
| im | ersten | zweiten | dritten | vierten |

Ausbildungsjahr.
Öffentliche Förderung der Ausbildung (monatlich, regelmäßig > 50 % der Kosten):   nein ☐ ja ☐ wenn ja
☐ Sonderprogramme von Bund/Land/Kommune
☐ außerbetriebliche Berufsausbildung nach § 241 Abs. 2 SGB III (i.d.R. von der Bundesagentur für Arbeit geförderte Maßnahmen)
☐ außerbetriebliche Berufsausbildung für behinderte Menschen bzw. Reha nach § 100 Nr. 5 SGB III

Berufsvorbereitung,
berufliche Grundbildung
(mindestens 6 Monate)
☐ keine Teilnahme
☐ betriebliche Qualifizierungsmaßnahme (z.B. EQ, Qualifizierungsbausteine)
☐ Berufsvorbereitungsmaßnahme nach SGB III (Maßnahme der Agentur für Arbeit)
☐ schulisches Berufsvorbereitungsjahr (BVJ) Zeugniskopie beifügen
☐ schulisches Berufsgrundbildungsjahr (BGJ) Zeugniskopie beifügen
☐ Berufsfachschule ohne mit qualifizierendem Berufsabschluss
☐ sonstige berufliche Schule (z.B. Handelsschule, Fachoberschule)

Vorausgegangene Berufsausbildung
☐ keine
☐ abgeschlossene betriebliche Berufsausbildung als
☐ abgebrochene betriebliche Berufsausbildung als
☐ abgeschlossene Berufsausbildung in schulischer Form mit Abschluss, als

Eintritt ins   Ausbildungsjahr

Bitte den Antrag auf der Rückseite unterschreiben

Methode: Auswertung von Statistiken

Wie lerne ich aus Vergleichen?

1. Schritt:
Was ist das Thema der Statistik?

• Auf welches Land, welche Region, welche Personengruppe, welchen Zeitraum oder Zeitpunkt bezieht sie sich?

2. Schritt:
Welche Bedeutung haben die Zahlen?

• Handelt es sich um absolute Zahlen, um Prozentzahlen, um Mengen- oder Größenangaben?
• Welche Bezugs- und Vergleichsgrößen habe ich? Sind sie der Statistik zu entnehmen?

3. Schritt:
Welche Zahlen sind wichtig?

• Welche Werte sind stabil bzw. entsprechen dem Durchschnitt? Welche Werte weichen ab? Wie groß sind die Abweichungen?
• Wie kann ich die Zusammenhänge zwischen den Zahlen in Worten formulieren?

4. Schritt:
Wie ist die Statistik zustande gekommen?

• Handelt es sich um eine Umfrage, um eine exakte Erhebung, eine Prognose oder um ein Stimmungsbild?
• Von wem stammt sie? Wie seriös ist die Quelle?

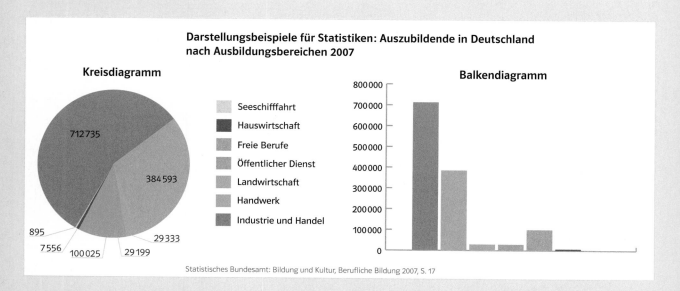

Darstellungsbeispiele für Statistiken: Auszubildende in Deutschland nach Ausbildungsbereichen 2007

Statistisches Bundesamt: Bildung und Kultur, Berufliche Bildung 2007, S. 17

Eine Situation aus dem Leben:

Erstellen Sie aus dem Text eine Grafik, um die Höhe der Ausbildungsvergütungen im Jahr 2008 zu vergleichen.
Stellen Sie dabei die Vergütungen der einzelnen im Text genannten Ausbildungsberufe gegenüber, unterscheiden Sie nach alten und neuen Bundesländern.
Entscheiden Sie über eine geeignete Form der Darstellung: Tabelle, Kreis- oder Kurvenform.

Ausbildungsvergütungen
(die höchsten und die niedrigsten 2008)

Zwischen den einzelnen Ausbildungsberufen sind erhebliche Unterschiede festzustellen: Die mit Abstand höchsten Ausbildungsvergütungen waren 2008 im Beruf Binnenschiffer/Binnenschifferin mit durchschnittlich 925 Euro pro Monat – einheitlich für alte und neue Länder – tariflich vereinbart.

Sehr hoch lagen auch die Vergütungen in den Berufen des Bauhauptgewerbes (z. B. Maurer/Maurerin, Zimmerer/Zimmerin, Straßenbauer/Straßenbauerin) mit durchschnittlich 873 Euro in den alten und 679 Euro in den neuen Ländern. Weit über dem Durchschnitt befanden sich die Vergütungen außerdem beispielsweise in den Berufen der Druckindustrie (z. B. Drucker/Druckerin) mit durchschnittlich 867 Euro sowie im Beruf Kaufmann/Kauffrau für Versicherungen und Finanzen mit 815 Euro, jeweils einheitlich für das gesamte Bundesgebiet.

Eher niedrig waren die Ausbildungsvergütungen z. B. in den Berufen Maler und Lackierer/Malerin und Lackiererin (alte Länder: 409 Euro; neue Länder: 376 Euro), Friseur/Friseurin (alte Länder: 419 Euro; neue Länder: 266 Euro), Florist/Floristin (alte Länder: 438 Euro; neue Länder: 269 Euro) und Bäcker/Bäckerin (alte Länder: 478 Euro; neue Länder: 390 Euro).

Insgesamt betrachtet ist die Vergütungssituation allerdings noch weit differenzierter, als es durch die berufsspezifischen Durchschnitte zum Ausdruck kommt: Selbst innerhalb der Berufe variieren die tariflichen Ausbildungsvergütungen je nach Branche und Region zum Teil relativ stark; hinzu kommen noch die Unterschiede zwischen den Ausbildungsjahren.

Berufsbildungsbericht 2008, S. 162 (Daten aktualisiert)

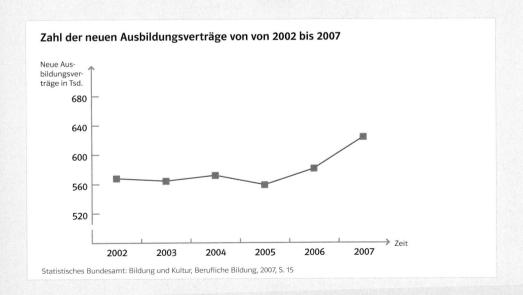

Zahl der neuen Ausbildungsverträge von von 2002 bis 2007

Statistisches Bundesamt: Bildung und Kultur, Berufliche Bildung, 2007, S. 15

Online-Link
882730-1200

Die Gestaltung des Arbeitsverhältnisses

Lernsituation:

Wie ist das zukünftige Arbeitsverhältnis zwischen mir und meinem Arbeitgeber gestaltet?

Sie haben gerade eine duale Ausbildung im gewerblich-technischen Bereich abgeschlossen.
Jetzt haben Sie Ihren ersten Arbeitsplatz bei Ihrem Wunschunternehmen angeboten bekommen.
Wie kann und soll Ihr erstes Arbeitsverhältnis geregelt sein?

Handlungsaufgaben:

1. Informieren Sie sich über die rechtlichen Rahmenbedingungen zur Gestaltung von Arbeitsverträgen.

2. Formulieren Sie nach Ihren Wünschen einen ersten Arbeitsvertrag. Begründen Sie die Vertragsinhalte.

3. Sie machen sich zudem Gedanken über die Sicherheit Ihres neuen Arbeitsverhältnisses.
Prüfen Sie, welche Möglichkeiten es gibt, das Arbeitsverhältnis zu kündigen.

4. Das Leben wird durch regelmäßige Preissteigerungen im Laufe der Zeit teurer. Sie informieren sich über die Möglichkeiten der Gehaltserhöhungen.

5. Vergleichen Sie den Berufsausbildungsvertrag mit dem Arbeitsvertrag.

Beginn und Inhalte des Arbeitsvertrages

Ein Arbeitsvertrag muss mittlerweile schriftlich festgehalten werden. Vorgeschrieben ist, dass Arbeitgeber die Vertragsinhalte spätestens 4 Wochen nach dem Abschluss schriftlich dokumentieren und beide Seiten diese Dokumentation unterschreiben (Nachweisgesetz).

Nachweispflicht
§ 2 Nachweisgesetz (NachwG)

(1) Der Arbeitgeber hat spätestens einen Monat nach dem vereinbarten Beginn des Arbeitsverhältnisses die wesentlichen Vertragsbedingungen schriftlich niederzulegen, die Niederschrift zu unterzeichnen und dem Arbeitnehmer auszuhändigen. In die Niederschrift sind mindestens aufzunehmen:
1. der Name und die Anschrift der Vertragsparteien,
2. der Beginn des Arbeitsverhältnisses,
3. bei befristeten Arbeitsverträgen: die vorhersehbare Dauer des Arbeitsverhältnisses,
4. der Arbeitsort oder ein Hinweis darauf, dass der Arbeitnehmer an verschiedenen Orten beschäftigt werden kann,
5. eine kurze Charakterisierung oder Beschreibung der zu leistenden Tätigkeit,
6. die Zusammensetzung und die Höhe des Arbeitsentgelts einschließlich der Zuschläge, der Zulagen, Prämien und Sonderzahlungen sowie anderer Bestandteile des Arbeitsentgelts und deren Fälligkeit,
7. die vereinbarte Arbeitszeit,
8. die Dauer des jährlichen Erholungsurlaubs,
9. die Fristen für die Kündigung des Arbeitsverhältnisses,
10. ein Hinweis auf die Tarifverträge, Betriebs- oder Dienstvereinbarungen, die auf das Arbeitsverhältnis anzuwenden sind.

Durch den Abschluss eines Arbeitsvertrags entstehen für Arbeitgeber und Arbeitnehmer gesetzlich festgelegte Rechte und Pflichten. Zu Beginn der Arbeit müssen Arbeitnehmer zeitgerecht ihre Arbeitspapiere abgeben: Lohnsteuerkarte, Urlaubsbescheinigung des vorherigen Arbeitgebers, die Mitgliedsbescheinigung der gewählten Krankenkasse sowie den Sozialversicherungsnachweis.
Arbeitsverträge werden überwiegend **unbefristet** abgeschlossen. Die Zahl der **befristeten Arbeitsverträge** nimmt allerdings zu. Gerade Auszubildende erhalten nach bestandener Prüfung oft befristete Arbeitsverträge.

Pflichten der Arbeitgeber	Pflichten der Arbeitnehmer
Vergütungspflicht: Höhe der Bezahlung ist oft durch einen Tarifvertrag oder eine Betriebsvereinbarung festgelegt.	**Arbeitspflicht:** Pflicht, die vereinbarte Arbeitsleistung persönlich zu erbringen.
Beschäftigungspflicht: Der Arbeitnehmer muss mit den vertraglich vereinbarten Aufgaben beschäftigt werden.	**Gehorsamspflicht:** Den Weisungen des Arbeitsgebers ist Folge zu leisten. Die Betriebsordnung und die Bestimmungen des Unfallschutzes müssen eingehalten werden.
Fürsorgepflicht: Die gesetzlichen Bestimmungen (z. B. Jugendarbeitsschutzgesetz, Arbeitszeitgesetz, Unfallschutzbestimmungen) sind einzuhalten.	**Sorgfaltspflicht:** Übertragene Aufgaben müssen sorgfältig erledigt, mit Werkzeug und Maschinen muss sorgfältig umgegangen werden.
Zeugnispflicht: Pflicht, ein Arbeitszeugnis auszustellen.	**Schweigepflicht:** Der Arbeitnehmer muss Betriebsgeheimnisse und den Datenschutz wahren. **Wettbewerbsverbot:** Der Arbeitnehmer darf dem Arbeitgeber keine Konkurrenz machen.

Befristete Arbeitsverträge dürfen höchstens 24 Monate Laufzeit haben, außerdem dürfen sie nur zweimal verlängert werden. Beim dritten Mal der Verlängerung werden sie automatisch zu unbefristeten Arbeitsverträgen. Ein befristeter Arbeitsvertrag muss nicht gekündigt werden. Er unterliegt keinem Kündigungsschutz.

Auch die Arbeitszeiten werden durch ein Gesetz geregelt. Zur Kontrolle dienen moderne Erfassungsgeräte.

Charlie Chaplin im Film „Moderne Zeiten" (1936)

Der technische und soziale Arbeitsschutz der Arbeitnehmer

Alle Arbeitsverträge müssen die folgenden Inhalte des technischen und sozialen Arbeitsschutzes beinhalten. Von besonderer Bedeutung ist die Arbeitsstättenverordnung. Sie ist Teil des **technischen Arbeitsschutzes** und soll eine Gesundheitsgefährdung der Arbeitnehmer verhindern.

Die zuletzt im Jahr 2004 geänderte **Arbeitsstättenverordnung** (ArbStättV §§ 1–6) enthält die notwendigen Anforderungen für eine menschenfreundliche Gestaltung der Arbeitsräume, d.h. Vorschriften über Temperaturen, Lärmschutz, Beleuchtung, Schutz vor schädlichen Dämpfen und Staub, den Nichtraucherschutz, Mindestanforderungen an Toiletten, Umkleide- und Waschräume usw. Diese Anforderungen werden durch die **staatlichen Gewerbeaufsichtsämter** kontrolliert.

Die nun folgenden Gesetze gehören zum **sozialen Arbeitsschutz**, hierdurch soll die körperliche und seelische Belastung der Arbeitnehmer reduziert werden:

Das Arbeitszeitgesetz (ArbZG §§ 3–13)

Folgende Regelungen gelten nach dem **Arbeitszeitgesetz** für alle Arbeitnehmer:
• Die tägliche Arbeitszeit ist auf acht Stunden begrenzt.

• Die tägliche Arbeitszeit kann auf 10 Stunden erweitert werden, wenn innerhalb von 6 Monaten der Durchschnitt von 8 Stunden pro Werktag nicht überschritten wird.
• Sonntags- und Feiertagsarbeit sind verboten.
• In bestimmten Bereichen ist die Sonntags- und Feiertagsarbeit erlaubt, z.B. in Konditoreien und Bäckereien, in Krankenhäusern, im Gastgewerbe und in Verkehrsbetrieben.
• Mindestens 15 Sonntage im Jahr sind beschäftigungsfrei.
• Die Ruhezeit zwischen 2 Arbeitstagen muss mindestens 12 Stunden betragen.
• Bei einer Arbeitszeit von 6 bis 9 Stunden betragen die Ruhepausen mindestens 30 Minuten, 45 Minuten bei einer Arbeitszeit von mehr als 9 Stunden.

Das Bundesurlaubsgesetz (BUrlG § 3)

Ein Mindesturlaub von 24 Werktagen steht laut **Bundesurlaubsgesetz** jedem Arbeitnehmer zu. Den Zeitpunkt bestimmt grundsätzlich der Arbeitgeber!

Allerdings muss er die Wünsche des Arbeitnehmers berücksichtigen, sofern nicht dringende betriebliche Angelegenheiten dem entgegenstehen.

Das Mutterschutzgesetz (MuSchG §§ 3, 4)

Durch das **Mutterschutzgesetz** schützt der

Staat werdende Mütter vor zu hoher Belastung. Hierzu hat er folgende wichtige Bestimmungen erlassen:

• 6 Wochen vor und 8 Wochen nach der Entbindung besteht ein **Beschäftigungsverbot.**
• Schwere und gefährliche Arbeiten, Akkord- und Fließbandarbeit sowie der Umgang mit Gefahrstoffen sind während der Schwangerschaft und Stillzeit verboten.
• Während der Schwangerschaft und **bis vier Monate** nach der Entbindung besteht ein besonderer Kündigungsschutz.

An den Mutterschutz können sich gemäß Bundeselterngeld- und Elternzeitgesetz (§ 15) bis zu 3 Jahre Elternzeit anschließen.

Schwerbehindertenschutz im Sozialgesetzbuch (SGB IX. Buch)

Unter besonderem **Schwerbehindertenschutz** des Sozialgesetzbuchs stehen Arbeitnehmer, deren Erwerbsfähigkeit auf Dauer zu mindestens 50 Prozent eingeschränkt ist.

Sie erhalten z. B. 5 Tage zusätzlichen Jahreserholungsurlaub, einen besonderen Kündigungsschutz und müssen keine Mehrarbeit leisten.

Um die Beschäftigung von Schwerbehinderten zu fördern, gewährt der Staat besondere Zuschüsse an die Unternehmen. Gleichzeitig müssen Unternehmen mit mindestens 20 betrieblichen Arbeitsplätzen, die weniger als 5 Prozent davon für Schwerbehinderte zur Verfügung stellen, für jeden nicht besetzten Arbeitsplatz derzeit monatlich 260 Euro als Ausgleichsabgabe bezahlen (Stand 2009).

Regelung der Arbeitsbedingungen durch die Tarifparteien

Die Arbeitsbedingungen werden neben den entsprechenden Gesetzen und Verordnungen stark von den zwischen Arbeitgeberverbänden und Gewerkschaften (**Tarifparteien**) ausgehandelten **Tarifverträgen** bestimmt. Bei den Tarifverträgen unterscheiden wir zwischen **Manteltarifverträgen** sowie Lohn- und Gehaltstarifverträgen.

In den **Manteltarifverträgen** werden die getroffenen Regelungen zu den grundsätzlichen betrieblichen Arbeitsbedingungen wie Arbeitszeiten, Überstunden, Urlaubsdauer, Kündigungen usw. festgelegt. Sie sind meist 3 bis 5 Jahre gültig. Die Lohn- und Gehaltstarifverträge regeln die Höhe von Lohn und Gehalt für die einzelnen Gehaltsgruppen. Sie sind meist 1 bis 2 Jahre gültig.

Die von den **Tarifparteien** ausgehandelten Tarife gelten in den Unternehmen, die Mitglied im entsprechenden Arbeitgeberverband sind. Bei den Arbeitnehmern wird in der Praxis kein Unterschied zwischen Gewerkschaftsmitgliedern und nicht Organisierten gemacht.

Der Staat kann darüber hinaus einen Tarifvertrag für **allgemein verbindlich** erklären. Dann gilt er für alle betroffenen Unternehmen unabhängig von einer Mitgliedschaft im Arbeitgeberverband.

Betriebsvereinbarungen

Betriebsvereinbarungen sind Regelungen für einen einzigen Betrieb; sie passen die Tarifverträge an die betrieblichen Gegebenheiten an. Durch die **Öffnungsklauseln** der Tarifverträge sind dadurch Verschlechterungen möglich. Betriebsvereinbarungen werden zwischen dem Betriebsrat und der Geschäftsleitung abgeschlossen. Die Rangordnung zwischen Arbeitsvertrag, Betriebsvereinbarung, Tarifverträgen und den Arbeitsgesetzen verdeutlicht das folgende Schaubild:

Öffnungsklausel
Bestimmung in einem Tarifvertrag, die zu einzelnen Regelungen den ergänzenden Abschluss eines Firmentarifvertrags, einer Betriebsvereinbarung oder abweichende Regelungen durch einen Arbeitsvertrag zulässt. Öffnungsklauseln können zulassen, dass tariflich verbindlich vereinbarte Mindeststandards unterschritten werden (z. B. Abweichung von den Tariflöhnen und -gehältern nach unten in wirtschaftlichen Krisensituationen).

Günstigkeitsprinzip
Das Günstigkeitsprinzip sieht vor, dass bei mehreren arbeitsrechtlichen Regelungen die für Arbeitnehmer günstigere Variante anzuwenden ist.

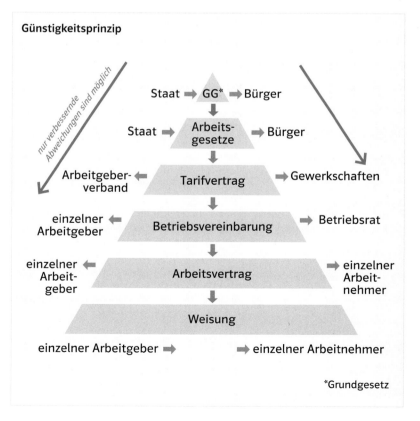

Günstigkeitsprinzip

nur verbessernde Abweichungen sind möglich

Staat ➡ GG* ➡ Bürger

Staat ➡ Arbeitsgesetze ➡ Bürger

Arbeitgeberverband ⬅ Tarifvertrag ➡ Gewerkschaften

einzelner Arbeitgeber ⬅ Betriebsvereinbarung ➡ Betriebsrat

einzelner Arbeitgeber ⬅ Arbeitsvertrag ➡ einzelner Arbeitnehmer

Weisung

einzelner Arbeitgeber ➡ ➡ einzelner Arbeitnehmer

*Grundgesetz

Tarifverträge – ein Kompromiss

Tarifverträge werden für eine bestimmte Zeit geschlossen und können dann gekündigt werden. Neuverhandlungen stehen an. Die Rollen sind dabei klar verteilt: Die Gewerkschaften wollen bessere Arbeitsbedingungen und höhere Löhne, die Arbeitgeber eine Senkung der Lohnstückkosten erreichen. Am Ende der Verhandlungen steht ein Kompromiss, der von beiden Seiten Zugeständnisse fordert. Wer wie weit nachgeben muss, hängt aber nicht bloß am Verhandlungsgeschick, sondern an den Mitteln Streik und Aussperrung, mit denen die andere Seite unter Druck gesetzt werden kann.

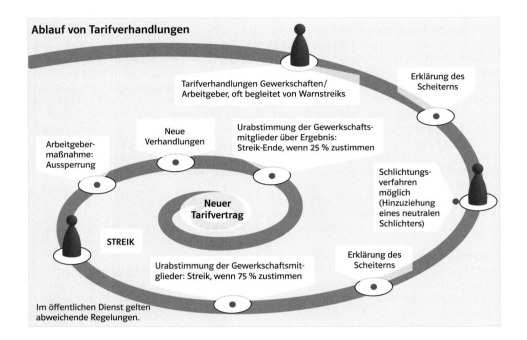

Ablauf von Tarifverhandlungen

Tarifverhandlungen Gewerkschaften/ Arbeitgeber, oft begleitet von Warnstreiks

Erklärung des Scheiterns

Neue Verhandlungen

Urabstimmung der Gewerkschaftsmitglieder über Ergebnis: Streik-Ende, wenn 25 % zustimmen

Arbeitgebermaßnahme: Aussperrung

Schlichtungsverfahren möglich (Hinzuziehung eines neutralen Schlichters)

Neuer Tarifvertrag

STREIK

Erklärung des Scheiterns

Urabstimmung der Gewerkschaftsmitglieder: Streik, wenn 75 % zustimmen

Im öffentlichen Dienst gelten abweichende Regelungen.

Kündigungsschutzfristen nach dem Kündigungsschutzgesetz (KSchG)

Betriebszugehörigkeit	Kündigungsfrist
unter 2 Jahren	4 Wochen zum 15. oder Monatsende
ab 2 Jahren	1 Monat zum Monatsende
ab 5 Jahren	2 Monate zum Monatsende
ab 8 Jahren	3 Monate zum Monatsende
ab 10 Jahren	4 Monate zum Monatsende
ab 12 Jahren	5 Monate zum Monatsende
ab 15 Jahren	6 Monate zum Monatsende
ab 20 Jahren	7 Monate zum Monatsende

Beendigung des Arbeitsverhältnisses

Es gibt sie noch, die Arbeitnehmer, die ein ganzes Leben im gleichen Unternehmen gearbeitet haben. Normal ist allerdings heute der Wechsel der Arbeitsstelle; häufig sind auch Zeiten der Arbeitslosigkeit.

Während der Arbeitsvertrag durch die Zustimmung beider Partner zustande kommt, geht die Kündigung nur von einer Seite aus, häufiger vom Arbeitgeber als vom Arbeitnehmer.

Die Schriftform ist vorgeschrieben. Damit die andere Seite Zeit hat, sich auf die veränderte Lage einzustellen, schreibt der Staat eine gesetzliche Kündigungsfrist von mindestens 4 Wochen zum 15. oder Ende des Monats vor. Bei längerer Betriebszugehörigkeit verlängert sich die Kündigungsfrist des Arbeitgebers (auf bis zu sieben Monate). Eine vertragliche Verkürzung dieser Fristen ist gesetzlich nicht erlaubt. In vielen Tarifverträgen bzw. Betriebsvereinbarungen werden längere Kündigungsfristen vereinbart.

Anders ist es nur bei fristlosen Kündigungen. Diese setzen ein Fehlverhalten der anderen Vertragsseite voraus, das so schwerwiegend ist, dass eine Fortsetzung des Arbeitsverhältnisses nicht mehr zumutbar ist, z. B. Diebstahl oder Tätlichkeiten im Unternehmen.

Damit Arbeitnehmer von ihrem Chef nicht willkürlich vor die Tür gesetzt werden können,

gibt es im Kündigungsschutzgesetz (KSchG) noch eine zweite Hürde für Betriebe mit mehr als fünf Beschäftigten (seit dem Jahr 2004 gilt die Kleinbetriebsregelung bei neu eingestellten Arbeitnehmern für Betriebe mit mehr als 10 Beschäftigten). Ab dieser Betriebsgröße dürfen Mitarbeiter nach einer Betriebszugehörigkeit von mehr als einem halben Jahr nur aus folgenden Gründen gekündigt werden:

• Gründe in der Person des Arbeitnehmers: schlechte Leistungen, mangelnde Eignung für den Arbeitsplatz, lange Krankheit;

• Gründe im Verhalten des Arbeitnehmers: Fehlverhalten wie Störung des Betriebsfriedens, unentschuldigtes Fehlen. Dieser Kündigung muss allerdings eine Abmahnung vorausgehen, dabei droht der Arbeitgeber mit der Kündigung, falls der Arbeitnehmer sein Fehlverhalten fortsetzt;

• Gründe in den Erfordernissen des Unternehmens (betriebsbedingt): Auftragsmangel, Umstellungen in der Produktion, Betriebseinschränkungen, …

Bei betriebsbedingten Kündigungen muss der Arbeitgeber begründen, warum gerade diesem Arbeitnehmer und nicht einem anderen gekündigt wurde. Dabei ist der Arbeitgeber verpflichtet, soziale Gesichtspunkte zu berücksichtigen (Sozialauswahl): Alter, Dauer der Betriebszugehörigkeit, Unterhaltspflichten gegenüber anderen, z. B. der Familie, und der Grad einer Behinderung. Bei allen Kündigungen hat der Betriebsrat ein Anhörungsrecht (▶ S. 30 – 31).

In praktisch allen Verträgen wird eine **Probezeit** vereinbart (zulässig bis zu 6 Monate). In diesem Zeitraum kann ohne Angabe von Gründen gekündigt werden.

Abmahnung

Eine gesetzliche Regelung der Abmahnung gibt es nicht. Der Arbeitgeber sollte aber den Grundsatz der Verhältnismäßigkeit beachten. Der Mitarbeiter soll die Möglichkeit haben, sein Fehlverhalten zu erkennen und für die Zukunft zu korrigieren, ohne dass gleich das ganze Vertragsverhältnis gekündigt wird. Abhängig von der Schwere des Fehlverhaltens sind sogar mehr als eine oder zwei Abmahnungen wegen desselben Fehlverhaltens erforderlich, bevor gekündigt werden darf.

Berufsausbildungsvertrag und Arbeitsvertrag im Vergleich

Der grundsätzliche Unterschied zwischen Ausbildungs- und Arbeitsvertrag besteht darin, dass beim Arbeitsvertrag der Arbeitnehmer die nötigen Kenntnisse, Fertigkeiten und Fähigkeiten für seine Tätigkeit bereits mitbringen muss. Er muss nach einer Einarbeitungszeit die volle Arbeitsleistung erbringen, andernfalls kann ihm gekündigt werden.

Beim Berufsausbildungsvertrag erwirbt der Auszubildende erst die Kenntnisse, Fertigkeiten und Fähigkeiten des Ausbildungsberufs, und der Ausbildungsbetrieb ist verpflichtet, sie ihm zu vermitteln.

Beim Arbeitsvertrag gibt es viele Gründe für spätere Vertragsänderungen: Der Arbeitnehmer wird für andere Arbeiten eingesetzt; er soll länger oder kürzer arbeiten oder im Schichtdienst; seine Bezahlung ändert sich oder sein Arbeitsort. Bei einem Berufsausbildungsvertrag sind solche Änderungen im Nachhinein nicht möglich; selbst wenn der Betrieb aufgibt, muss er versuchen, seine Auszubildenden anderweitig unterzubringen.

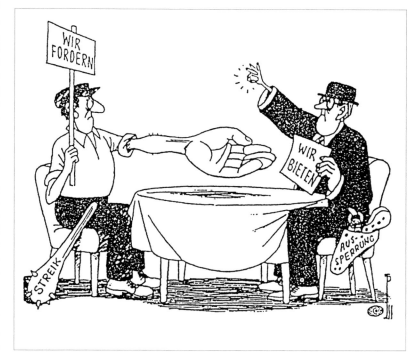

Zum Querdenken

1. Warum gibt es das Nachweisgesetz? Recherchieren Sie die Hintergründe der Gesetzgebung.

2. Welche Arbeitsschutzbestimmungen fehlen Ihrer Ansicht nach in der bisherigen Rechtsgebung? Befragen Sie ggf. Expertinnen und Experten.

3. Wie sieht die internationale Entwicklung von befristeten und unbefristeten Arbeitsverträgen aus? Recherchieren Sie im Internet.

4. Stellen Sie die Vor- und Nachteile der unternehmerischen Selbstständigkeit und der unselbstständigen Arbeit heraus.

Der Arbeitsvertrag

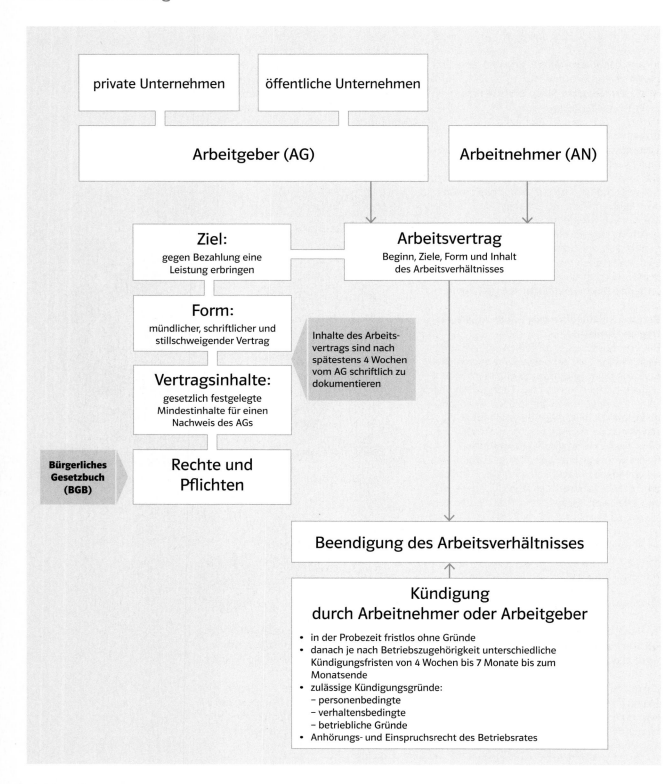

private Unternehmen

öffentliche Unternehmen

Arbeitgeber (AG)

Arbeitnehmer (AN)

Ziel:
gegen Bezahlung eine
Leistung erbringen

Arbeitsvertrag
Beginn, Ziele, Form und Inhalt
des Arbeitsverhältnisses

Form:
mündlicher, schriftlicher und
stillschweigender Vertrag

Inhalte des Arbeits-
vertrags sind nach
spätestens 4 Wochen
vom AG schriftlich zu
dokumentieren

Vertragsinhalte:
gesetzlich festgelegte
Mindestinhalte für einen
Nachweis des AGs

**Bürgerliches
Gesetzbuch
(BGB)**

**Rechte und
Pflichten**

Beendigung des Arbeitsverhältnisses

**Kündigung
durch Arbeitnehmer oder Arbeitgeber**

- in der Probezeit fristlos ohne Gründe
- danach je nach Betriebszugehörigkeit unterschiedliche
  Kündigungsfristen von 4 Wochen bis 7 Monate bis zum
  Monatsende
- zulässige Kündigungsgründe:
  – personenbedingte
  – verhaltensbedingte
  – betriebliche Gründe
- Anhörungs- und Einspruchsrecht des Betriebsrates

Prüfungsaufgaben

1. Was gehört zu den Pflichten des Arbeitgebers?
a) allen Beschäftigten das gleiche Gehalt zu zahlen
b) Sozialversicherungsbeiträge nur auf Antrag des Arbeitnehmers abzuführen
c) für die Beschäftigten Fitness-Räume zur Verfügung zu stellen
d) für möglichst viel Urlaub zu sorgen
e) für die Unfallsicherheit am Arbeitsplatz zu sorgen

2. Was gilt für Arbeitsverträge grundsätzlich?
a) Sie dürfen den Kündigungsschutz ausschließen.
b) Sie dürfen gesetzlichen Vorgaben widersprechen.
c) Sie müssen immer die tarifvertraglichen Regelungen der entsprechenden Branche umsetzen.
d) Sie werden immer auf Dauer geschlossen.
e) Bei Nichterfüllung der Pflichten droht Schadenersatz.

3. Welche Gruppe genießt keinen besonderen Kündigungsschutz?
a) Jugend- und Auszubildendenvertreter
b) Teamleitungen
c) Betriebsräte
d) werdende Mütter
e) Schwerbehinderte

4. Das Arbeitsverhältnis endet nicht ohne weiteres durch
a) Kündigung
b) Ablauf der Befristung
c) Tod oder Insolvenz der Arbeitgebers
d) gegenseitiges Einvernehmen

5. Eine Kündigung ist unwirksam, wenn
a) sie im ersten Monat des Jahres erfolgt
b) der Betriebsrat nicht beteiligt ist
c) sie schriftlich ausgestellt wurde
d) sie sozial gerechtfertigt ist
e) sie nur jüngere, unverheiratete Arbeitnehmer trifft

6. Im Arbeitsvertrag ist auch der Einstellungstermin genannt. Als Arbeitnehmer sind Sie verpflichtet, Ihrem Arbeitgeber bei Beschäftigungsbeginn Ihre Arbeitspapiere auszuhändigen.
Nennen Sie vier wichtige Arbeitspapiere. Begründen Sie, warum die abgebildete Lohnsteuerkarte dazugehört.

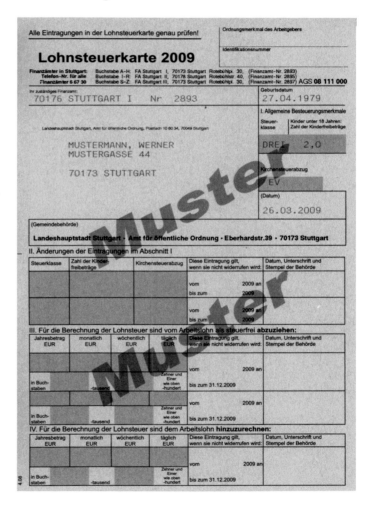

7. Nennen Sie zwei Personengruppen mit erhöhtem Kündigungsschutz und begründen Sie diese Sonderregelungen jeweils.

Methode: Arbeit mit Gesetzestexten

Wie ist die Rechtslage in diesem Fall?

„Der Fall":
Klaus Müller, ein Industrieelektroniker, ist entsetzt. Sein Betrieb wird in den nächsten Monaten geschlossen, da das Unternehmen einige seiner Betriebsstätten ins Ausland verlagert.
Klaus Müller wird deshalb zum Monatsende gekündigt, obwohl er Mitglied des Betriebsrates ist. Ist das rechtmäßig?

Auszug aus dem KSchG:
§ 15 Unzulässigkeit der Kündigung
(1) Die Kündigung eines Mitglieds eines Betriebsrats, einer Jugend- und Auszubildendenvertretung, einer Bordvertretung oder eines Seebetriebsrats ist unzulässig, es sei denn, dass Tatsachen vorliegen, die den Arbeitgeber zur Kündigung aus wichtigem Grund ohne Einhaltung einer Kündigungsfrist berechtigen, und dass die nach § 103 des Betriebsverfassungsgesetzes erforderliche Zustimmung vorliegt oder durch gerichtliche Entscheidung ersetzt ist. [...]
(4) Wird der Betrieb stillgelegt, so ist die Kündigung der in den Absätzen 1 bis 3 genannten Personen frühestens zum Zeitpunkt der Stilllegung zulässig, es sei denn, dass ihre Kündigung zu einem früheren Zeitpunkt durch zwingende betriebliche Erfordernisse bedingt ist.

Allgemeine Vorgehensweise bei der Untersuchung der Rechtslage mit Hilfe von Rechtsvorschriften bzw. -normen
Beim Anwenden einer vollständigen Rechtsnorm ist es meistens sinnvoll, nacheinander mehrere Fragen zu klären.

Wir empfehlen folgende Vorgehensweise:

1. Schritt:
Welche Frage soll gelöst werden?

2. Schritt:
Welche Rechtsvorschrift ist für die Beantwortung der Frage entscheidend?

3. Schritt:
Mit welchen Merkmalen wird der relevante Tatbestand in der Rechtsnorm beschrieben?

4. Schritt:
Entspricht der Sachverhalt (tatsächliche Ereignisse) in allen Punkten den gesetzlichen Tatbestandsmerkmalen?

5. Schritt:
Wie lautet die entsprechende Rechtsfolge?

Welchen Zweck haben verschiedene Rechtsnormen?

Es gibt drei verschiedene Zwecke, die eine Rechtsnorm haben kann.

1. Eine Rechtsnorm ist **vollständig**, wenn sie beschreibt, unter welchen Voraussetzungen bestimmte Folgen eintreten, z.B. bei der Rechtsnorm § 3 KSchG (Kündigungseinspruch):
„Hält der Arbeitnehmer eine Kündigung für sozial ungerechtfertigt, so kann er binnen einer Woche nach der Kündigung Einspruch beim Betriebsrat einlegen."
Der erste Satzteil nennt die **Tatbestandsmerkmale** und der zweite Teil stellt dar, was geschehen soll, wenn die Tatbestandsmerkmale erfüllt sind; er enthält die **Rechtsfolge**.
2. **Hilfsnormen** beinhalten Begriffsbestimmungen oder erläutern eine Vorschrift näher. z.B. § 1, Abs. 2 KSchG (Sozial ungerechtfertigte Kündigungen): „Sozial ungerechtfertigt ist die Kündigung, wenn sie nicht durch Gründe bedingt ist, die in der Person oder dem Verhalten des Arbeitnehmers oder durch dringende betriebliche Erfordernisse liegen."
3. Zudem gibt es Rechtsvorschriften, die nur **allgemeine Ziele** vorschreiben. z.B. § 28 JArbSchG (Menschengerechte Gestaltung der Arbeit): „Der Arbeitgeber hat bei der Errichtung und Unterhaltung der Arbeitsstätte […] die Vorkehrungen und Maßnahmen zu treffen, die zum Schutz der Jugendlichen gegen Gefahren für Leben und Gesundheit erforderlich sind."
Entscheidend sind in den allermeisten Rechtsfällen die **vollständigen Rechtsnormen.** Sie sind, wie oben geschildert, nach dem „Wenndann-Schema" aufgebaut.

In welchem Zusammenhang können Tatbestände und Rechtsfolgen stehen?

Tatbestand und Rechtsfolge können auf unterschiedliche Weise miteinander verbunden sein. Es wird zwischen **Kann-, Soll- und Mussvorschriften** unterschieden:
• Eine **Mussvorschrift** schreibt die Rechtsfolge zwingend vor.
• Eine **Sollbestimmung** ist grundsätzlich wie eine Mussbestimmung anzuwenden. Abweichungen sind nur aus einem wichtigen Grund zulässig.
• Eine **Kannvorschrift** ermöglicht einen begrenzten Handlungsfreiraum für eine Ermessensentscheidung; hier gilt das Prinzip der Zweckmäßigkeit („Würdigen die Mittel den Zweck?")

Online-Link
882730-1300

Konflikte im Betrieb

Lernsituation:

Ein Konflikt im Betrieb – wie setze ich meine berechtigten Interessen als Auszubildende/r durch?

Der 16-jährige Auszubildende Christian Klein ist seit 4 Monaten als Elektroniker beim mittelständischen Unternehmen „Electronic Energy GmbH" beschäftigt. Die Electronic Energy GmbH hat 50 Mitarbeitende und ist Mitglied im entsprechenden Arbeitgeberverband.

Heute soll Christian die elektrischen Anlagen einer Küche in einem Neubau eines Kunden planen bzw. den Schaltplan zeichnen. Seine Ausbilderin, Frau Göbel, ist mal wieder auf einer Fortbildung, um sich über die neuesten technischen Entwicklungen zu informieren. Ohne Kommentar gibt der leitende Ingenieur, Herr Dr. Benz, Christian diesen Auftrag. Herr Dr. Benz hat wie so oft Stress mit anderen Aufträgen und keine Zeit, Christian die Vorgehensweise zu erklären. Er fordert grundsätzlich von den Auszubildenden die selbstständige Aufgabenbewältigung. Christian ist völlig überrascht und hilflos. Er hat keine Ahnung, wie er diesen Auftrag erledigen soll.

Bisher hat er in der betrieblichen Ausbildung die Werkstatt aufgeräumt oder „Handlanger"-Dienste auf verschiedenen Bauten erledigt. Wie soll er sich in dieser Situation verhalten?

Handlungsaufgaben:

1. Versetzen Sie sich in die Situation von Christian. Formulieren Sie die hier auftretenden Interessenkonflikte zwischen dem Arbeitgeber und dem Auszubildenden. Haben Sie solch eine Situation schon erlebt oder von anderen davon erfahren?

2. Prüfen Sie die Rechte und Pflichten von Christian in dieser Situation. Prüfen Sie die Rechtslage. Suchen Sie die relevanten Gesetze, Verträge oder Informationen heraus.

3. Finden Sie heraus, welche Menschen Christian in dieser Lage unterstützen können.

4. Stellen Sie fest, welche politischen Institutionen sich laut Betriebsverfassungsgesetz in die Situation auf welche Art und Weise einmischen können.

5. Prüfen Sie, wo Christian gegebenenfalls seine Rechte einklagen kann.

6. Entwickeln Sie abschließend einen Handlungsplan für Christian, damit er seine berechtigten Interessen durchsetzen kann und begründen Sie diesen.

Unterschiedliche Interessen zwischen Auszubildenden und Ausbildenden bzw. Ausbildern

Ausbildende und Auszubildende haben häufig unterschiedliche Interessen, z. B. möchten Auszubildende möglichst gut auf die Prüfung vorbereitet werden, Arbeitgeber dagegen haben meist ein Interesse an „billigen" Arbeitskräften, da sie hierdurch Kosten sparen und ihren Gewinn erhöhen können.

Dies führt zwangsläufig zu innerbetrieblichen Konflikten (Interessenkonflikten).

Bei der Austragung dieser Konflikte müssen in einem Rechtsstaat wie der Bundesrepublik Deutschland zum einen die unternehmerische Freiheit gesetzlich gewährleistet werden und zum anderen die körperliche und geistige Unversehrtheit des Arbeitnehmers geschützt werden. Des Weiteren will der Staat eine qualifizierte und einheitliche Berufsausbildung sichern, indem er bestimmte Ausbildungsinhalte vorschreibt und zeitliche Vorgaben macht. Dadurch schränkt er die grundsätzliche Vertragsfreiheit beim Berufsausbildungsverhältnis ein.

Betriebliche Konflikte, die durch unterschiedliche Interessen entstehen, sollen in einem demokratischen Staat zugleich mit demokratischen bzw. friedlichen Mitteln ausgetragen werden. Um diese Art der Konfliktbewältigung umzusetzen, hat der Staat weitere Gesetze geschaffen.

Diese Gesetze regeln die Rechte und Pflichten zwischen Arbeitnehmern und Arbeitgebern bzw. zwischen Auszubildenden und Ausbildenden.

Welche gesetzlichen Regelungen gibt es für die Berufsausbildung?

Die wichtigsten gesetzlichen Grundlagen sind das **Berufsbildungsgesetz (BBiG)** und im Besonderen für die Handwerksberufe die **Handwerksordnung (HwO)**. Zusätzlich müssen weitere Gesetze wie das Jugendarbeitsschutzgesetz (JArbSchG), die Arbeitsstättenverordnung, das Arbeitszeitgesetz (ArbZG), das Bundesurlaubsgesetz (BUrlG), das Mutterschutzgesetz (MuSchG) und der Schwerbehindertenschutz im Sozialgesetzbuch (SGB IX) auch in der Berufsausbildung (▶ S. 18 – 19) eingehalten werden.

Die wichtigsten Rechte und Pflichten des Auszubildenden bzw. des Ausbildenden nach dem Berufsbildungsgesetz (BBiG §§ 13, 14):

Pflichten des Ausbildenden	Pflichten des Auszubildenden
Ausbildungspflicht: Vermittlung von Kenntnissen, Fertigkeiten und beruflicher Handlungsfähigkeit	**Lernpflicht:** Der/die Auszubildende muss dazu beitragen, sich die nötigen Kenntnisse, Fertigkeiten und Fähigkeiten anzueignen (Lernen als aktiver Prozess).
Ausbildungsmittelpflicht: kostenlose Bereitstellung der Ausbildungsmittel (keine Schulbücher)	**Sorgfaltspflicht:** Übertragene Arbeiten müssen mit Sorgfalt ausgeführt werden.
Freistellungspflicht: Freistellung zum Berufsschulbesuch	**Berufsschulpflicht:** Pflicht zum Berufsschulbesuch
Vergütungspflicht: pünktliche Zahlung der Ausbildungsvergütung	**Wettbewerbsverbot:** Dem Ausbildenden darf keine Konkurrenz gemacht werden (z. B. durch Schwarzarbeit).
Fürsorgepflicht: Zahlung der Beiträge zur gesetzlichen Sozialversicherung, Einhaltung des Jugendarbeitsschutzgesetzes, Beachtung der Unfallverhütungsvorschriften sowie die charakterliche Förderung des Auszubildenden	**Schweigepflicht:** Betriebsgeheimnisse dürfen nicht an Betriebsfremde weitergegeben werden.
Ausbildungspflicht: Der Ausbilder darf nur Arbeiten anordnen, die dem Ausbildungszweck dienen.	**Gehorsamspflicht:** Weisungen des Ausbilders sind zu befolgen.
Zeugnispflicht: Pflicht zur Ausstellung eines Zeugnisses zum Ende der Ausbildung	**Berichtsführungspflicht:** Pflicht, regelmäßig einen schriftlichen Ausbildungsnachweis (Berichtsheft) zu führen.
= Rechte des Auszubildenden	**= Rechte des Ausbildenden**

Die Nichteinhaltung kann zur außerordentlichen Kündigung (fristlos) berechtigen und zur Schadenersatzpflicht führen.

Kinderarbeit – in der Dritten Welt heute leider noch Normalität

Erstellen eines einfachen und qualifizierten Arbeitszeugnisses

Ein Arbeitszeugnis muss mindestens Angaben zu Art und Dauer der Tätigkeit (einfaches Zeugnis) enthalten. Arbeitnehmer können verlangen, dass sich die Angaben darüber hinaus auf eine Beurteilung ihrer Leistung und ihres Verhaltens im Arbeitsverhältnis (qualifiziertes Zeugnis) erstrecken.

Das Jugendarbeitsschutzgesetz (JArbSchG)

Durch das „Gesetz zum Schutz der arbeitenden Jugend" (JArbSchG) wird die besondere Situation der Jugendlichen vom Gesetzgeber berücksichtigt. Sie bedürfen eines besonderen Schutzes, da sie noch in ihrer geistigen und körperlichen Entwicklung sind.

Jugendliche im Sinne des Gesetzes sind alle Arbeitnehmer und Auszubildende, die 15, aber noch keine 18 Jahre alt sind. Wer noch keine 15 Jahre alt ist, gilt nach dem Gesetz als Kind. Für Kinder ist das Arbeiten verboten (Verbot der Kinderarbeit).

Die folgende Zusammenfassung enthält die wichtigsten Bestimmungen des JArbSchG:

Werktage
6 Arbeitstage in der Kalenderwoche

Die wichtigsten Bestimmungen des Jugendarbeitsschutzgesetzes	
Arbeitszeit (§ 8)	höchstens 8 Std. am Tag, 40 Std. in der Woche, nur an 5 Tagen pro Woche
Ruhepausen (§ 11)	bei einer Arbeitszeit von 4,5 bis 6 Std.: 30 Min., bei mehr als 6 Std. Arbeitszeit 60 Min. Pause am Tag
Schichtzeiten (§ 12)	Arbeitszeit plus Pausen: höchstens 10 Std.
Freizeit (§ 13)	mindestens 12 Std. zwischen 2 Arbeitstagen
Arbeitsbeginn (§ 14)	Keine Beschäftigung vor 6 Uhr morgens, Ausnahmen: In Bäckereien, Konditoreien und in der Landwirtschaft dürfen 16-Jährige bereits ab 5 Uhr morgens arbeiten, 17-Jährige ab 4 Uhr morgens.
Arbeitsende (§ 14)	Keine Beschäftigung nach 20 Uhr, Ausnahmen: 16-Jährige dürfen in Gaststätten bis 22 Uhr und in mehrschichtigen Betrieben bis 23 Uhr arbeiten.
Urlaub (§ 19)	Jugendliche, die zu Beginn des Kalenderjahres noch nicht 16 Jahre alt sind: 30 Werktage; noch nicht 17-Jährige: 27 Werktage noch nicht 18-Jährige: 25 Werktage
Berufsschulunterricht (§ 9)	Der Jugendliche muss hierzu freigestellt werden. Mehr als 5 Unterrichtsstunden entsprechen einem Arbeitstag.
Verbotene Arbeiten (§§ 22 – 23)	Arbeiten, welche die Leistungsfähigkeit übersteigen, z. B. Akkordarbeit, Fließbandarbeit, gefährliche Arbeiten
Ärztliche Untersuchungen (§§ 32 – 33)	Ohne Erstuntersuchung vor Beschäftigungsaufnahme dürfen Jugendliche nicht beschäftigt werden. In den letzten 3 Monaten des 1. Arbeitsjahres muss eine medizinische Nachuntersuchung durchgeführt werden, wenn das 18. Lebensjahr noch nicht vollendet ist.

Die Ausbildungsordnung

Grundlagen für eine geordnete und bundeseinheitliche Berufsausbildung sind die staatlichen Anerkennungen für Ausbildungsberufe. Maßgebliche Regelungen für die einzelnen, etwa 340 staatlich anerkannten Ausbildungsberufe (Stand 2009) sind die **Ausbildungsordnungen** (BBiG § 25, Abs. 1). Sie werden vom zuständigen Bundesministerium (für gewerblich-technische Berufe ist das z.B. das Bundesministerium für Wirtschaft und Technologie) erlassen. Nach dem Berufsbildungsgesetz hat eine Ausbildungsordnung folgende Mindestinhalte:

* die genaue Bezeichnung des Ausbildungsberufs,
* die Ausbildungsdauer,
* das Ausbildungsberufsbild (Es enthält Kenntnisse und Fertigkeiten, die zu vermitteln sind.),
* den Ausbildungsrahmenplan (Er gliedert sachlich und zeitlich, wie die Kenntnisse vermittelt werden sollen.),
* die Prüfungsanforderungen,

Nach diesen Ausbildungsordnungen muss sich das ausbildende Unternehmen richten. Die Ordnungen werden immer wieder an die sich schnell verändernden Bedingungen der Arbeitswelt (technischer Fortschritt, neue Arbeitsformen) angepasst.

Die Einhaltung dieser Vorschriften wird von den zuständigen Kammern (Industrie- und Handelskammer sowie Handwerkskammer) überwacht.

Gefährliche Arbeiten sind erlaubt, wenn sie zur Erreichung des Ausbildungsziels erforderlich sind und die Aufsicht durch eine fachkundige Person gewährleistet ist.

Wie gehe ich mit betrieblichen Konflikten um?

Als Erstes sollten Sie sich darüber klar werden, welche Interessen Sie in der Konfliktsituation haben und welche der Arbeitgeber. Als Nächstes sollten Sie überprüfen, welche Interessen gesetzlich berechtigt sind.

Kennen Sie die Gesetzeslage und Sie haben tatsächlich berechtigte Interessen, dann müssen Sie einschätzen, ob Sie auch im Betrieb durchsetzbar sind.

Wer kann Sie bei Konflikten beraten und unterstützen?

Bevor Sie bei einem Konflikt in der Ausbildung kündigen, sollten Sie alle anderen Möglichkeiten ausschöpfen. Um die „richtige" Konfliktlösung zu finden, können Sie folgende Institutionen zur Beratung aufsuchen:

* **Die Berufsberatung der Agentur für Arbeit:** Bei schlechten Leistungen in der Berufsschule gibt es Unterstützung durch ausbildungsbegleitende Hilfen (ABH). Zudem kennt die Berufsberatung weitere berufliche Alternativen und ggf. andere Ausbildungsbetriebe.
* **Die zuständige Kammer** (z.B. Handwerkskammer, Industrie- und Handelskammer): Sie sind für die Qualität der Ausbildung mitverantwortlich und haben entsprechende Ausbildungsberater, die zwischen Auszubildenden und Ausbildenden vermitteln können.
* **Die Gewerkschaft** (Arbeitnehmerorganisation, z.B. die IG Metall): Sie vertritt die Interessen der Arbeitnehmer und Auszubildenden und weiß konkret, was das ausbildende Unternehmen darf und was es nicht darf.
* **Die Jugend- und Auszubildenden-Vertretung im Betrieb (JAV):** Sie kann die Interessen der Auszubildenden gegenüber den Ausbildern und Ausbildenden vertreten.
* **Den Betriebsrat des Unternehmens:** Er hat die gesetzliche Aufgabe, die Interessen der Arbeitnehmer im Unternehmen zu vertreten. Zudem muss er auf die Umsetzung der Rechte der Arbeitnehmer achten und ggf. einschreiten. Dazu hat er laut Betriebsverfassungsgesetz verschiedene Mitbestimmungsrechte.
* **Die Lehrerinnen und Lehrer der Berufsschule:** Sie kennen ebenso die Rechte und Pflichten der Auszubildenden und des Betriebes sehr genau und haben meistens auch Erfahrungen mit betrieblichen Konflikten.

Die wichtigsten Kammern
* Handwerkskammer (HWK)

* Industrie- und Handelskammer (IHK, für Industrie-, Dienstleistungs- und Handelsberufe)

* Ärzte- bzw. Zahnärztekammer
* Apothekerkammer
* Rechtsanwaltskammer

Berufsbildende Schulen | Northeim
Wirtschaft und Verwaltung

Wer vertritt im Konfliktfall meine berechtigten Interessen?

Jeder Arbeitnehmer kann sich nach dem **Betriebsverfassungsgesetz** (BetrVG) mit Beschwerden direkt an den Arbeitgeber wenden. Darüber hinaus muss der Arbeitgeber ihn über wichtige Vorgänge informieren, die ihn persönlich betreffen.

Zusammengefasst hat der einzelne Arbeitnehmer folgende **Mitwirkungsrechte**:

- **Informations- und Anhörungsrecht** in allen persönlich betreffenden Angelegenheiten,
- **Beschwerderecht**, wenn er sich ungerecht behandelt fühlt,
- **Recht auf Einsichtnahme** in die Personalakte.

Die betriebliche Interessenvertretung

Um ihre Rechte bzw. berechtigten Interessen durchzusetzen, können sich Arbeitnehmer auch an ihre betriebliche Interessenvertretung, den Betriebsrat, wenden. Zudem besteht die Möglichkeit, sich in den Gewerkschaften zu organisieren und so bei der Gestaltung von **Tarifverträgen** und bei den entsprechenden Tarifverhandlungen aktiv mitzuwirken. Die Gewerkschaft vertritt den Arbeitnehmer auch durch den juristischen Beistand.

Der Betriebsrat

Der **Betriebsrat** ist die wichtigste Interessenvertretung der Arbeitnehmer im einzelnen Unternehmen. Er wird auf vier Jahre gewählt.

Die **Mitbestimmungs- und Mitwirkungsrechte des Betriebsrates** sind im Wesentlichen Kontrollrechte bei unternehmerischen Entscheidungen:

- **Mitbestimmung in sozialen Angelegenheiten**, z.B. die Festlegung der Arbeitszeiten, die Urlaubsplanung, der Sozialplan bei Entlassun-

Der Betriebsrat – wie kommt er zustande?	
Voraus-setzungen	mindestens 5 Beschäftigte über 18 Jahre (ohne Rücksicht auf die Staatsangehörigkeit); 3 wählbare Beschäftigte (= mindestens seit 6 Monaten im Betrieb beschäftigt)
Größe	abhängig von der Zahl der Beschäftigten; bis 20 Beschäftigte nur Betriebsobmann, ab 21 Beschäftigte 3 Mitglieder, ab 51 Beschäftigte 5 Mitglieder usw., 7001–9000 Beschäftigte: 35 Mitglieder; danach pro 3000 Beschäftigte 2 Mitglieder
Wahl	Unmittelbar und geheim, alle Bereiche des Betriebs, Angestellte und Arbeiter, Männer und Frauen sollen im Betriebsrat vertreten sein. – Amtszeit 4 Jahre
Bezahlung	Der Betriebsrat nimmt seine Aufgaben während der Arbeitszeit wahr und wird dafür freigestellt. Sein Lohn läuft weiter. Ab 200 Beschäftigte wird 1 Mitglied komplett von der Arbeit freigestellt (bei größeren Betrieben weitere Mitglieder).
Kündigung	Mitglieder des Betriebsrats sind unkündbar (gilt 1 Jahr nach Ausscheiden aus dem Betriebsrat weiter). Ausgenommen sind nur fristlose Kündigungen wegen eines Fehlverhaltens.

gen. Der Betriebsrat ist gleichberechtigter Partner und darf eigene Vorschläge machen. Kommt keine Einigung zwischen Betriebsrat und Arbeitgeber zustande, entscheidet die Einigungsstelle.

• **Eingeschränkte Mitbestimmung in personellen Angelegenheiten**, z.B. bei Einstellungen, Versetzungen, Entlassungen. Der Betriebsrat darf nur aus schwerwiegenden Gründen seine Zustimmung verweigern.

• **Mitwirkung in wirtschaftlichen Angelegenheiten**, z.B. die Stilllegung des Betriebes, weitere Rationalisierungsmaßnahmen, Maßnahmen der Produktion und des Absatzes.

Der Betriebsrat kann eine unternehmerische Maßnahme nicht verhindern, muss aber angehört und informiert werden.

Darüber hinaus überwacht der Betriebsrat die Einhaltung von gesetzlichen Bestimmungen (▶ gesetzliche Vorschriften, S. 17 ff.), die zu Gunsten der Arbeitnehmer gelten. Über seine Tätigkeit informiert der Betriebsrat die Belegschaft jedes Vierteljahr in Betriebsversammlungen. Er hält regelmäßige Sprechstunden ab.

Ziel der gesetzlichen Regelungen ist eine partnerschaftliche Zusammenarbeit zwischen Betriebsrat und Geschäftsführung und ein Ausgleich der unterschiedlichen Interessen. Darum ist der Betriebsrat zur vertrauensvollen Zusammenarbeit mit der Unternehmensleitung und zur Verschwiegenheit verpflichtet. Er darf nicht zu Streiks aufrufen.

Die Jugend- und Auszubildendenvertretung (JAV)

Junge Arbeitnehmer, besonders Auszubildende, haben oft andere Probleme im Betrieb als die anderen Arbeitnehmer. Damit ihre Interessen nicht untergehen, sieht das **Betriebsverfassungsgesetz** zusätzlich zum Betriebsrat eine Jugend- und Auszubildendenvertretung vor. Sie muss ihre Anliegen über den Betriebsrat vorbringen. Ein Jugendvertreter kann an allen Sitzungen des Betriebsrates teilnehmen.

Überbetriebliche Interessenvertretungen

Das Recht, sich in **Gewerkschaften** zusammenzuschließen, haben sich die Arbeitnehmer vor fast 150 Jahren erkämpft. Sie wollten damit verhindern, dass die Unternehmen die einzelnen Arbeiter gegeneinander ausspielen und so den Lohn drücken bzw. die Arbeitszeiten verlängern können.

Zumindest in Zeiten von höherer Arbeitslosigkeit findet sich immer jemand, der bereit ist, für ein niedrigeres Gehalt zu arbeiten.

In der Bundesrepublik Deutschland besteht seit der Verabschiedung des Grundgesetzes (1949) **Tarifautonomie: Arbeitgeberverbände** und **Gewerkschaften** handeln die Arbeitsbedingungen ohne Eingreifen des Staates aus. Den Gewerkschaften wird das **Streikrecht** zugestanden, um ihren Forderungen Nachdruck zu verleihen. Im Gegenzug hat der Arbeitgeber das Recht, die Mitarbeiter vom Betrieb auszusperren.

Tarifverträge

schaffen Interessenausgleich zwischen Arbeitgebern und Arbeitnehmern, sichern den Arbeitsfrieden im Betrieb und sind eine verlässliche Basis für Arbeitsverträge.

Die Jugend- und Auszubildendenvertretung	
Voraussetzungen	mindestens 5 Beschäftigte unter 18 Jahren oder Auszubildende unter 25 Jahren.
Größe	abhängig von der Zahl der Beschäftigten: bis 20 Beschäftigte unter 25 Jahren 1 Jugendvertreter, dann steigend (ähnlich wie Betriebsrat)
Wahl	Unmittelbar und geheim, gewählt werden dürfen nur Beschäftigte unter 25 Jahren. Betriebsratsmitglieder sind nicht wählbar. Alle Bereiche des Betriebs, alle Ausbildungsberufe, Männer und Frauen sollen vertreten sein. – Amtszeit 2 Jahre. Wer 25 wird, bleibt bis zum Ende der 2 Jahre im Amt.
Bezahlung	Die Jugendvertreter nehmen ihre Arbeit während der Arbeits- bzw. Ausbildungszeit wahr.
Kündigung	wie Betriebsrat; nach Ende der Ausbildung besteht normalerweise Anspruch auf unbefristete Weiterbeschäftigung.

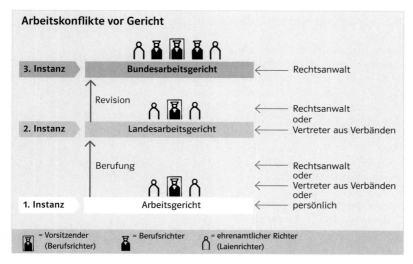

Arbeitskonflikte vor Gericht

| 3. Instanz | **Bundesarbeitsgericht** | ← Rechtsanwalt |

Revision

| 2. Instanz | Landesarbeitsgericht | ← Rechtsanwalt oder Vertreter aus Verbänden |

Berufung

| 1. Instanz | Arbeitsgericht | ← Rechtsanwalt oder Vertreter aus Verbänden oder persönlich |

= Vorsitzender (Berufsrichter)   = Berufsrichter   = ehrenamtlicher Richter (Laienrichter)

Vor der Verhandlung in 1. Instanz ist ein Gütetermin vorgeschrieben, in dem versucht wird, den Streit durch einen Vergleich zu beenden, d.h. durch eine konkrete Einigung zwischen Klägern und Beklagten. Gerichte der 1. Instanz sind die Arbeitsgerichte. Gegen deren Urteil kann bei den Landesarbeitsgerichten Berufung eingelegt werden.

Über eine Revision entscheidet das Bundesarbeitsgericht in Erfurt.

Klagen gegen Kündigungen führen selten zur Wiedereinstellung des gekündigten Arbeitnehmers. Meist ist das positive Ergebnis für klagende Arbeitnehmer eine Abfindung, also eine finanzielle Entschädigung, durch den Arbeitgeber. Wo es keine Arbeit gibt, kann das Arbeitsgericht auch keine schaffen. Und wenn es Arbeit gibt, ist zum Zeitpunkt des Prozesses die Stelle oft schon wieder besetzt.

Streitigkeiten aus einem Berufsausbildungsverhältnis werden nur selten am Arbeitsgericht behandelt, denn sie lassen sich meist durch Beratung und Schlichtung von Seiten des Ausbildungsberaters der Kammer bereinigen.

Ist dies nicht möglich, so entscheidet die Schiedsstelle bei der zuständigen Kammer oder der Bezirksregierung (bei Hauswirtschafterinnen) als Schlichtungsstelle. Sie ist gleichermaßen (paritätisch) mit Vertretern von Arbeitgebern und Arbeitnehmern besetzt. Erst wenn dieses Verfahren keine einvernehmliche Einigung bringt, ist eine Klage vor dem Arbeitsgericht möglich.

Berufung

Wiederholung des Verfahrens mit neuer Beweisaufnahme

Revision

Nur Prüfung, ob in vorherigen Verfahren die vorhandenen Gesetze richtig angewendet wurden.

Wo und wie kann ich meine Rechte einklagen?

Arbeitsgerichte sind zuständig für alle Streitigkeiten im Arbeitsleben. Im Einzelnen sind dies Streitigkeiten zwischen

- Auszubildenden und Ausbildenden aus dem Berufsausbildungsvertrag.
- Arbeitgebern und Arbeitnehmern aus dem Arbeitsvertrag,
- Betriebsrat und Arbeitgebern nach dem Betriebsverfassungsrecht,
- den Gewerkschaften und Arbeitgeberverbänden (Tarifvertragsparteien) aus den Tarifverträgen.

Zum Querdenken

1. Welche Fähigkeiten müssen Auszubildende besonders entwickeln, um betriebliche Konflikte zu lösen?

2. Untersuchen Sie die Machtverhältnisse zwischen Auszubildenden und Ausbildungsbetrieben. Begründen Sie Ihre Antworten.

3. Finden sie heraus, welche politischen Organisationen besonders die Arbeitnehmerbzw. die Arbeitgeberinteressen vertreten.

4. Erarbeiten Sie die Gründe, die für und gegen eine Mitgliedschaft in einer Gewerkschaft sprechen.

5. Wie können Arbeitnehmer in Zeiten der Globalisierung ihre Arbeitsbedingungen verbessern? Beschreiben und begründen Sie mögliche Wege.

Durchsetzung von Rechten und Pflichten im Betrieb

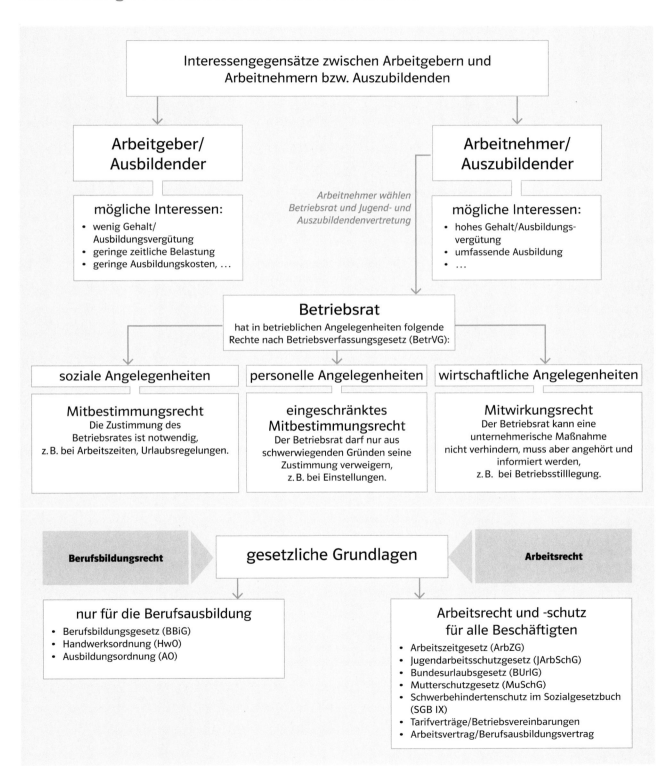

Interessengegensätze zwischen Arbeitgebern und Arbeitnehmern bzw. Auszubildenden

Arbeitgeber/ Ausbildender

mögliche Interessen:
- wenig Gehalt/ Ausbildungsvergütung
- geringe zeitliche Belastung
- geringe Ausbildungskosten, …

Arbeitnehmer wählen Betriebsrat und Jugend- und Auszubildendenvertretung

Arbeitnehmer/ Auszubildender

mögliche Interessen:
- hohes Gehalt/Ausbildungs-vergütung
- umfassende Ausbildung
- …

Betriebsrat

hat in betrieblichen Angelegenheiten folgende Rechte nach Betriebsverfassungsgesetz (BetrVG):

soziale Angelegenheiten

Mitbestimmungsrecht
Die Zustimmung des Betriebsrates ist notwendig, z. B. bei Arbeitszeiten, Urlaubsregelungen.

personelle Angelegenheiten

eingeschränktes Mitbestimmungsrecht
Der Betriebsrat darf nur aus schwerwiegenden Gründen seine Zustimmung verweigern, z. B. bei Einstellungen.

wirtschaftliche Angelegenheiten

Mitwirkungsrecht
Der Betriebsrat kann eine unternehmerische Maßnahme nicht verhindern, muss aber angehört und informiert werden, z. B. bei Betriebsstilllegung.

Berufsbildungsrecht

gesetzliche Grundlagen

Arbeitsrecht

nur für die Berufsausbildung
- Berufsbildungsgesetz (BBiG)
- Handwerksordnung (HwO)
- Ausbildungsordnung (AO)

Arbeitsrecht und -schutz für alle Beschäftigten
- Arbeitszeitgesetz (ArbZG)
- Jugendarbeitsschutzgesetz (JArbSchG)
- Bundesurlaubsgesetz (BUrlG)
- Mutterschutzgesetz (MuSchG)
- Schwerbehindertenschutz im Sozialgesetzbuch (SGB IX)
- Tarifverträge/Betriebsvereinbarungen
- Arbeitsvertrag/Berufsausbildungsvertrag

Methode: Anleitung zu einem Rollenspiel

Konflikte im Betrieb – was tun?

Im Betrieb gelten andere Regeln als in der Schule. Wer neu im Betrieb ist, muss sich in seiner neuen Rolle erst zurechtfinden. Die Gefahr ist groß, in Konflikten falsch zu reagieren, sich zu viel gefallen zu lassen, sich Feinde zu machen oder womöglich die Lehrstelle zu riskieren.

Das richtige Verhalten in Konflikten können Sie üben. Ein gutes Mittel dafür ist das Rollenspiel. Hier können Sie Problemsituationen spielerisch lösen und verschiedene Wege ausprobieren, ohne etwas dabei zu riskieren.

1. Schritt:
- Lesen der Situationsbeschreibung
- Klären der Situation: Worin besteht das Problem? (Dafür ist meist weiteres Material nötig, z. B. über die Rechte und Pflichten der Auszubildenden und über den Kündigungsschutz.)

2. Schritt:
- Einteilen von Gruppen für die verschiedenen Rollen
- Besprechen der jeweiligen Rollenkarte:
  - Worin besteht aus Sicht dieser Person der Konflikt?
  - Wie könnte der Konflikt aus Ihrer Sicht gelöst werden?
  - Überlegungen zu möglichen Gegenargumenten
  - Besprechen des Vorgehens
- Auswählen der Spielenden

3. Schritt:
- Spieler: Spielen der Rollen
- andere Gruppenmitglieder: Beobachten; Notieren von Auffälligkeiten in der Argumentation und im Verhalten

4. Schritt:
- Zusammenfassen und Beurteilen der Argumente
- Beurteilen des Gesprächsergebnisses

Eine Konfliktsituation im Betrieb:

Das Problem: Der Computer ist gegen 15.00 Uhr ausgefallen und darum ist der Monatsabschlussbericht nicht fertig. Außer Frau Adolini ist nur noch die Auszubildende Yasmin da, weil Frau Holder Urlaub hat. Zu zweit kann die Arbeit bis etwa 19 Uhr erledigt werden. Gearbeitet wird in der Abteilung normalerweise bis 16.45 Uhr.

Rollenkarte für Frau Adolini

Der Monatsabschlussbericht muss heute noch fertiggestellt werden und morgen früh dem Abteilungsleiter, Herrn Marschke, vorliegen. Ohne Computer ist dies allein kaum zu schaffen. Sie sehen nicht ein, dass Sie das allein machen sollen. Außerdem sollen die Lehrlinge ruhig lernen, wie hektisch es manchmal zugeht.

Rollenkarte für die Auszubildende Yasmin

Sie sind erst gestern neu in diese Abteilung gekommen. Frau Adolini ist in den nächsten drei Monaten für Ihre Ausbildung zuständig. Gerade heute haben Sie sich mit Ihrem neuen Schwarm für 18 Uhr verabredet. Es liegt Ihnen viel an diesem Treffen.

Führen Sie zu dieser Situation ein Rollenspiel nach dem Ablaufplan durch.

Gesprächsregeln:
• Sorgen Sie durch Freundlichkeit für eine positive Gesprächsatmosphäre.
• Hören Sie Ihrem Gesprächspartner in aller Ruhe zu.
• Versuchen Sie die Hintergründe seiner Aussagen zu verstehen.
• Fassen Sie sich kurz.
• Argumentieren Sie sachlich.
• Vermeiden Sie persönliche Angriffe.
• Zeigen Sie, dass Sie Ihren Gesprächspartner akzeptieren, indem Sie auf seine Aussagen bewusst eingehen.
• Bitten Sie Ihren Gesprächspartner um Vorschläge zur Lösung des Problems.
• Erkennen Sie bessere Argumente an.
• Halten Sie Blickkontakt.

Andere Problemsituationen:
Erstellen Sie für die folgenden Situationen Rollenkarten und führen Sie dann ein Rollenspiel durch.

1. In letzter Zeit sind Sie immer wieder mit Ihrem Auto zu spät zur Arbeit gekommen – mal 10 Minuten, mal 15 Minuten. Manchmal gab es einen Stau unterwegs, aber oft sind Sie einfach zu spät aufgestanden. Sie haben gehofft, dass es nicht auffällt, weil andere auch manchmal zu spät kommen, z. B. Frau Christiansen, die für Ihre Ausbildung zuständig ist. Heute hat Sie der Abteilungsleiter, Herr Spannagel, gesehen und zu sich bestellt.

2. Eine Kundin hat im Supermarkt ein Glas Gurken auf den Boden fallen lassen. Der Filialleiter, Herr Jaffke, fordert Sie auf, die Scherben zusammenzukehren und den Boden aufzuwischen. Sie sehen das nicht ein. Herr Jaffke wird wütend und sagt: „Soll ich das vielleicht machen?!" Er rennt in sein Büro und knallt die Türe hinter sich zu. Sie merken, dass Ihre Reaktion vielleicht nicht ganz richtig war, und wollen mit ihm reden.

Prüfungsaufgaben

1. Das Ausbildungsberufsbild enthält Angaben über die …
a) bisherige Entwicklung des Berufes
b) aktuelle Ausbildungsplatzsituation
c) dem Auszubildenden zu vermittelnde Kenntnisse und Fertigkeiten
d) gültigen Rahmenlehrpläne
e) Schwerpunkte und Vergütung während der Ausbildung

2. Was versteht man unter der „zuständigen Stelle" für die Ausbildung?
a) die Berufsschule
b) das Ausbildungsunternehmen
c) die Agentur für Arbeit
d) das Bundesbildungsministerium
e) die Handwerkskammer

3. In welchem Gesetz wird die betriebliche Mitbestimmung der Arbeitnehmer geregelt?
a) Grundgesetz der Bundesrepublik Deutschland
b) Tarifvertragsgesetz
c) Bürgerliches Gesetzbuch
d) Strafgesetzbuch
e) Betriebsverfassungsgesetz

4. Welche Aussage über das Betriebsverfassungsgesetz (BetrVG) ist richtig?
a) Das BetrVG regelt die Zusammenarbeit zwischen Gewerkschaften und Arbeitgeber-Organisationen.
b) Das BetrVG regelt die Mitwirkung der Arbeitnehmer in den Vorständen der Unternehmungen.
c) Das BetrVG regelt den Schutz von Schwerbehinderten vor dem Verlust des Arbeitsplatzes.
d) Das BetrVG regelt die Zusammenarbeit zwischen Arbeitgebern und Arbeitnehmern im Betrieb.
e) Das BetrVG regelt die betriebliche Altersversorgung.

5. Mike hat seine Lehre als Heizungsbauer erfolgreich abgeschlossen, er wurde aber von seinem Ausbildungsbetrieb nicht übernommen. Seit vier Wochen ist er arbeitslos. Am Stammtisch im Gasthaus Krone lernt er Herrn Wagner, Inhaber eines Heizungsfachbetriebs, kennen. Er fragt ihn nach einer Arbeitsstelle. Herr Wagner bejaht und sagt, er solle morgen früh mit den üblichen Arbeitspapieren in seinem Betrieb erscheinen.
a) Ist ein Arbeitsvertrag zwischen Mike und Herrn Wagner zustande gekommen?
b) Erläutern Sie in diesem Zusammenhang die Bedeutung des Nachweisgesetzes.
c) Nennen Sie zwei Rechte und zwei Pflichten, die Mike mit dem Arbeitsverhältnis übernimmt.
d) Mike und Herr Wagner haben 20 Tage Urlaub vereinbart. Vergleichen Sie diese Vereinbarung mit dem Bundesurlaubsgesetz und dem gültigen Tarifvertrag. Welche Regelung gilt für Mike? Begründen Sie Ihre Meinung.

Urlaubsabkommen IG Metall

§ 3 Urlaubsabkommen
3.1 Der Jährliche Urlaub für Beschäftigte beträgt 30 Arbeitstage
…

Bundesurlaubsgesetz

§ 3 Dauer des Urlaubs
Der Urlaub beträgt jährlich mindestens 24 Werktage
§ 3 Absatz 2
Als Werktage gelten alle Kalendertage, die nicht Sonn- und gesetzliche Feiertage sind.
…

Lernen für den Beruf

Online-Link
882730-1400

Lernsituation:

Die berufliche Karriere planen

Florian arbeitet seit eineinhalb Jahren in einem großen Sanitär- und Heizungsbaubetrieb als Geselle. Der Chef ist mit ihm zufrieden und hat ihn schon darauf angesprochen, ob er nicht den Meister machen und im Unternehmen aufsteigen will. Florian spricht mit seiner Partnerin Nadine darüber. Die ist gleich Feuer und Flamme und telefoniert herum, wann der nächste Vorbereitungskurs auf die Meisterprüfung stattfindet. Florian geht das ein bisschen zu schnell. Erst will er wissen, was da alles auf ihn zukommt. Und außerdem gibt es sicher Alternativen, wenn er beruflich weiterkommen will – andere Fortbildungen, den Wechsel in die Industrie, ...

Handlungsaufgaben:

1. Stellen Sie zwei Situationen dar, in denen der Meisterbrief wichtig ist.

2. Arbeiten Sie zwei Vorschläge aus, was Florian statt der Meisterprüfung machen kann, um beruflich weiterzukommen. Begründen Sie.

3. Stellen Sie eine Übersicht über die staatlichen Fördermaßnahmen für die Fortbildung zusammen.

4. Drei Jahre später – Florian hat inzwischen den Meister in der Industrie gemacht und arbeitet bei einem Hersteller von Heizungsanlagen. Nun sollen neue Arbeitsformen und Verantwortlichkeiten eingeführt werden. Als Mitglied des Betriebsrats macht er sich kundig, was da alles auf die Belegschaft zukommt. Stellen Sie mögliche Vor- und Nachteile flexibler Arbeitsformen für die Beschäftigten in Form einer Tabelle zusammen.

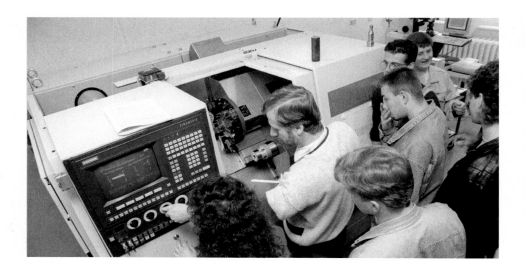

Warum lebenslanges Lernen?

Wissen veraltet. Technische Veränderungen gibt es in allen Berufen. Besonders deutlich sind sie in gewerblichen Berufen sichtbar. So ist aus dem Kfz-Mechaniker der Kfz-Mechatroniker geworden, weil sich die Wartungs- und Reparaturarbeiten an den Autos grundlegend verändert haben.

Wer sich im Beruf nicht fortbildet, verliert rasch den Anschluss und ist den neuen Anforderungen nicht mehr gewachsen. Sein Risiko, arbeitslos zu werden, ist höher als das der anderen Beschäftigten. Er gewinnt zwar an Erfahrung und Routine, aber das Wissen, das er in seiner Ausbildung erworben hat, verliert an Wert. Die meisten Unternehmen achten darum auf die nötige Fortbildung ihrer Mitarbeiterinnen und Mitarbeiter.

Je höher jemand in der betrieblichen Hierarchie steht, umso wertvoller ist er für das Unternehmen und umso mehr investiert dieses in seine Fortbildung. Manchmal sehen sogar die Tarifverträge einige Tage im Jahr für Fortbildungsmaßnahmen vor. In den meisten Bundesländern gibt es Regelungen für einen jährlichen bezahlten Bildungsurlaub (in der Regel 5 Tage).

Ein Teil dieser Fortbildung findet innerbetrieblich statt oder in überbetrieblichen Einrichtungen. Vieles wird von den Kammern angeboten, z. B. von der Industrie- und Handelskammer (IHK) oder von der Handwerkskammer, im Handwerk von den Innungen. Auch manche Hersteller bieten Fortbildungen für die Unternehmen an, die ihre Produkte verwenden oder – wie im Kfz-Gewerbe – warten und reparieren.

Fortbildung braucht aber die Eigeninitiative der Beschäftigten. Es wird erwartet, dass diese einen Teil ihrer Freizeit dafür opfern, sich auf dem Laufenden zu halten. Sie müssen sich das nötige Wissen eigenverantwortlich aneignen.

Fortbildung, insbesondere der Erwerb von **Zusatzqualifikationen**, ist heute eine wichtige Voraussetzung für die Karriere. Die Fortbildungsbereitschaft steht weit oben in der Liste der Eigenschaften, die die Unternehmen von ihren Beschäftigten verlangen. Neben der **Anpassungsfortbildung**, die die Qualifikation für den jetzigen Arbeitsplatz sichern hilft, gibt es die **Aufstiegsfortbildung** für diejenigen, die im Unternehmen Karriere machen wollen.

Fortbildung
Weiterbildung im erlernten Beruf

Umschulung
Erlernen eines anderen Berufs

Hierarchie
Rangordnung, z. B. in einem Unternehmen

Die Meisterprüfung besteht aus
- fachpraktischem Teil (oft mit Meisterstück)
- fachtheoretischem Teil
- betriebswirtschaftlichen, kaufmännischen und rechtlichen Grundlagen der Betriebsführung
- berufs- und arbeitspädagogischer Prüfung

Weiterbildung – was sind die Themen?	
Persönlichkeitsentwicklung und Qualitätsmanagement	16%
EDV	14%
Technik und Produktion	14%
Verkaufstraining und Marketing	11%
Finanzwesen, Büromanagement	8%
Sprachkurse	8%
Umweltschutz, Sicherheit am Arbeitsplatz	6%
Andere Themenbereiche	22%

Rangfolge nach Teilnehmerstunden, – Stand 2005
Statistisches Bundesamt: Datenreport 2008, S. 69

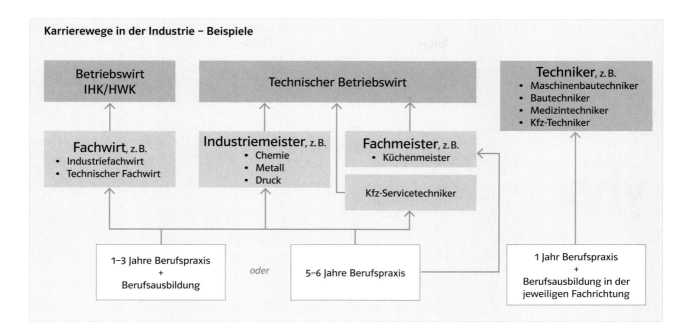

Karrierewege in der Industrie – Beispiele

Betriebswirt IHK/HWK

Technischer Betriebswirt

Techniker, z. B.
- Maschinenbautechniker
- Bautechniker
- Medizintechniker
- Kfz-Techniker

Fachwirt, z. B.
- Industriefachwirt
- Technischer Fachwirt

Industriemeister, z. B.
- Chemie
- Metall
- Druck

Fachmeister, z. B.
- Küchenmeister

Kfz-Servicetechniker

1–3 Jahre Berufspraxis + Berufsausbildung

oder

5–6 Jahre Berufspraxis

1 Jahr Berufspraxis + Berufsausbildung in der jeweiligen Fachrichtung

Fortbildung im Beruf:
Das Beispiel der Meisterprüfung

Im Handwerk ist die Meisterprüfung für viele das Karriere-Sprungbrett: für den Aufstieg im Unternehmen, für die Gründung eines eigenen oder die Übernahme eines bestehenden Handwerksbetriebs.

Der Meisterprüfung sind andere Prüfungen gleichgestellt, die in Deutschland oder einem anderen EU-Staat erworben wurden. Auf die Prüfung bereiten die Meisterschulen vor, die von staatlichen Schulen, von den Kammern oder Innungen oder von privaten Trägern angeboten werden.

Wer die Meisterprüfung besteht, wird in der Handwerksrolle des betreffenden Handwerks eingetragen. Die Meisterpflicht gibt es noch in 41 Handwerken (Stand 2009). Der Hinweis „Meisterbetrieb" im Briefkopf ist ein Wettbewerbsvorteil, besonders bei anspruchsvollen Arbeiten. Wer Meister ist, darf Lehrlinge ausbilden und braucht keine Ausbildereignungsprüfung.

Auch in der Industrie gibt es Meister, die Industriemeister. Sie stehen in der betrieblichen Hierarchie zwischen den Facharbeitern und den Technikern. Die Möglichkeiten der Fortbildung und des innerbetrieblichen Aufstiegs sind in der Industrie vielfältiger als im Handwerk.

Umschulung

Umschulung ist die Bezeichnung für jede Weiterbildung, die sich auf einen anderen Beruf, eine andere Qualifikation bezieht als die ursprünglich erworbene. Mehr als die Hälfte aller Arbeitnehmerinnen und Arbeitnehmer ist heute nicht mehr im erlernten Beruf tätig. Die einen sind nach der Ausbildung nicht untergekommen. Andere haben den Beruf nach Mutterschaft und Elternzeit gewechselt. Die dritte Gruppe ist mit ihrer beruflichen Situation unzufrieden und will etwas Neues anfangen. Die vierte Gruppe schließlich hat ihre Arbeit wegen der Veränderungen in der Berufswelt verloren, zum Beispiel als Folge von Rationalisierung, technischen Innovationen oder der Verlagerung von Arbeiten ins Ausland.

Erfolgreich sind Umschulungen vor allem, wenn sich eine Brücke schlagen lässt von der alten zur neuen Tätigkeit, wenn ich beispielsweise die kaufmännischen Kenntnisse aus meinem Erstberuf verwenden kann.

Zweiter Bildungsweg

Manchmal stößt die Karriere im Beruf an eine andere Grenze: Für die Fortsetzung ist ein Studium nötig und davor ein höherer Schulabschluss, insbesondere Abitur oder Fachhochschulreife. Die verschiedenen Möglichkeiten, versäumte Schulabschlüsse nach-

Bestandene Fortbildungsprüfungen	
Bestandene Prüfungen (2006)	Alle Prüflinge
Industrie und Handel	42 517
davon Industriemeister	*7 439*
davon Fachwirte Industrie und Handel	*11 941*
Meister im Handwerk	21 111
Alle bestandenen Prüfungen	96 526

Berufsbildungsbericht 2008, S. 253, 257; Bundesinstitut für Berufsbildung (BiBB)

zuholen, werden als zweiter Bildungsweg bezeichnet.

In den vergangenen Jahren sind vermehrt Zugangsmöglichkeiten zu den Hochschulen für Berufstätige ohne Abitur geschaffen worden, z.B. für Meister im Handwerk oder in der Industrie. Diese Möglichkeiten sind von Bundesland zu Bundesland unterschiedlich.

Berufliche Weiterbildung – welche Hilfen gibt der Staat?

Den Besuch einer Meisterschule, das Nachholen eines Schulabschlusses, ein Studium – dies alles kann ich theoretisch abends und am Wochenende erledigen. Es gibt Meisterschulen in Teilzeitform, es gibt Abendrealschulen und Abendgymnasien, es gibt Studiengänge und Meisterschulen im Fernstudium. Meist kosten sie Schulgeld oder eine Studiengebühr. Die zusätzliche zeitliche und finanzielle Belastung über einen langen Zeitraum wird dabei von vielen unterschätzt. Vor allem beim Fernstudium sind die Abbrecherquoten hoch. Denn wer diesen Weg gehen will, muss gelernt haben, Wissenslücken in Eigeninitiative zu schließen.

Weniger strapaziös und Erfolg versprechender ist eine Unterbrechung der Berufstätigkeit für Schule oder Studium. Der Haken dabei: Wer berufstätig ist und finanziell auf eigenen Beinen steht, tut sich schwer, eine solche Unterbrechung – die oft über mehrere Jahre geht – zu finanzieren.

Weiterbildung wird vom Staat gefördert:
• Meister-BAFöG: Gefördert werden Berufstätige ohne Altersgrenze, die noch keine vergleichbare Qualifikation besitzen. Die Höhe der Förderung richtet sich nach dem Einkommen und der Kinderzahl. Ein Teil wird als Darlehen vergeben. Zu Lehrgangs- und Prüfungsgebühren gibt es Zuschüsse. Oft besteht ein Anspruch auf ein zusätzliches zinsgünstiges Darlehen der Kreditanstalt für Wiederaufbau (KfW).
• Elternunabhängiges BAFöG gibt es für viele Maßnahmen des zweiten Bildungswegs und für ein Erststudium. Zielgruppe sind Berufstätige. Ein Studium wird für Erwachsene über 30 Jahre nur unter bestimmten Bedingungen gefördert (z.B. mindestens 5-jährige Erwerbstätigkeit). Auch hier muss ein Teil des Geldes zurückbezahlt werden.
• Bildungsprämie: Das ist ein Gutschein von 154 Euro jährlich für Weiterbildungsmaßnahmen (Stand 2009 – an Einkommensgrenzen gebunden). Der Berufstätige muss selbst mindestens die gleiche Summe aufbringen.
• Maßnahmen der Bundesagentur für Arbeit für Umschulungen richten sich an Arbeitslose, die in ihrem bisherigen Beruf nicht mehr unterkommen, oder an Menschen, bei denen gesundheitliche Gründe die Weiterarbeit im bisherigen Beruf unmöglich machen. Dauer und Höhe der Förderung orientieren sich am Einzelfall. Gefördert wird eine Umschulung besonders dann, wenn im Anschluss daran eine neue Stelle in Aussicht steht.

Was bedeutet Flexibilität?

Nicht bloß technische Neuerungen verändern die Arbeit. Nur die Unternehmen haben auf Dauer Erfolg, die die Kosten im Griff haben und auf Veränderungen des Marktes rasch reagieren – oder besser: Veränderungen selbst bewirken, Trendsetter sind. Dies hat auch Auswirkungen auf die Beschäftigten.

Sie müssen sich an rasch wechselnde Arbeitsbedingungen anpassen. Das betrifft die Arbeitsinhalte, Arbeitszeit, Umfang und Organisation der Arbeit und die Verantwortung für den Erfolg. Ein Arbeitnehmer von heute hat mehr Entscheidungsfreiheit und trägt mehr Verantwortung als früher. Gerade in großen Betrieben wird die Verantwortung

GEFÖRDERT VOM

Bundesministerium
für Bildung
und Forschung

für Qualität, Einhaltung der Zeitvorgaben und des Kostenrahmens, für Einkauf, Personalplanung usw. zunehmend nach unten verlagert. Tarifverträge, Betriebsvereinbarungen und Arbeitsverträge tragen diesem Wandel Rechnung, z. B. durch flexible Arbeitszeitmodelle, die die Arbeitszeit kurzfristig an die Auftragslage des Betriebs anpassen. Im Kommen sind auch neue Arbeitsformen. Beispiele sind die projektbezogene befristete Beschäftigung, das Outsourcing von einzelnen Arbeiten oder ganzen Bereichen, die Einstellung von Leiharbeitern.

Gewinner dieses Wandels sind vor allem die gut qualifizierten Arbeitnehmer, die sich leichter auf neue Anforderungen und neue Tätigkeiten einstellen können und sich regelmäßig fortgebildet haben. Verlierer sind ältere, weniger belastbare, schlechter qualifizierte Mitarbeiter. Flexibilität im Beruf hängt auch vom privaten Umfeld ab. Berufliche Karriere und Privatleben sind zudem nicht ohne Konflikte unter einen Hut zu bringen. Wer Kinder erziehen und betreuen muss, ist im Betrieb weniger flexibel einsetzbar.

Mobilität der Arbeitnehmer und ihre Grenzen

Mobilität ist die Bereitschaft des Arbeitnehmers, für seinen Arbeitgeber auch in einer anderen Stadt oder im Ausland zu arbeiten – für einige Wochen, Monate oder auf Dauer. Dies betrifft vor allem höher Qualifizierte. Manche Arbeitnehmer, zum Beispiel Monteure, sind für ihr Unternehmen dauernd auf Achse.

Wer Familie hat, ist in seiner Mobilität zwangsläufig eingeschränkt. Die Unterneh-

men kennen dieses Problem. Wenn ihnen ein Mitarbeiter wichtig ist, übernehmen sie die Umzugskosten für die Familie und finanzieren auch einen Sprachkurs. Die Bereitschaft zur Arbeit im Ausland wird erwartet, aber nicht erzwungen. Wer jedoch Karriere machen will, für den ist Mobilität ein Muss.

Mobilität wird auch von Arbeitslosen bei der Suche nach einer neuen Stelle gefordert. Eine Befragung von Arbeitslosen aus dem Jahr 2005 (Infratest dimap) hat allerdings gezeigt, dass die meisten zu vielem bereit waren: zu Berufswechsel, wechselnden Arbeitszeiten, Arbeit unter der eigenen Qualifikation, zu längerem Arbeitsweg und belastenden Arbeitsbedingungen, sogar zu einem geringeren Einkommen. Aber einen Wechsel des Wohnorts konnten sich die Wenigsten vorstellen: 63 Prozent wollten auf keinen Fall umziehen, 26 Prozent ungern, nur 11 Prozent ohne weiteres.

Outsourcing
Auslagerung und Vergabe von Arbeiten an andere Unternehmen oder einzelne Personen, um Kosten zu sparen. Outsourcing ist oft verbunden mit der Auflösung der Abteilungen, die diese Aufgaben vorher erfüllt haben.

Zum Querdenken

1. Machen Sie Vorschläge, welche Formen der Weiterbildung der Staat besonders fördern sollte.

2. „Umschulung ist Weiterbildung für Menschen, die im Leben keinen Erfolg hatten." Nehmen Sie zu dieser Behauptung Stellung.

3. In Sachen Flexibilität und Mobilität haben Arbeitgeber und Arbeitnehmer unterschied-

liche Interessen. Nennen Sie mögliche Konflikte, und schlagen Sie Regelungen vor, die beiden Seiten gerecht werden.

4. „Wenn die Bürger wirklich mobil wären, gäbe es keine Regionen mehr mit hoher Arbeitslosigkeit." Überlegen Sie, inwieweit diese Aussage zutrifft. Stellen Sie positive und negative Folgen hoher Mobilität dar.

Lebenslanges Lernen

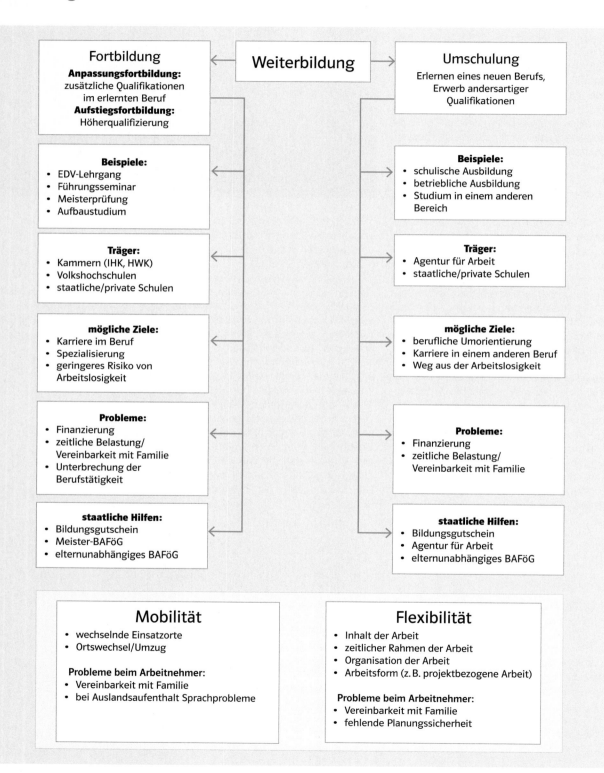

Weiterbildung

Fortbildung

Anpassungsfortbildung:
zusätzliche Qualifikationen
im erlernten Beruf
Aufstiegsfortbildung:
Höherqualifizierung

Beispiele:
- EDV-Lehrgang
- Führungsseminar
- Meisterprüfung
- Aufbaustudium

Träger:
- Kammern (IHK, HWK)
- Volkshochschulen
- staatliche/private Schulen

mögliche Ziele:
- Karriere im Beruf
- Spezialisierung
- geringeres Risiko von
  Arbeitslosigkeit

Probleme:
- Finanzierung
- zeitliche Belastung/
  Vereinbarkeit mit Familie
- Unterbrechung der
  Berufstätigkeit

staatliche Hilfen:
- Bildungsgutschein
- Meister-BAFöG
- elternunabhängiges BAFöG

Umschulung

Erlernen eines neuen Berufs,
Erwerb andersartiger
Qualifikationen

Beispiele:
- schulische Ausbildung
- betriebliche Ausbildung
- Studium in einem anderen
  Bereich

Träger:
- Agentur für Arbeit
- staatliche/private Schulen

mögliche Ziele:
- berufliche Umorientierung
- Karriere in einem anderen Beruf
- Weg aus der Arbeitslosigkeit

Probleme:
- Finanzierung
- zeitliche Belastung/
  Vereinbarkeit mit Familie

staatliche Hilfen:
- Bildungsgutschein
- Agentur für Arbeit
- elternunabhängiges BAFöG

Mobilität
- wechselnde Einsatzorte
- Ortswechsel/Umzug

Probleme beim Arbeitnehmer:
- Vereinbarkeit mit Familie
- bei Auslandsaufenthalt Sprachprobleme

Flexibilität
- Inhalt der Arbeit
- zeitlicher Rahmen der Arbeit
- Organisation der Arbeit
- Arbeitsform (z. B. projektbezogene Arbeit)

Probleme beim Arbeitnehmer:
- Vereinbarkeit mit Familie
- fehlende Planungssicherheit

Prüfungsaufgaben

1. Welche Maßnahme gehört bei einem Mechatroniker nicht zu Fortbildungen?
a) Aufstiegslehrgang für künftige Mitarbeiter mit Personalverantwortung
b) Fahrsicherheitstraining des ADAC
c) Einweisung in neue Software zur Programmierung der CNC-Maschinen
d) Vorbereitungskurs zum Industriemeister
e) Fortbildung zu betrieblichem Qualitätsmanagement

2. Welche Bedingung für die Förderung einer Umschulung durch die Agentur für Arbeit muss erfüllt sein?
a) Teilnehmer an der Maßnahme müssen mindestens 3 Jahre arbeitslos sein.
b) Teilnehmer müssen die deutsche Staatsangehörigkeit besitzen.
c) Teilnehmer müssen eine abgeschlossene Berufsausbildung vorweisen.
d) Teilnehmer können im bisherigen Beruf nicht mehr beschäftigt werden, z. B. aus gesundheitlichen Gründen.
e) Teilnehmer haben Anspruch auf Arbeitslosengeld I.

3. Nennen Sie vier Fortbildungsmöglichkeiten in Ihrem Ausbildungsberuf.

4. Nennen Sie drei Hindernisse, die die Mobilität von Arbeitnehmern einschränken.

5. Anke ist seit drei Jahren als Friseurin in einem Damensalon beschäftigt. Sie möchte sich zur Kosmetikerin weiterbilden, ohne die Berufstätigkeit zu unterbrechen. Im Internet findet sie zwei Angebote, die ihr zusagen. Sie ist sich unsicher, für welches sie sich entscheiden soll.
a) Nennen Sie je einen Vorteil und einen Nachteil für jedes der beiden Angebote.
b) Welches der beiden Angebote würden Sie Anke empfehlen? Begründen Sie Ihre Empfehlung.
c) Erläutern Sie den Hinweis auf eine mögliche Förderung nach BAFöG bei der Abendschule.

1. Angebot

Fernstudium zur Bio-Fachkosmetikerin
• Dauer etwa 9 Monate
• Zeitaufwand 4–6 Stunden/Woche
• 3 Studienbriefe mit dem Stoff von jeweils 3 Monaten
• erlernte Griffe sollen an Bekannten und Verwandten geübt werden (gegen Zusatzkosten auch Übungsmöglichkeit in der Schule)
• Ausstellung einer Urkunde am Ende des Kurses
• Kosten ca. 1230 €

2. Angebot

Abendschule zur Kosmetikerin
• Schulort etwa 10 km entfernt
• Dauer 18 Monate
• Schultage Mo–Mi, 19:30–21:00 Uhr
• Kosten: 170 € im Monat; außerdem Prüfungsgebühr (170 €) und Nebenkosten (ca. 600 €)
• Prüfung und Ausstellung einer Urkunde am Ende des Kurses
• staatliche Förderung möglich (BAFöG)

Methode: Eine Zeitplanung erstellen

Meisterschule – woher nehme ich die Zeit?

Aus dem Betrieb kennen Sie Arbeits- und Einsatzpläne. Diese Pläne sorgen dafür, dass Termine eingehalten werden, und sie koordinieren die einzelnen Tätigkeiten. Wie wichtig sie sind, fällt meist erst auf, wenn etwas nicht klappt.

Jeder Berufstätige braucht für sich persönlich eine ähnliche Zeitplanung: eine Reihenfolge für die Tätigkeiten des Tages, einen Wochenplan und einen Plan für längere Zeiträume. Wer seine Arbeit im Beruf frei einteilen kann, braucht sie dringender als jemand, dem alle Arbeiten vorgegeben werden. Spätestens dann, wenn zur Arbeit im Betrieb noch andere Termine und Verpflichtungen kommen, z. B. ein Kurs bei der IHK, muss ein Terminkalender her, um geschäftliche und private Termine unter einen Hut zu bringen.

Ein einfaches Prinzip, die eigene Zeit einzuteilen, ist das so genannte **Eisenhower-Prinzip**, benannt nach dem US-Präsidenten Eisenhower, von dem es stammen soll. Sein Grundsatz: Alle anfallenden Arbeiten werden in 4 Gruppen eingeteilt und entsprechend bearbeitet.

ist, kann das selbst entscheiden. Wer kein Präsident ist, muss abwägen: Sind alle Arbeiten, die der Chef anweist, wichtig? – Und nicht zuletzt gibt es auch private Dinge, die ihre Wichtigkeit haben.

• Was mache ich, wenn zu viel Arbeit ansteht? Werfe ich dann mehr Aufgaben in den Papierkorb? Weise ich meinen Chef auf die Überbeanspruchung hin und bitte um Entlastung? Mache ich Überstunden und erkläre mein Privatleben für unwichtig?

• Was mache ich mit den Arbeiten, die dringend, aber nicht wichtig sind? Ein Präsident hat Mitarbeiter, an die er delegieren kann. Was ist, wenn ich keine solchen Mitarbeiter habe?

Auf diese Fragen gibt es unterschiedliche Antworten, je nach beruflicher und privater Situation. Wichtig ist, sich vor ihrer Beantwortung nicht zu drücken, sondern eine klare Entscheidung zu treffen und zu dieser Entscheidung auch zu stehen. Sonst sind am Ende alle unzufrieden: der Chef, die Kollegen und der Partner oder die Partnerin.

	niedrig **Dringlichkeit** hoch	
hoch	**nicht dringend, aber wichtig:** in die Zeitplanung aufnehmen	**dringend und wichtig:** sofort anpacken
Wichtigkeit	**weder dringend noch wichtig:** in den Papierkorb (nicht erledigen)	**dringend, aber nicht wichtig:** an Mitarbeiter delegieren
niedrig		

Diese Einteilung soll verhindern, dass wichtige Arbeiten unerledigt bleiben, nur weil sie nicht dringend sind, und dass unwichtige Arbeiten zu Zeitfressern werden.

Bei der Umsetzung müssen jedoch einige Dinge bedacht werden:

• Wonach richtet sich, welche Arbeiten wichtig und welche dringend sind? Wer Präsident

Weitere Tipps zur Zeitplanung

1. Einen Wochenplan aufstellen.
2. Am Abend vorher eine Liste der Arbeiten erstellen, die am nächsten Tag erledigt werden müssen (To-do-Liste).
3. Am Ende jedes Arbeitstags die To-do-Liste mit dem vergleichen, was tatsächlich erledigt wurde. Entscheiden, was mit den unerledigten Arbeiten geschieht. Die To-do-Liste anpassen.
4. Nicht die ganze Zeit verplanen, sondern Raum lassen für Unvorhergesehenes, für eine kurze Erholung zwischendurch.
5. Unwichtige, aber dringende Arbeiten zeitlich begrenzen.
6. Umfangreiche, aber weniger dringende Aufgaben in Teilschritte aufteilen und sich eine Zeitgrenze für die Teilschritte setzen.

Eine Situation aus dem Leben:

Stefan möchte die Meisterschule für Metallberufe besuchen. Er hat sich für einen Teilzeitkurs entschieden, der montags, mittwochs und freitags von 17:30 Uhr bis 20:45 Uhr stattfindet, außerdem am Samstagvormittag (7:15 Uhr – 12:20 Uhr). In den Schulferien ist kein Unterricht. Für die Fahrt in die Schule braucht er eine Dreiviertelstunde. Seine Arbeitszeit im Betrieb ist normalerweise von 7:30 – 16:30 Uhr, am Freitagnachmittag bis 15:30 Uhr. Wenn viel Arbeit anfällt, kann es aber bis in den Abend gehen. Die Fahrtzeit in den Betrieb beträgt normalerweise eine Viertelstunde.
Stefan erstellt einen Wochenplan:

Er zeigt ihn stolz seiner Freundin Sandra. „Das klappt ganz gut", meint er. Sie ist aber anderer Meinung und sagt, er müsse mit seinem Vorgesetzten im Betrieb reden, bevor er den Vertrag mit der Schule unterschreibt. „Und was bleibt dann an Zeit für uns beide?", fragt sie. „Der Samstagabend und der ganze Sonntag", sagt er, aber das glaubt sie ihm nicht: „Und wann willst du für die Prüfung lernen?"

	Montag	Dienstag	Mittwoch	Donnerstag	Freitag	Samstag	Sonntag
7:00 – 8:00	Betrieb	Betrieb	Betrieb	Betrieb	Betrieb	Meister-schule	
8:00 – 9:00							
9:00 – 10:00							
10:00 – 11:00							
11:00 – 12:00							
12:00 – 13:00							
13:00 – 14:00							
14:00 – 15:00							
15:00 – 16:00							
16:00 – 17:00							
17:00 – 18:00	Meister-schule		Meister-schule		Meister-schule		
18:00 – 19:00							Basketball-Bezirksliga
19:00 – 20:00				Basketball-training		Disco	
20:00 – 21:00							
21:00 – ??							

a) Stellen Sie dar, was Stefan bei seiner Planung übersehen hat.
b) Erarbeiten Sie eine korrigierte Planung und zeigen Sie die Schwierigkeiten, alles unter einen Hut zu bringen.

c) Erstellen Sie eine Liste, was Stefan mit seinem Chef bereden muss. Schlagen Sie eine Lösung vor.

Online-Link
882730-1500

Was bietet mir Europa?

Lernsituation:

Ich will im Ausland beruflich weiterkommen

Patricia lernt Friseurin im dritten Lehrjahr. Die Berufsschule hat im Herbst für sie und zwei andere Auszubildende ein dreiwöchiges Praktikum in Mailand organisiert. Die drei haben in Friseursalons dort gelernt, was man in Italien anders macht, und sind begeistert zurückgekommen.

Das Praktikum in Italien hat Patricias Interesse geweckt. Nach der Prüfung will sie in Paris in einem Salon arbeiten – mindestens ein Jahr lang. Dann kann sie immer noch entscheiden, ob sie zurückkommt nach Deutschland oder dort bleibt. Vielleicht findet sie ja in Paris die große Liebe. Und wenn sie zurückkommt, dann hat sie mehr und andere Erfahrungen als ihre Kolleginnen, die in Deutschland geblieben sind.

Die Eltern sind skeptisch, als Patricia von ihren Plänen erzählt. Sie glau-

ben nicht, dass es mit der Stelle in Paris klappt und dass Patricias Französisch gut genug ist. Patricia soll sich wenigstens erkundigen, welche Weiterbildungsprogramme es als Alternative gibt. Und sie soll den Eltern erklären, wie sie sich mit ihrem deut-

schen Abschluss in Frankreich bewerben will. Patricia beruhigt ihre Eltern und erklärt ihnen, dass es Hilfen für Arbeitnehmer gibt, die in einem anderen EU-Staat arbeiten wollen, z. B. den Europass.

Handlungsaufgaben:

1. Bereits das Italien-Praktikum kann sich Patricia bescheinigen lassen. An wen muss sich Patricia wegen dieser Bescheinigung wenden? Warum ist es sinnvoll, dass sie sich diese Bescheinigung ausstellen lässt?

2. Stellen Sie zusammen, welche Europass-Unterlagen Patricia benötigt. Erklären Sie, warum diese Unterlagen wichtig sind für einen Arbeitgeber im Ausland.

3. Schlagen Sie als Alternative zum Parisaufenthalt ein geeignetes Weiterbildungsprogramm der EU für Patricia vor.

4. Patricia weiß: Sie ist als Arbeitnehmerin in einem anderen EU-Staat nicht rechtlos. Welche wichtigen Rechte stehen ihr durch die europäische Sozialcharta zu? Weshalb muss sie sich trotzdem über die französischen Arbeitsgesetze informieren?

5. Stellen Sie dar, wie ein Arbeitsaufenthalt im Ausland gestaltet werden muss, damit er erfolgreich ist. Erarbeiten Sie zu diesem Zweck eine Checkliste mit Tipps für Patricia.

6. Erläutern Sie, warum das Arbeiten im Ausland immer mehr Bedeutung bekommt.

7. In welchem Rahmen und unter welchen Bedingungen können Sie sich persönlich vorstellen, in einem anderen EU-Staat zu arbeiten?

Im Ausland arbeiten – warum nicht!

Immer mehr Menschen zieht es ins Ausland. Innerhalb der Europäischen Union gibt es dabei für Deutsche keine Einschränkungen: Wohnsitz und Arbeitsplatz können frei gewählt werden. Das ist keine Selbstverständlichkeit. Die meisten Staaten regeln Zuzug, Arbeitserlaubnis und Wohnrecht, um eine unkontrollierte Einwanderung zu verhindern.

Diese Freizügigkeit ist auch wichtig für die Unternehmen, wenn sie Beschäftigte in ausländischen Tochtergesellschaften einsetzen wollen, und gehört zu den grundlegenden vier Freiheiten der Europäischen Union (die anderen drei sind: freier Handel, freie Unternehmensgründung, freier Kapitalverkehr).

Manchmal sind es private Gründe, die ins Ausland führen, manchmal die besseren Berufsaussichten. Viele gehen nur auf Zeit: Ein Arbeitsaufenthalt im Beruf oder zur Fortbildung macht sich in jedem Lebenslauf gut. Manche Unternehmen stellen solche Bewerberinnen und Bewerber bevorzugt ein. Sie gehen davon aus, dass sie mehr Selbstständigkeit mitbringen, mehr Flexibilität und Mobilität, mehr Offenheit und weniger Berührungsängste gegenüber ausländischen Kunden und Lieferanten zeigen. Die Erweiterung des Horizonts durch die sozialen Kontakte im Ausland, das Kennenlernen anderer Arbeitsweisen und anderer Kundenwünsche, einer anderen Mentalität und nicht zuletzt einer anderen Sprache sind auch für das Unternehmen nützlich, besonders bei Auslandskontakten.

Förderprogramme der Europäischen Union

Die EU erlaubt nicht nur das Arbeiten in anderen Mitgliedstaaten. Sie fördert gezielt Auslandsaufenthalte, besonders für Jüngere. Das geht von Praktika für Auszubildende und junge Arbeitnehmer bis zu Auslandssemestern für Studenten und Professoren.

Das EU-Bildungsprogramm für lebenslanges Lernen (PLL) besteht aus vier Säulen:
• COMENIUS (Vorschul- und Schulbildung),
• LEONARDO DA VINCI (berufliche Aus- und Weiterbildung),
• GRUNDTVIG (Erwachsenenbildung),
• ERASMUS (Hochschulbildung).

Außerdem gibt es noch das Programm Jugend in Aktion, mit dessen Hilfe Jugendbegegnungen, Freiwilligendienste u. Ä. organisiert werden.

Meist kann sich der Einzelne nicht direkt für diese Programme bewerben. Fördermittel können von privaten und öffentlichen Institutionen beantragt werden, zum Beispiel von Schulen, Universitäten, gemeinnützigen und kommerziellen Organisationen, Landkreisen, aber auch von Unternehmen. Einige Beispiele:
• Die Berufsschule unterhält eine Partnerschaft mit einer ausländischen Schule derselben Fachrichtung, und die EU beteiligt sich an den Kosten des Austauschs.
• Der Landkreis richtet eine (von der EU mitfinanzierte) Stelle ein, die halbjährige Arbeitsaufenthalte für jüngere Arbeitnehmer aus der Region organisiert.

„Das ganze Arbeiten in Schweden ist sehr locker. Man duzt sich, Chefs lassen einen ihre Macht nicht so spüren. Man ist auch nicht so pünktlich. [...] Allerdings hat sich in den letzten Jahren der Wettbewerbsdruck doch bemerkbar gemacht. Vor allem Firmen, die mit Deutschland zu tun haben, verlangen inzwischen mehr Leistung."
Susanna Örtendahl, Altenpflegerin, lebt seit 2004 in Schweden.

Mindestens 25 Tage Urlaub im Jahr sind in Schweden gesetzlich vorgeschrieben, häufig sollten vier Wochen davon zusammenhängend im Juli oder August genommen werden. [...] Außerdem gibt es ein Urlaubsgeld in Höhe von zwölf Prozent des Jahresgehalts.
Bundesagentur für Arbeit: Mobil in Europa, Schweden, Stand 2008.

Die EU-Staaten

Finnland
Schweden
Estland
Lettland
Litauen
Groß-britannien
Irland
Dänemark
Niederlande
Polen
Deutsch-land
Belgien
Luxem-burg
Tschechien
Slowakei
Portugal
Frankreich
Österr.
Ungarn
Rumänien
Slowenien
Spanien
Bulgarien
Italien
Malta
Griechenland
Zypern

dpa·Grafik 3636

ruf dort gar nicht existiert. Umgekehrt kann ein portugiesischer Bäcker in Deutschland nicht einfach eine Bäckerei eröffnen, weil im Bäckerhandwerk die Meisterpflicht gilt.

Zwar gibt es Regelungen über die gegenseitige Anerkennung von Berufsabschlüssen. Diese Anerkennung ist aber nicht selbstverständlich. Nötig ist sie z. B., um entsprechend der eigenen Qualifikation bezahlt zu werden.

Eine Hilfe: der Europass

Der Europass ist speziell für EU-Bürgerinnen und -Bürger entwickelt worden, die in einem anderen EU-Staat arbeiten wollen. Er hilft den Arbeitgebern, Abschlüsse und Qualifikationen aus anderen EU-Staaten und die Sprachkenntnisse ausländischer Bewerber leichter zu beurteilen. Der Europass besteht aus 5 Elementen:

1. **Europass Lebenslauf:** Er liefert eine standardisierte Vorlage, die online ausgefüllt und auf dem Rechner des Nutzers gespeichert wird.

2. **Europass Sprachenpass:** Dies ist ein Formular zur Selbsteinschätzung der Fremdsprachenkenntnisse – ebenfalls zum Herunterladen. Dessen Stufen A1-C2 richten sich nach dem „Gemeinsamen Europäischen Referenzrahmen für Sprachen". Inzwischen orientieren sich vermehrt auch schulische Prüfungen in den Fremdsprachen an diesem Maßstab.

3. **Europass Mobilität:** Er wird von Organisationen beantragt, die Lern- oder Arbeitsaufenthalte im EU-Ausland (und in einigen anderen europäischen Staaten, z. B. der Schweiz) anbieten. Der Europass Mobilität ermöglicht es den betreffenden Einrichtungen (z. B. Schule, Universität), den Teilnehmern an Auslandsaufenthalten einen **Europass-Mobilitätsnachweis** auszustellen, der die Teilnahme und die erworbenen Fähigkeiten bescheinigt.

4. **Europass Zeugniserläuterung:** Für viele Ausbildungsberufe gibt es verbindliche standardisierte Zeugniserläuterungen (teilweise auch auf Englisch und Französisch), die die Stellensuche im Ausland und die Anerkennung des Abschlusses erleichtern sollen. ✎

5. **Europass Diploma Supplement** ist eine Erläuterung zu Abschlusszeugnissen von Universitäten und Hochschulen.

Soziale Rechte in Europa

Damit das Arbeiten im Ausland kein Reinfall wird, müssen auch die Arbeitsbedingungen und die Bezahlung stimmen. Hier gibt es zwi-

Deutschland

• Eine Organisation für Jugendbegegnung betreut gemeinnützige Projekte in anderen EU-Staaten. Fahrtkosten und der vorherige Sprachkurs werden von der EU gefördert.

• Ein Unternehmen schickt regelmäßig Arbeitnehmer zur Fortbildung in Betriebe derselben Branche im Ausland. Die EU trägt einen Teil der Kosten.

Ein Stolperstein: die Anerkennung von Berufsabschlüssen

Wer längere Zeit in seinem Beruf in einem anderen EU-Staat arbeiten will, für den gibt es eine andere Hürde. Berufsausbildungen und Berufsabschlüsse sind in den EU-Mitgliedstaaten unterschiedlich organisiert. Das in Deutschland bewährte System der dualen Ausbildung ist im Ausland die Ausnahme. Auch die Berufsbilder sind anders. Wer als zahnmedizinische Fachangestellte nach Portugal gehen will, wird z. B. feststellen, dass dieser Beschen den EU-Staaten große Unterschiede. Eine gemeinsame Sozialpolitik der EU existiert jedoch nicht, und es ist ungewiss, ob sie in absehbarer Zeit kommen wird.

Welche Vereinbarungen gibt es schon und welche praktische Bedeutung haben sie?

Die **Europäische Sozialcharta** wurde im Jahr 1961 nicht von der EU, sondern vom Europarat beschlossen, in dem fast alle Staaten Europas Mitglied sind. Sie enthält

• **Rechte für Arbeitnehmerinnen und Arbeitnehmer**, zum Beispiel das Recht auf Arbeit, auf angemessene Arbeitsbedingungen und Bezahlung, das Recht Gewerkschaften zu gründen und mit den Arbeitgebern Tarifverträge zu vereinbaren, das Verbot der Diskriminierung am Arbeitsplatz, das Recht auf Berufsausbildung, Mutterschutz;

• **Rechte für alle Menschen**, zum Beispiel das Recht auf Schutz der Gesundheit, auf soziale Sicherheit und staatliche Fürsorge, auf Kinder- und Jugendschutz, das Recht auf wirtschaftlichen und sozialen Schutz der Familie. Die im Jahr 1996 überarbeitete Fassung der Charta ist allerdings in Deutschland und vielen anderen europäischen Staaten (z. B. Dänemark, Schweiz) noch nicht in Kraft getreten (Stand 2009).

Die EU hat darüber hinaus eine **Charta der Grundrechte der Europäischen Union** beschlossen. Sie enthält vergleichbare soziale Grundrechte wie die Europäische Sozialcharta. Dennoch haben die Rechte der Einzelstaaten Vorrang. Nur die Gleichberechtigung am Arbeitsplatz ist durch europäisches Recht weitgehend durchgesetzt.

Europass Lebenslauf	
Angaben zur Person	
Nachname(n)/Vorname(n)	Fischer Patricia
Adresse	Konstanzer Straße 83 D-59065 Hamm (Deutschland)
Telefon	04367/xxxxxxx Mobil 0162/xxxxxxx
E-Mail	pat.fisch@omx.de
Staatsangehörigkeit	deutsch
Geburtsdatum	04/07/199x
Geschlecht	Weiblich
Gewünschte Beschäftigung/ Gewünschtes Berufsfeld	Friseurin
Schul- und Berufsbildung	
Zeitraum	01/09/20xx – 30/06/20xx
Bezeichnung der erworbenen Qualifikation	Friseurin
Name und Art der Bildungs- oder Ausbildungseinrichtung	Elisabeth-Lüders Berufskolleg (Berufliche Schule) Am Ebertpark 7, 59067 Hamm (Deutschland)

Was heißt das für Menschen aus Deutschland, die in einem anderen EU-Staat leben oder arbeiten wollen? Sie können sich nicht darauf verlassen, dass die sozialen Rechte dort deutsches Niveau haben bzw. der Europäischen Sozialcharta oder der Charta der Grundrechte entsprechen. Sie müssen sich mit den jeweiligen Regelungen vor Ort vertraut machen. Dies ist insbesondere in den Staaten nötig, die noch nicht lange zur Europäischen Union gehören.

Zum Querdenken

1. Arbeiten im Ausland ja – aber in welchem Staat? Nicht alle Länder sind attraktiv. Stellen Sie Gründe dar, warum für Sie persönlich bestimmte Staaten besonders attraktiv sind und andere gar nicht in Frage kommen. Nehmen Sie 4 EU-Staaten als Beispiel.

2. Freizügigkeit gibt es für Bürgerinnen und Bürger in den neuen Mitgliedstaaten der EU (z. B. Polen) nur nach einer Übergangsfrist. Überlegen Sie mögliche Motive dieser Einschränkung. Halten Sie diese Maßnahme für richtig? Diskutieren Sie sie in der Klasse.

3. Europa hat bei den sozialen Rechten in den vergangenen 20 Jahren kaum Fortschritte gemacht. Was können Sie und andere EU-Bürgerinnen und -Bürger tun, um die sozialen Rechte voranzubringen?

4. Kennen Sie Kolleginnen und Kollegen, die schon im Ausland gearbeitet haben? Gibt es in Ihrem Betrieb Menschen aus anderen EU-Staaten, die nur auf Zeit hier arbeiten? Nehmen Sie Kontakt auf und lassen Sie sich von deren Erfahrungen berichten.

Leben, lernen und arbeiten in Europa

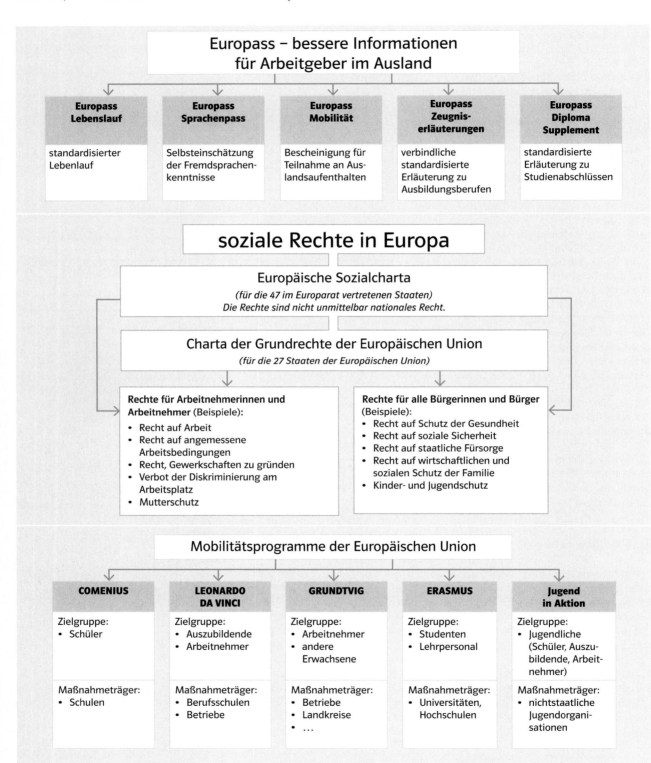

Europass – bessere Informationen für Arbeitgeber im Ausland

Europass Lebenslauf	Europass Sprachenpass	Europass Mobilität	Europass Zeugniserläuterungen	Europass Diploma Supplement
standardisierter Lebenlauf	Selbsteinschätzung der Fremdsprachenkenntnisse	Bescheinigung für Teilnahme an Auslandsaufenthalten	verbindliche standardisierte Erläuterung zu Ausbildungsberufen	standardisierte Erläuterung zu Studienabschlüssen

soziale Rechte in Europa

Europäische Sozialcharta

(für die 47 im Europarat vertretenen Staaten)
Die Rechte sind nicht unmittelbar nationales Recht.

Charta der Grundrechte der Europäischen Union

(für die 27 Staaten der Europäischen Union)

Rechte für Arbeitnehmerinnen und Arbeitnehmer (Beispiele):
- Recht auf Arbeit
- Recht auf angemessene Arbeitsbedingungen
- Recht, Gewerkschaften zu gründen
- Verbot der Diskriminierung am Arbeitsplatz
- Mutterschutz

Rechte für alle Bürgerinnen und Bürger (Beispiele):
- Recht auf Schutz der Gesundheit
- Recht auf soziale Sicherheit
- Recht auf staatliche Fürsorge
- Recht auf wirtschaftlichen und sozialen Schutz der Familie
- Kinder- und Jugendschutz

Mobilitätsprogramme der Europäischen Union

COMENIUS	LEONARDO DA VINCI	GRUNDTVIG	ERASMUS	Jugend in Aktion
Zielgruppe: • Schüler	Zielgruppe: • Auszubildende • Arbeitnehmer	Zielgruppe: • Arbeitnehmer • andere Erwachsene	Zielgruppe: • Studenten • Lehrpersonal	Zielgruppe: • Jugendliche (Schüler, Auszubildende, Arbeitnehmer)
Maßnahmeträger: • Schulen	Maßnahmeträger: • Berufsschulen • Betriebe	Maßnahmeträger: • Betriebe • Landkreise • …	Maßnahmeträger: • Universitäten, Hochschulen	Maßnahmeträger: • nichtstaatliche Jugendorganisationen

Prüfungsaufgaben

1. Die Europäische Sozialcharta
a) wurde vom Europäischen Parlament beschlossen
b) wurde von der Europäischen Kommission beschlossen
c) wurde vom Europarat beschlossen
d) ist für die Mitgliedstaaten der EU verbindlich
e) wurde durch die „Charta der Grundrechte" in der EU abgelöst

2. Der Europäische Sprachenpass
a) wird nach Ablegung einer Sprachprüfung ausgestellt
b) ist eine Selbsteinschätzung der eigenen Fremdsprachenkenntnisse
c) wird von Schulen am Ende der Schulzeit ausgegeben, wenn der Unterricht in der Fremdsprache besucht wurde
d) muss vor der Aufnahme der Arbeit in einem anderen EU-Staat dem Arbeitgeber vorgelegt werden
e) bestätigt die Teilnahme an Sprachkursen der EU

3. Der Europass
a) wird bei Reisen in Länder außerhalb der EU ausgestellt
b) erleichtert die Beurteilung von Abschlüssen und Qualifikationen in anderen EU-Staaten
c) ergänzt den Europäischen Führerschein bei längeren Auslandsaufenthalten
d) ist für EU-Bürgerinnen und EU-Bürger vorgeschrieben, die in einem anderen EU-Staat arbeiten wollen
e) ersetzt im europäischen Ausland den Sozialversicherungsausweis

4. Nennen Sie 3 Rechte für Arbeitnehmer in der Charta der Grundrechte der Europäischen Union.

5. Nennen Sie 3 Mobilitätsprogramme der EU und ihre Zielgruppe.

6. Was versteht man unter Freizügigkeit der Arbeitnehmer in der EU?

7. Wir nehmen an, Sie wollen sich nach dem Ende Ihrer Ausbildung im europäischen Ausland bewerben. Stellen Sie für einen möglichen ausländischen Arbeitgeber in einer leicht verständlichen Übersicht zusammen, welche Qualifikationen Sie in Ihrer Ausbildung erworben haben und welche Tätigkeitsbereiche für Sie in Frage kommen.

8. Ihr Chef bietet Ihnen an, nach dem Ende Ihrer Ausbildung für ein ausländisches Tochterunternehmen nach Griechenland zu gehen. Würden Sie persönlich ein solches Angebot annehmen?
a) Überlegen Sie, welche Fragen Sie klären müssen, bevor Sie über Annahme oder Ablehnung eines solchen Angebots entscheiden.
b) Was können mögliche Gründe für Annahme oder Ablehnung sein?
c) Angenommen, Sie lehnen das Angebot ab: Welche Gründe können Sie gegenüber Ihrem Chef vorbringen?

Methode: Internet-Recherche

Warum geht es nicht mehr ohne das Internet?

Was gestern richtig war, stimmt heute schon nicht mehr. Das gilt zumindest für viele politische und gesellschaftliche Sachverhalte, für gesetzliche Regelungen, Warenpreise, Börsenkurse und anderes. Wenn ich eine gedruckte Broschüre in der Hand halte, z. B. über die Anerkennung von deutschen Berufsabschlüssen in anderen EU-Staaten, kann ich nicht sicher sein, dass die Aussagen noch stimmen. Kein Informationsmedium kann so aktuell sein wie das Internet. Das hat dazu geführt, dass manche Informationen nur noch im Internet abrufbar sind.

Wie verlässlich sind Informationen aus dem Internet?

Das Internet macht riesige Datenmengen weltweit abrufbar. Aber nicht alles, was im Internet steht, stimmt. Das hat unterschiedliche Gründe:

• Manche Informationen sind veraltet. Sie stehen weiter im Internet, weil es keine Kontrollinstanz gibt, die veraltete Seiten entfernt. Was einmal ins Netz gestellt ist, entwickelt dort ein Eigenleben. Selbst wenn der Verfasser seine Seite längst aktualisiert hat, gibt es viele andere Nutzer, die die veraltete Seite übernommen haben und weiter verbreiten.

• Viele Informationen enthalten Fehler und Irrtümer. Häufige Gründe: Der Verfasser kennt sich im Thema nicht aus oder er hat ungeprüft Informationen von anderen übernommen.

• Manche Informationen sind nicht objektiv. Sie dienen z. B. einem geschäftlichen Interesse und nutzen das Internet, um sich einen Konkurrenzvorteil zu verschaffen. Wenn ich mich auf der Internet-Seite eines Pkw-Herstellers über Probleme und Schwächen seiner Autos informieren will, bin ich an der falschen Adresse.

Was im Geschäftsleben gilt, gilt auch in der Politik und im Alltag. Wer den Ruf eines anderen Menschen ruinieren will, findet kein besseres Medium als das Internet.

• Schließlich gibt es Betrug und kleine Schwindeleien im Internet: Der eine verkauft gestohlene Ware im Internet oder hat gar nicht die Absicht zu liefern. Der andere macht sich im Chatroom jünger, damit er den Teenies imponieren kann und Fotos von ihnen bekommt.

Wie erkenne ich verlässliche Informationen?

Eine Portion Misstrauen ist im Internet immer nötig. Dass eine Seite unter den ersten Treffern in der Suchmaschine landet, ist keine Empfehlung. Vor Reinfällen ist keiner sicher. Ein Tippfehler bei der Eingabe der Adresse reicht, und man landet auf der Seite eines kommerziellen Betreibers, der auf diesen Tippfehler spekuliert. Ich muss nur z. B. www.arbeitsargentur.de statt www.arbeitsagentur.de eingeben. Einige Hinweise:

• Informationen von offiziellen Stellen mit dem Logo des Betreibers (Arbeitsagentur, Ministerien, …) treten mit dem Anspruch auf Richtigkeit und Aktualität auf. Ich kann sicher sein, dass kein geschäftliches Interesse dahintersteht – höchstens die Absicht, die eigene Tätigkeit in positivem Licht erscheinen zu lassen. Auch die Links sind in der Regel verlässlich.

• Es gibt Internetseiten und Portale, die von offiziellen Stellen unterstützt werden (meist auf der Startseite zu erkennen). Für sie gilt in der Regel dasselbe.

• Viele Tageszeitungen und Zeitschriften betreiben eine kostenlose Internetseite. Deren Informationen sind etwa so verlässlich und seriös wie die gedruckte Ausgabe. Manche Zeitschriften stellen in die Online-Ausgabe sogar zusätzliche Artikel ein, um die Attraktivität zu erhöhen.

• Manche Internet-Seiten können nur gegen eine Gebühr genutzt werden. Das ist z. B. bei den Berichten der Zeitschrift Test so. Hier gilt es abzuwägen. Auf manchen Seiten ist die Gebühr nur Geldmacherei.

• In jedem Fall lohnt ein Blick auf das Datum, an dem die Seite erstellt wurde. Aber auch ein aktuelles Datum schützt nicht vor veralteten Informationen.

Eine Situation aus dem Leben:

Ich will im Ausland arbeiten – welche Hilfen finde ich im Internet?

Stellen Sie aus dem Internet Informationen zusammen: Welche Möglichkeiten des Jugendaustauschs mit anderen europäischen Staaten und des Arbeitens im Ausland gibt es? Grundsätzlich werden zwei Varianten angeboten:

1. die Teilnahme am ausgearbeiteten Programm eines Trägers;
2. ein selbst organisierter Arbeitsaufenthalt.

Teilnahme an einem Programm:
Hier sind z. B. folgende Fragen wichtig:
• Welche Programme werden für mich angeboten? Was sind die Voraussetzungen für die Teilnahme (z. B. Sprachkenntnisse, eine bestimmte Qualifikation, …)?
• Für welche Staaten gibt es Angebote? Wie lange dauert der Auslandsaufenthalt?
• Welche Kosten entstehen?

Selbst organisierter Arbeitsaufenthalt:
Hier benötigen Sie weitere Informationen. Sammeln Sie zunächst in der Gruppe die Fragen, auf die Sie Antworten finden müssen, z. B.:
• Wie sind die Arbeitsbedingungen?
• Gibt es eine vergleichbare Ausbildung? Wie sieht es mit der Anerkennung meiner deutschen Ausbildung aus?
• Wie hoch ist die Bezahlung? Mit welchen Abzügen vom Lohn muss ich rechnen? Wie hoch sind die Lebenshaltungskosten?

• Wie sieht es auf dem regionalen Wohnungsmarkt aus? Gibt es bezahlbare Wohnungen? Und wie sind sie ausgestattet?
• Wie steht es allgemein um die Lebensqualität – vom Lärm über öffentliche Verkehrsmittel bis zur Kriminalität?
• …

Wählen Sie einige Staaten aus (EU-Staaten und andere). Recherchieren Sie arbeitsteilig und vergleichen Sie anschließend die Ergebnisse. Den Einstieg erleichtern Ihnen die Internet-Adressen auf dieser Seite.

Internet-Portale (Stand 2009):
• für junge Menschen:
  www.rausvonzuhaus.de
• für Jugendbegegnungen:
  europa.eu/youth/index.cfm?l_id=de
• Praktika, Jobs, Au-pair:
  www.wege-ins-ausland.org
• Informationen über Ausbildung, Praktikum und Arbeit im Ausland bei der Bundesagentur für Arbeit:
  www.ba-auslandsvermittlung.de
• Informationen über die Anerkennung von Berufsqualifikationen in anderen europäischen Staaten (mit Datenbank):
  ec.europa.eu/internal_market/qualifications/index_de.htm
Zum Europass: www.europass-info.de

2 Nachhaltige Existenzsicherung

Sozialversicherungen

Online-Link
882730-2100

Lernsituation:

Welchen Nutzen haben die Sozialversicherungen für mich?

Auf der Baustelle geht es hoch her. Benjamin, der neue Azubi, schimpft furchtbar: In seinem Ausbildungsvertrag steht, dass er 654 Euro im Monat bekommt. Und jetzt fehlen bei seiner ersten Ausbildungsvergütung über 100 Euro. Er glaubt an einen Fehler der Buchhaltung.

Alle machen sich über ihn lustig.

Helfen Sie dem Kollegen, damit er sich nicht mehr blamiert ...

Handlungsaufgaben:

1. a) Erläutern Sie, was mit „Beiträgen zur Sozialversicherung" gemeint ist. Nennen Sie Benjamin die Versicherungen und die Beitragshöhe.
b) Erklären Sie Benjamin, dass er die Beiträge nicht allein zahlt.

2. Stellen Sie zusammen, worin die Leistungen dieser Versicherungen jeweils bestehen und unter welchen Bedingungen sie in Anspruch genommen werden können.

3. Begründen Sie die Notwendigkeit dieser Versicherungen für Benjamin.

4. Der Staat überlässt es nicht der freien Entscheidung des Einzelnen, ob er sich versichern will. Machen Sie Benjamin klar, warum das sinnvoll ist.

Die fünf Säulen der Sozialversicherung

	Gesetzliche Krankenversicherung		Renten-versicherung		Arbeitslosen-versicherung		Pflege-versicherung		Unfall-versicherung
Träger	Krankenkassen (AOK, Betriebskranken-kassen u. a.)		Versicherungsanstal-ten (z. B. Deutsche Ren-tenversicherung Bund)		Bundesagentur für Arbeit		Pflegekassen		Berufsgenossen-schaften, Unfallkassen
Pflicht-versicherung für	Arbeitnehmer mit Brut-toeinkommen bis 4050 €; außerdem Auszubildende, Arbeitslose, Rentner, Studenten, Landwirte		alle Arbeiter, Ange-stellte, Auszubildende, Arbeitslose; außerdem Handwerker und Land-wirte		alle Arbeiter, Angestellte, Auszubildende		alle Mitglieder einer gesetzlichen oder privaten Kranken-versicherung		alle Arbeitnehmer und Auszubildende; Schüler, Studenten (Versicherung durch Arbeitgeber, Schule, Universität u. Ä.)
wichtige Leistungen	für Versicherte und Fa-milienangehörige ohne eigene Versicherung: • Behandlungskosten beim Arzt und im Kran-kenhaus; • Heil- und Arzneimittel; • Krankengeld bei länge-rer Arbeitsunfähigkeit • Mutterschaftshilfe		• Rente im Alter • Rente bei Erwerbs-unfähigkeit, abhän-gig vom Maß der Er-werbsunfähigkeit: bei 3–6 Stunden Arbeit täglich Teilerwerbs-unfähigkeit; wenn weniger: volle Erwerbsunfähigkeit • Hinterbliebenenrente		• Arbeitslosengeld I bei Arbeitslosig-keit je nach Höhe des Nettoeinkom-mens • Kurzarbeitergeld Arbeitsförderung: • Arbeits-vermittlung • Berufsberatung • Umschulung		Geldleistung für Pflege zu Hause oder in Heimen je nach Schwere des Falls (3 Pflegestu-fen)		Unfallverhütung bei Arbeitsunfällen (auch Wegeun-fällen) und bei Berufskrankheiten: • Behandlungs-kosten; • Rehabilitations-maßnahmen; • Umschulung; • Rente bei Erwerbs-unfähigkeit und für Hinterbliebene
Finanziert durch	Arbeit-geber 50%	Arbeit-nehmer 50%	Arbeit-geber 50%	Arbeit-nehmer 50%	Arbeit-geber 50%	Arbeit-nehmer 50%	Arbeit-geber 50%*	Arbeit-nehmer 50%	Arbeitgeber 100%
	Beitragssatz 14,9% Arbeitnehmer zahlen zusätzlich 0,9%. außerdem staatlicher Zuschuss		Beitragssatz 19,9% außerdem staatlicher Zuschuss		Beitragssatz 2,8%		Beitragssatz 1,95% Kinderlose Arbeit-nehmer zahlen zu-sätzlich 0,25%.		Beitragssatz ab-hängig von Scha-denklasse des Un-ternehmens und Lohnsumme

Zusammenstellung des Autors, Stand 2009. Aktueller Stand ▶ Online-Link

*Freiwillige Versicherung ist auch für andere Personengruppen möglich. Andere Regelungen gelten bei Beamten, bei geringfügig Beschäftigten, z. T. bei Rentnern. Bis 400 Euro („Minijob") kein Arbeitnehmerbeitrag zur Sozialversicherung (bei Auszubildenden abweichend). *Ausnahme: Sachsen*

Sozialgesetzbuch (SGB)

Im Sozialgesetzbuch sind wesentliche Teile des Sozial-rechts geregelt, z. B. Arbeits-förderung, die Zweige der Sozialversicherung, Sozialhilfe, Kinder- und Jugendhilfe. Das Arbeitsrecht ist nicht Teil des SGB.

Rehabilitation, Reha

Maßnahmen zur Wiederher-stellung der Arbeitsfähigkeit nach Unfall oder Krankheit

Aufgaben des Sozialstaats

Die Bundesrepublik Deutschland bezeich-net sich in ihrer Verfassung ausdrücklich als Sozialstaat. Der Sozialstaat hat es zu seiner Aufgabe gemacht, Menschen zu helfen, die in Not sind – das heißt nicht oder nur einge-schränkt in der Lage sind, ihre Existenz aus eigenen Mitteln zu sichern. Das können Ar-beitslose sein, Familien mit vielen Kindern, Alleinerziehende, Rentner, Behinderte. Auch persönliche Schicksalsschläge wie Scheidung, Krankheit, Arbeitslosigkeit führen leicht in die Armut oder in die Verschuldung. Die Leistun-gen, auf die der Einzelne Anspruch hat, sind im **Sozialgesetzbuch** geregelt.

Die Sozialversicherung – Pflicht für viele

Die meisten Arbeitnehmer werden durch eine **Pflichtversicherung** vor Risiken wie Krank-heit, Arbeitslosigkeit, Arbeitsunfällen, Pfle-gebedürftigkeit und im Alter abgesichert: Sozialversicherung. (Für Beamte und Selbst-ständige gelten meist andere Regelungen.) – Eine genaue Übersicht über die fünf Säulen der Sozialversicherung, den versicherten Per-sonenkreis, die Leistungen und die Beitrags-höhe finden Sie im Schema (▶ oben). ⎙ Der Staat überlässt es nicht der Entschei-dung des Einzelnen, ob und wie er Vorsorge für diese Risiken trifft, sondern zieht die Ver-sicherungsbeiträge wie eine Steuer direkt vom Lohn ab. Die Bundesregierung legt Art und Umfang der Leistungen fest, den versicherten Personenkreis und – mit Ausnahme der Unfallversicherung – auch die Höhe der Beitragssätze. Träger der Versicherungen ist aber nicht der Staat, sondern es sind Körperschaften des öffentlichen Rechts, wie z. B. die Krankenkassen.

Die Beiträge richten sich in allen Zweigen der Sozialversicherung außer der Unfallversicherung nach dem Bruttoeinkommen der Arbeitnehmer. Dabei gibt es eine **Beitragsbemessungsgrenze**, d. h. ein Einkommen über dieser Grenze bleibt bei der Berechnung des Beitrags unberücksichtigt. Arbeitnehmer mit einem Einkommen über der **Versicherungspflichtgrenze** (2009: 4050 Euro/Monat) können sich auch privat krankenversichern. Eine Krankenversicherungspflicht besteht seit 2008 aber für alle, auch für Selbstständige.

Wer zum ersten Mal eine „sozialversicherungspflichtige Tätigkeit" ausübt, bekommt einen **Sozialversicherungsausweis** mit einer Versicherungsnummer, die das ganze Leben lang gültig ist. In manchen Branchen (z. B. Bau, Gastronomie) müssen die Beschäftigten diesen Ausweis immer mit sich führen – als Nachweis, dass sie nicht schwarz arbeiten.

Stichwort: Solidaritätsprinzip

Die Versicherungen sind nach dem **Solidaritätsprinzip** aufgebaut. Besonders deutlich ist dies in der Krankenversicherung. Der Beitrag

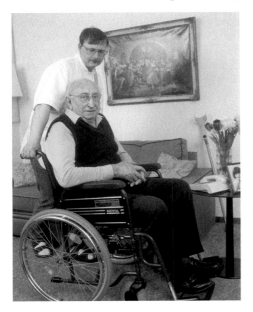

richtet sich nach dem Bruttolohn und nicht danach, wie oft jemand krank wird und was er die Krankenkasse kostet. Unabhängig von der Höhe des Beitrags und der Dauer der Beitragszahlung erhalten alle Versicherten die gleichen Leistungen. Die Gesunden zahlen für die Kranken. Familienmitglieder ohne eigenes Einkommen (Kinder, nicht erwerbstätige Ehepartner) sind ohne zusätzliche Kosten mitversichert.

Ob die Beiträge gesenkt werden können oder erhöht werden müssen, hängt ab von den Ausgaben des jeweiligen Zweigs der Sozialversicherung. Die Beitragszahler sind eine **Risikogemeinschaft**.

Die Sozialversicherungen verhindern normalerweise auch, dass Menschen im Alter oder bei Pflegebedürftigkeit anderen zur Last fallen und von ihnen abhängig werden. Wer alt ist, muss sich nicht wie früher auf die Nach-

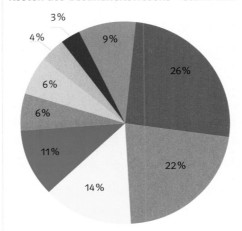

Kosten des Gesundheitswesens – Stand 2007

3 %
4 %
9 %
26 %
6 %
6 %
11 %
22 %
14 %

Gesamtkosten 253 Mrd. Euro

■ Krankenhaus 65 Mrd. Euro

■ Arzt, Zahnarzt 55 Mrd. Euro

　 Apotheken 36 Mrd. Euro

■ Pflege 27 Mrd. Euro

■ Gesundheitshandwerk 16 Mrd. Euro

　 Verwaltung 15 Mrd. Euro

■ Investitionen 9 Mrd. Euro

■ Rehabilitation 8 Mrd. Euro

■ Sonstiges 13 Mrd. Euro

Wer versorgt die Pflegebedürftigen?

2,3 Mio. Menschen erhalten Leistungen aus der Pflegeversicherung

1,5 Mio. zu Hause versorgt	0,7 Mio. in Heimen versorgt

1 Mio. Versorgung nur durch Angehörige	0,5 Mio. Versorgung durch Pflegedienste

Statistisches Bundesamt: Pflegestatistik 2007 – Zahlen gerundet

Der Generationenvertrag

Unterhalt
Erziehung

Beitrag zur
Rentenversicherung

Kind Erwachsener Rentner

Staatliche Leistungen
für Familien

Rente

Zahlungen der gesetzlichen Unfallversicherung 2007
(gewerbliche Wirtschaft, öffentliche Hand – ohne Schülerunfallversicherung)

48 %	Renten an Versicherte
34 %	Heilbehandlungen/ Rehabilitation
17 %	Hinterbliebenenrente
1 %	sonstige Ausgaben

kommen verlassen und von deren Geld leben. Wenn heute jemand pflegebedürftig wird, gibt es die freie Entscheidung zwischen häuslicher Pflege und einem Pflegeheim. Beide Formen der Pflege werden finanziell unterstützt, auch wenn die Versicherungsleistungen nicht die gesamten Kosten abdecken.

Die Sozialversicherungen nützen damit dem Einzelnen, indem sie ihn unabhängiger machen von den Zuwendungen anderer Menschen. Sie nützen der Gemeinschaft, weil ihr der Einzelne als Versicherter seltener zur Last fällt.

Stichwort: Generationenvertrag

Die Rentenversicherung ist nach dem Grund-

satz des Generationenvertrags organisiert. Aus den laufenden Beiträgen der berufstätigen Versicherten werden die Zahlungen an die Rentner finanziert: **Umlageverfahren**. Die Beitragszahler erwerben dadurch einen Rentenanspruch, dessen Höhe sich in erster Linie nach der Zahl der Beitragsjahre und der Höhe der bezahlten Beiträge richtet. Zeiten der Kindererziehung werden dabei berücksichtigt.

Die Renten sind dynamisch, d.h. sie folgen mit zeitlichem Abstand der Entwicklung der Löhne. Dennoch werden künftige Generationen weniger Rente erhalten (▶ S.77). Vor allem bei Arbeitnehmern, die ihre Berufstätigkeit unterbrochen haben, ist der Rentenanspruch niedrig. Deutlich ist das schon heute bei der Rente von Frauen (▶ Grafik unten). Private Vorsorge fürs Alter ist darum besonders wichtig (▶ S.61).

Die besonderen Aufgaben der Unfallversicherung

Für alle Kosten, die in Zusammenhang mit einem Arbeitsunfall entstehen, ist die Unfallversicherung zuständig. Dies gilt auch für Unfälle auf dem direkten Weg zur Arbeitsstelle oder zurück nach Hause. Nur wenn der Arbeitnehmer den Unfall unter Alkoholeinfluss oder Drogen verursacht hat, erbringt sie keine Leistungen. Außerdem zahlt die Unfallversicherung die Kosten von **Berufskrankheiten**.

Ein Beispiel: Ein Arbeitnehmer kommt auf dem Weg zur Arbeit bei Glatteis mit dem Auto von der Straße ab. Die Krankheitskosten werden nicht von der Krankenversicherung, sondern von der Unfallversicherung übernommen. Wenn er dadurch seinen Beruf nicht mehr ausüben kann, wird eine Umschulung von der Unfallversicherung bezahlt und nicht von der Arbeitslosenversicherung. Wenn er erwerbsunfähig wird, zahlt die Unfallversicherung eine Rente. Nur den Schaden am eigenen Auto muss er selbst tragen, wenn er keine Vollkaskoversicherung (▶ S.63) abgeschlossen hat.

Anders sieht es aus, wenn der Unfall in der Freizeit oder auf einem Umweg auf der Fahrt zur Arbeitsstelle geschah. Die Unfallversicherung ist nicht mehr zuständig. Eine wichtige Konsequenz: Wenn der Arbeitnehmer erwerbsunfähig wird, ist die Erwerbsunfähigkeitsrente, die die Rentenversicherung zahlt,

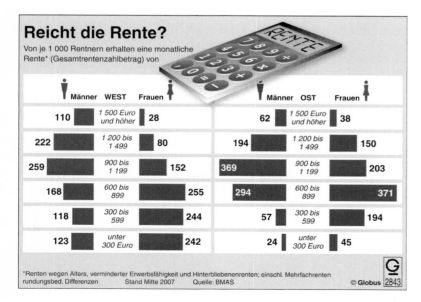

Reicht die Rente?

Von je 1 000 Rentnern erhalten eine monatliche Rente* (Gesamtrentenzahlbetrag) von

Männer WEST		Frauen		Männer OST		Frauen
110	1 500 Euro und höher	28		62	1 500 Euro und höher	38
222	1 200 bis 1 499	80		194	1 200 bis 1 499	150
259	900 bis 1 199	152		369	900 bis 1 199	203
168	600 bis 899	255		294	600 bis 899	371
118	300 bis 599	244		57	300 bis 599	194
123	unter 300 Euro	242		24	unter 300 Euro	45

*Renten wegen Alters, verminderter Erwerbsfähigkeit und Hinterbliebenenrenten; einschl. Mehrfachrenten rundungsbed. Differenzen   Stand Mitte 2007   Quelle: BMAS

© Globus 2843

oft sehr niedrig. Der Grund: Jüngere Arbeitnehmer haben noch nicht lange in die Rentenversicherung einbezahlt. Hier zeigt sich eine Versorgungslücke, die durch private Vorsorge geschlossen werden sollte (▶ S. 62).

Wann zahlt die Arbeitslosenversicherung?

Arbeitslosengeld I gibt es (Stand 2009) für Arbeitslose, die in den vergangenen 2 Jahren mindestens 12 Monate in die Arbeitslosenversicherung einbezahlt haben (Anwartschaftszeit). Die Höhe richtet sich hauptsächlich nach dem letzten Nettoeinkommen. Die Agentur für Arbeit zahlt auch die Beiträge zur Kranken-, Pflege- und Rentenversicherung. Die Zahlungen sind aber zeitlich begrenzt; die Dauer beträgt normalerweise 12 Monate (ab 55 Jahre: 18 Monate).

Wer danach noch arbeitslos ist oder keinen Anspruch auf Arbeitslosengeld I hat, kann **Arbeitslosengeld II** beantragen, umgangssprachlich bekannt als **Hartz IV**. Es handelt sich dabei nicht um eine Versicherungsleistung, sondern es wird vom Staat bezahlt und ist von der Erfüllung bestimmter Bedingungen abhängig.

Sozialgerichtsbarkeit

Für alle Streitfälle, in denen es um soziale Leistungen des Staates oder der Sozialversicherungen geht (z. B. Kindergeld, Sozialhilfe, Höhe der Rente), ist ein besonderer Zweig der Gerichtsbarkeit zuständig, die Sozialgerichte. Klagen vor dem Sozialgericht sind kostenfrei – ein wichtiger Grundsatz, da hier vor allem Menschen klagen, die sich keine teuren Prozesse aus eigener Tasche leisten können.

Arbeitslosengeld II, Hartz IV
▶ S. 71

Art. 20 (1) GG
Die Bundesrepublik Deutschland ist ein demokratischer und sozialer Bundesstaat.

Sozialgerichtsbarkeit – der Instanzenweg

Bundessozialgericht	(3. Instanz: Revision, d. h. Nachprüfung des Urteils)
↑	
Landessozialgericht	(2. Instanz: Berufung, Beschwerde)
↑	
Sozialgericht	(1. Instanz)

Zum Querdenken

1. Die durchschnittlichen Renten von Frauen sind in Deutschland deutlich niedriger als die von Männern (▶ S. 58). Suchen Sie nach Ursachen. Überlegen Sie Vor- und Nachteile einer Mindestrente.

2. In der Schweiz muss von allen Bürgerinnen und Bürgern und von allen Einkünften (also z. B. auch von Miet- oder Kapitaleinkünften) ein bestimmter Prozentsatz an die Rentenversicherung abgeführt werden. Diskutieren Sie die Vor- und Nachteile einer solchen Regelung.

3. „Familien sollen einen niedrigeren Beitrag zur Rentenversicherung bezahlen." Nehmen Sie zum Sinn dieser Regelung Stellung.

Sozialversicherung

- Pflichtversicherung für Arbeitnehmer
  (Arbeitslosen-, Renten-, Kranken-, Pflegeversicherung)
- Pflichtversicherung für Unternehmen (Unfallversicherung)
- In der Krankenversicherung bei hohem Einkommen private statt gesetzliche Versicherung möglich
- Solidaritätsprinzip: Beiträge nicht nach individuellem Risiko,
  sondern nach Einkommen
- Risikogemeinschaft

	Kranken-versicherung	Renten-versicherung	Arbeitslosen-versicherung	Pflege-versicherung	Unfall-versicherung
Träger	Krankenkassen	Versicherungs-anstalten	Bundesagentur für Arbeit	Pflegekassen	Berufsgenossen-schaften
wichtige Leistungen	• Arzt • Krankenhaus • Arzneimittel • Krankengeld • Mutterschafts-hilfe	• Rente im Alter • Rente bei Erwerbsun-fähigkeit • Hinterbliebe-nenrente	• Arbeitslosen-geld I • Kurzarbeiter-geld • Arbeits-vermittlung • Arbeits-förderung • Umschulung	Geldleistung für Pflege • zu Hause • in Heimen	Unfallverhütung Bei Arbeitsun-fällen, bei Berufs-krankheiten: • Behandlungs-kosten • Umschulung • Erwerbsunfä-higkeitsrente
finanziert durch	Arbeitgeber 50 % Arbeitnehmer 50 %				Arbeitgeber 100 %
Beitragshöhe	fester Prozentsatz des Bruttoeinkommens				hängt von Scha-denklasse des Unternehmens und der Lohn-summe ab

Welche Versicherung ist bei Unfällen zuständig?

Unfall im Freizeitbereich

- Krankenversicherung
- ggf. Rentenversicherung
  (bei Erwerbsunfähigkeit)
- ggf. private Unfallversicherung (falls abgeschlossen)

Arbeitsunfall
(auch Wegeunfall)

- Unfallversicherung

kein Versicherungsschutz bei Drogen- oder Alkoholkonsum

Private Vorsorge

Lernsituation:

Im Alltag auf der sicheren Seite sein: Welche Versicherungen soll ich abschließen? Wie kann ich für später vorsorgen?

Stefanie und Alexander Padeffke sind seit zwei Jahren verheiratet. Jetzt kündigt sich Nachwuchs an. Stefanie arbeitet als Hauswirtschafterin und will nach der Elternzeit wieder in den Beruf einsteigen. Alexander ist Kfz-Mechatroniker. Sie wollen ein Reihenhaus mieten, damit die Kleine genug Platz zum Spielen hat. Ihr Traumhaus haben sie schon gefunden. Der Vermieter verlangt aber, dass sie eine Haftpflichtversicherung abschließen.

Die beiden vereinbaren einen Termin mit einem Versicherungsvertreter. Der kommt ins Haus und empfiehlt ihnen außer einer Familienhaftpflichtversicherung auch eine Hausratversicherung, eine private Rentenversicherung, eine Berufsunfähigkeitsversicherung, eine Unfallversicherung und eine Vollkaskoversicherung für das Auto und das Motorrad. Als sich die beiden die monatlichen Kosten ausrechnen lassen, fallen sie fast in Ohnmacht. Drei Wochen später schenken die Eltern von Stefanie den beiden 30 000 Euro. Bedingung: Sie müssen das Geld anlegen – als Grundstock für ein eigenes Häuschen.

Handlungsaufgaben:

1. a) Nennen Sie Gründe, warum der Hausbesitzer Wert auf eine Haftpflichtversicherung seiner künftigen Mieter legt.
b) Stellen Sie dar, welche Risiken die Versicherungen abdecken, die der Versicherungsvertreter vorgeschlagen hat. Beurteilen Sie seinen Vorschlag.

2. Stellen Sie ein sinnvolles Versicherungspaket für die Familie Padeffke zusammen. Begründen Sie Ihre Entscheidung.

3. a) Stellen Sie drei Möglichkeiten für die längerfristige Anlage der Schenkung dar. Vergleichen Sie Vor- und Nachteile der verschiedenen Anlagemöglichkeiten.

b) Stefanie und Alexander beschließen, zusätzlich einen Teil ihres eigenen Einkommens zu sparen. Sie erkundigen sich, für welche Sparformen es staatliche Förderung gibt. Geben Sie den beiden einen Überblick.

Warum ist private Vorsorge nötig?

Haben Sie reiche Eltern? Erben Sie ein paar Mietshäuser oder ein Aktienpaket? Nein? Dann müssen Sie selbst vorsorgen und Geld auf die Seite legen für Anschaffungen, für unvorhergesehene Ausgaben, für den Fall der Berufsunfähigkeit, fürs Alter.

Die Sozialversicherung deckt nämlich nicht alle Risiken und Schäden ab. Es ist verkehrt, sich darauf zu verlassen, dass Sozialversicherung oder Sozialhilfe im Notfall schon für das nötige Geld sorgen werden. Die gesetzliche Vorsorge muss durch private Vorsorge ergänzt werden. Die eigene Vorsorge sollte darum auf drei Säulen ruhen:

• der Sozialversicherung (Arbeitsunfälle, Alter, Krankheit, Pflege, Arbeitslosigkeit);
• Individualversicherungen;
• Vermögensbildung.

Individualversicherungen

Die meisten Risiken kann man gegen Geld versichern. Allerdings sind nicht alle Versicherungen nötig. Manche sind nur für wenige Menschen wichtig. Eine Versicherung ist dann notwendig, wenn die Kosten eines Schadens so hoch sind, dass ich sie aus eigener Tasche nicht bezahlen kann. Eine Reisegepäckversicherung ist darum nicht unbedingt nötig; schlimmstenfalls muss ich die abhanden gekommenen Sachen neu kaufen. Auf eine Berufsunfähigkeitsversicherung kann ich dagegen nicht verzichten, weil ich

sonst vor allem in jüngeren Jahren nur wenig Rente bekomme, wenn ich wegen Krankheit oder nach einem Unfall nicht mehr arbeiten kann. Wer Familie hat, braucht mehr Versicherungen. Dann geht es auch um die Vorsorge für die Familienmitglieder. Einen Überblick über die wichtigsten Versicherungen finden Sie in den folgenden Darstellungen.

Wer braucht welche Versicherung?

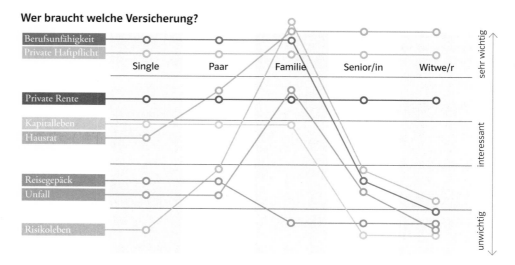

Nach Capital H. 12, 1997. S. 258 f., aktualisiert

Was leisten die Versicherungen? 👆	
Berufsunfähigkeit	Rente für Berufstätige bei Berufs- oder Erwerbsunfähigkeit; 9 von 10 Frührentnern verlieren ihre Arbeit durch Krankheit, nicht durch Unfall.
Private Haftpflicht	Deckt alle Personen-, Sach- und Vermögensschäden bei fremden Personen ab; auch Schäden, die von Familienmitgliedern verursacht wurden. Kfz-Haftpflichtversicherung ist vorgeschrieben.
Private Rente	monatliche Altersrente zusätzlich zur gesetzlichen Rente (bis zum Tod) auch als betriebliche Altersversorgung möglich
Kapitalleben	Wie Risiko-Lebensversicherung; zusätzlich Auszahlung des Versicherungsbetrags, wenn der Versicherte das vereinbarte Alter erreicht.
Hausrat	Ersetzt Schäden an der Einrichtung, z. B. nach Einbruch, Feuer u. Ä.
Unfall	Absicherung bei privaten Unfällen
Risikoleben	Bei Tod des Versicherten erhalten die Hinterbliebenen die Versicherungssumme.

Die Beitragshöhe richtet sich bei diesen Versicherungen nach dem Risiko und dem Versicherungsumfang. Fahrer von Sportwagen und Fahranfänger zahlen darum in der Kfz-Versicherung einen höheren Beitrag als andere.

Unterschieden wird zwischen

• Personenversicherungen, z. B. Berufsunfähigkeitsversicherung, Unfallversicherung, Risiko-Lebensversicherung;

• Sachversicherungen, z. B. Hausratversicherung, Wohngebäudeversicherung (trägt die Kosten eines Wiederaufbaus, etwa nach einem Brand);

• Vermögensversicherungen, die vor Ansprüchen anderer auf Schadenersatz schützen, z. B. private Haftpflichtversicherung, Rechtsschutzversicherung (übernimmt Anwalts- und Gerichtskosten).

Manche Versicherungen sind sogar vorgeschrieben. Ein Beispiel: Wer ein Auto hat, muss eine Kfz-Haftpflichtversicherung abschließen, die Sach- und Personenschäden abdeckt, die durch die Schuld des Fahrers an fremdem Eigentum entstehen. Auch der Schaden am eigenen Fahrzeug kann versichert werden, durch eine Vollkaskoversicherung. Diese ist aber nicht vorgeschrieben.

Vermögensbildung

Etwa 10 Prozent des Einkommens werden in Deutschland gespart, für spätere Anschaffungen, für Notfälle, für ein Eigenheim, fürs Alter, für die Kinder etc. Banken und Versicherungen konkurrieren mit unterschiedlichen Produkten um die Ersparnisse.

Die ideale Form der Vermögensbildung gibt es nicht. Sie hängt von der persönlichen

Wer ist der beste Versicherer? – Tipps der Verbraucherzentralen

• Den besten Versicherer für alle Bereiche gibt es nicht.
• Lassen Sie sich von unabhängigen Experten beraten. Versicherungsvertreter sind zuallererst Verkäufer!
• Das Internet macht Versicherungen nicht automatisch billiger. Im Internet gibt es aber Versicherungsvergleiche.
• Schwarze Schafe sind nur schwer zu erkennen. Seriöse Informationen gibt es in den Veröffentlichungen der Verbraucherzentralen, der Stiftung Warentest und des Bunds der Versicherten.

Nach Detlef Pohl: Gut versichert, Köln-Düsseldorf 2003, S. 24–28

Vergleich verschiedener Geldanlagen

Art der Anlage	Verfügbarkeit	Anlagezeitraum	Rendite	Risiko
Sparkonto/Tagesgeld	sofort	kurz	niedrig	gering
Sparplan/Sparbrief	fester Termin	mittel	niedrig/mittel	niedrig
Bausparvertrag*	fester Termin	mittel	niedrig/mittel	niedrig
Aktien/Aktienfonds	sofort	lang	hoch	hoch
Bundesanleihen	sofort	mittel/lang	niedrig	niedrig
festverzinsliche Wertpapiere/ Rentenfonds	sofort	mittel/lang	niedrig/mittel	niedrig/mittel
Rentenversicherung	fester Termin	lang	niedrig/mittel	niedrig/mittel
Riester-Rente	fester Termin	lang	niedrig/mittel	niedrig
eigene Wohnung	langfristig	lang	niedrig, aber Mieterparnis	niedrig

* Meist niedrig verzinst, verbunden mit Anrecht auf niedrig verzinsten Kredit für Bau- und Renovierungsmaßnahmen.
Die Mischung verschiedener Anlagen verringert das Risiko. So führt die Anlage in einen Fonds zu einer besseren Verteilung des Risikos. Es werden aber Gebühren fällig.

Situation ab, etwa der Familie oder Partnerschaft, den beruflichen Verpflichtungen und Interessen. Je nach den eigenen Sparzielen und der eigenen Risikobereitschaft kommen unterschiedliche Formen der Anlage in Frage. Ein höherer Ertrag ist immer mit einem höheren Risiko verbunden – dem Risiko, dass ein Teil der Anlagesumme (schlimmstenfalls alles) verloren gehen kann.

Wichtig ist auch der Anlagezeitraum: Muss das angelegte Geld jederzeit verfügbar sein oder erst zu einem späteren Zeitpunkt? Wenn ich z.B. im Alter meine Rente aufbessern möchte, brauche ich nicht eine große Summe auf einmal (wie bei einer Kapital-Lebensversicherung), sondern bin an einer regelmäßigen monatlichen Zahlung interessiert, wie in der privaten Rentenversicherung. Einen Vergleich verschiedener Anlageformen finden Sie in in der Tabelle oben. Eine Alternative zu Sparplänen, Kapitalanlagen usw. ist auch die eigene Wohnung oder das eigene Häuschen.

Staatliche Förderung der Vermögensbildung
Die höchste staatliche Förderung gibt es für die private Altersvorsorge. Sie soll den Bürgerinnen und Bürgern helfen, ihre spätere Rente aufzubessern. Ein Beispiel dafür ist die so genannte **Riester-Rente**: Wer einen Teil seines Einkommens für seine Altersversorgung in einem speziellen Vertrag anlegt, bekommt einen staatlichen Zuschuss. Dies gilt auch für Familienangehörige, die nicht berufstätig sind.

Andere staatliche Zuschüsse für die eigene Vermögensbildung, insbesondere **Arbeitnehmer-Sparzulage** und **Wohnungsbauprämie**, gibt es nur bis zu einem bestimmten Einkommen. Sie sind vergleichsweise niedrig.

Zum Querdenken

1. Es gibt die Forderung, dass es weniger gesetzliche (d.h. staatlich geregelte) und mehr private Vorsorge geben müsse. Überlegen Sie, warum gesetzliche Vorsorge unverzichtbar bleibt.

2. „Private Vorsorge können sich nur die Reichen leisten, und die brauchen sie am wenigsten." Nehmen Sie zu dieser Aussage Stellung.

Gesetzliche und private Vorsorge

Die drei Säulen der Vorsorge

Sozialversicherungen

- gesetzliche Krankenversicherung
- Pflegeversicherung
- Arbeitslosenversicherung
- Rentenversicherung
- Unfallversicherung

*gesetzliche Vorsorge
(Pflichtversicherung für die meisten Arbeitnehmer)*

Individualversicherungen

- Personenversicherungen
- Sachversicherungen
- Vermögensversicherungen

private Vorsorge

Vermögensbildung

- Altersvorsorge
- Wohnungseigentum
- Kapitalanlagen

private Vorsorge

Individualversicherungen

Personenversicherungen

- Berufsunfähigkeitsversicherung
- private Rentenversicherung
- private Unfallversicherung

Zweck:
Einkommen, wenn andere Einkommensquellen wegfallen oder geringer werden

Sachversicherungen

- Hausratversicherung
- Wohngebäudeversicherung

Zweck:
Ersatz von Schäden am eigenen Eigentum

Vermögensversicherungen

- private Haftpflichtversicherung
- Rechtsschutzversicherung
- Kfz-Haftpflichtversicherung

Zweck:
Absicherung gegen Schadenersatzansprüche anderer (Schutz des eigenen Vermögens)

Sicherheit
Riester-Rente
Bundesanleihen

Maßstäbe für die Vermögensbildung

Rendite
Aktien

Verfügbarkeit
Tagesgeld

Methode: Eine Präsentation halten

Wie präsentiere ich erfolgreich?

Eine Präsentation ist ein Vortrag vor Publikum mit Unterstützung durch Medien wie Folien, Plakate, DV-Programme (z.B. PowerPoint). Vor jeder Präsentation müssen folgende Fragen geklärt werden:

• Wie lautet das Thema der Präsentation?
Geht es um die Präsentation eines Produkts oder einer neuen Idee, um die Lösung eines Problems, um reine Information?

• Wer ist der Adressat?
Welches Vorwissen hat er? Mit welcher Einstellung, welchem Interesse verfolgt er meine Präsentation? Welchen Nutzen soll er haben?

• Welche Ziele hat die Präsentation?
Geht es um Werbung für eine gute Sache, die Vermittlung von Wissen, um die Weckung von Problembewusstsein?

• In welchem Rahmen findet sie statt? Wie viel Zeit steht zur Verfügung?

• Welche technischen Mittel stehen zur Verfügung?
In der Schule wird oft in Gruppen präsentiert und die Lehrkräfte machen genaue formale Vorgaben.

---

1. Schritt:
Analysieren

Inhalt
• Informationen sammeln
• Ergebnisse analysieren
• Einsichten gewinnen

2. Schritt:
Ordnen

Inhalt
• Zusammenhänge erkennen
• das Wesentliche auswählen

3. Schritt:
Kommunizieren

Form
• Visualisieren
• Präsentieren
• Überzeugen

Die Säulen der Sozialversicherung und die Möglichkeiten privater Vorsorge als Präsentation darstellen

Einen ersten Überblick über die drei Säulen der Vorsorge haben Sie im Infoteil gefunden. Wer weiter in die Tiefe gehen will, muss selbst recherchieren.

Teilen Sie sich die Arbeit in der Klasse auf und bereiten Sie Präsentationen vor über
• die fünf Zweige der Sozialversicherung,
• die wichtigsten Individualversicherungen,
• verschiedene Wege der Vermögensbildung.

Gehen Sie bei der Planung nach den Hinweisen auf diesen beiden Seiten vor.

Hilfen zur schematischen Darstellung und zur Gliederung finden Sie in den Zusammenfassungen (▶ S. 60 und 65) und im Download-Material zu diesem Buch (Präsentation zum vorliegenden Abschnitt ✍).

Die nötige Grundlage: Das Fachwissen

Ohne Fachwissen gelingt keine Präsentation. Am Anfang steht die Frage nach dem Was? Dann erst kommt die Frage nach dem Wie? Das Publikum merkt schnell, wie sattelfest die vortragende Person in ihrem Thema ist. Nur wer sich sicher ist, kann Schwerpunkte setzen und Unwichtiges weglassen.

Die Hilfsmittel: PowerPoint und Co.

Wichtig ist die Abstimmung zwischen mündlichem Vortrag und Folien: Was soll nur gesagt werden? Was soll nur gezeigt werden? Bilder wirken oft stärker, wenn sie nicht kommentiert werden. Die Folien liefern das Gerüst, geben den Überblick, heben einzelne Sachverhalte besonders hervor. Die Folien zeigen in Bildern, Grafiken oder Karikaturen, was in Worten schwer darzustellen ist. Folien bringen Abwechslung. Sie ersetzen aber keine Argumentation.

Im Zentrum: Die vortragende Person

Manche Präsentationen folgen dem Grundsatz: „Hast du Folie, hast du Vortrag." Auch eine technisch perfekte Präsentation lebt vom persönlichen Eindruck des Vortragenden. Und der stimmt nur, wenn dieser von seinen Aussagen überzeugt ist und wenn er Routine hat, d.h. wenn er sich in der Sache und als Person sicher fühlt.

Gedächtnisstütze für den Vortragenden: Die Stichwortzettel

Wer abliest, verliert den Kontakt zu seinem Publikum. Wer völlig frei spricht, läuft Gefahr, Wichtiges zu vergessen oder den Faden zu verlieren. Die einfachste Hilfe sind Stichwortzettel. Auch die Folien der Präsentation helfen bei der Orientierung. Die Stichwortzettel enthalten nur das Wesentliche, in einfachen Worten.

Prüfungsaufgaben

1. Welche der folgenden Versicherungen gehört zu den Sozialversicherungen?
a) Unfallversicherung
b) Berufsunfähigkeitsversicherung
c) private Rentenversicherung
d) Lebensversicherung
e) Kfz-Haftpflichtversicherung

2. Wonach richtet sich der Beitrag zur gesetzlichen Krankenversicherung?
a) nach dem Alter
b) nach dem Bruttoeinkommen
c) nach der Zahl der versicherten Personen
d) nach der Zahl der Familienmitglieder
e) nach dem Krankheitsrisiko

3. Frau Nerkamp kann nach einem Sportunfall wegen einer schweren Knieverletzung ihren bisherigen Beruf nicht mehr ausüben. Welche Versicherung ist für ihre Rente zuständig?
a) gesetzliche Unfallversicherung
b) Rentenversicherung
c) Haftpflichtversicherung
d) Arbeitslosenversicherung
e) gesetzliche Krankenversicherung

4. Was versteht man unter einer dynamischen Rente?
a) Die Rente erhöht sich entsprechend der Inflationsrate.

b) Die Rente ist an die Entwicklung der Löhne gekoppelt.
c) Die Rente richtet sich nach der Zahl der Familienmitglieder.
d) Die Rente wird an die Zahl der Kinder angepasst.
e) Die Rente richtet sich nach den einbezahlten Beiträgen.

5. Nennen Sie drei Entscheidungen, die Sie heute treffen können, um über die gesetzliche Rente hinaus für Ihr Alter vorzusorgen.

6. Was versteht man unter dem Generationenvertrag?

7. Nils Pelzig fährt mit seinem Mountainbike einen Fußgänger an. Dieser stürzt und zieht sich einen komplizierten Bruch zu. Er ist mehrere Wochen arbeitsunfähig. Welche Versicherung ist zuständig? Begründen Sie.

8. Die Eltern von Elke Marek stehen kurz vor der Rente. Das Häuschen ist abbezahlt, die Kinder sind aus dem Haus. Weil sich Elke gut mit Versicherungen auskennt, fragt sie ihr Vater, ob er einige Versicherungen kündigen kann, die er nicht mehr braucht. Er legt ihr seine Unterlagen vor. Elke stellt fest, dass er folgende Versicherungen abgeschlossen hat: Reisegepäckversicherung, Hausratversicherung, Rechtsschutzversicherung, private Rentenversicherung, Berufsunfähigkeitsversicherung, private Unfallversicherung.
a) Machen Sie an Elkes Stelle Vorschläge, welche Versicherungen er kündigen kann.
b) Stellen Sie fest, ob es auch Versicherungslücken gibt.

9. a) Welche der in der Grafik genannten Versicherungen sind für junge Menschen am Anfang des Berufslebens wichtig? Welche wichtigen Versicherungen fehlen? Erläutern Sie Ihre Entscheidung.
b) Kann man sagen, dass eine Versicherung umso wichtiger ist, je höher die Beitragseinnahmen in der nebenstehenden Grafik sind? Begründen Sie.

Sicher ist sicher

Beitragseinnahmen der Versicherungswirtschaft in Deutschland in Milliarden Euro

Aufteilung 2008

'08 165,3 Hochrechnung
'07 162,9
'06 162,0
'05 158,0
'04 152,2
'03 147,7
'02 140,7
'01 134,9
'00 131,3
'99 127,3
'98 120,7

	Aufteilung 2008
Lebensversicherung	80,4 Mrd. Euro
Private Krankenversicherung	30,3
Kfz-Versicherung	20,4
Private Sachvers. (z.B. Hausrat, Wohngebäude)	7,6
Gewerbliche Sachvers. (einschl. Industrie u. Landwirtschaft)	6,9
Allgemeine Haftpflicht	6,8
Unfall	6,3
Rechtsschutz	3,2
Transport	1,8
Kredit-, Kautions-, Vertrauensschadenversicherung	1,4

G 2468 © Globus

Quelle: GDV

rundungsbed. Differenz

Soziale Leistungen des Staates

Online-Link
882730-2200

Lernsituation:

Wie bringe ich mich und mein Kind über die Runden?

Vor einem halben Jahr war alles noch in bester Ordnung: Kerstin wurde nach ihrer Ausbildung als Zahnmedizinische Fachangestellte von der Praxis übernommen und zog mit Jan in eine gemeinsame Wohnung. Jetzt ist Jan über alle Berge und Kerstin im siebten Monat schwanger.

Sie macht sich Sorgen, wie sie ihr Leben in Zukunft finanzieren soll. Da müssen Anschaffungen für das Kind gemacht werden. Die Kosten für den Haushalt werden bestimmt steigen. Miete, Heizung, Strom, Telefon müssen auch bezahlt werden, wenn sie in Mutterschutz und Elternzeit ist. Und außerdem hat Kerstin ein Auto. Ob sie nach dem Ende der Elternzeit wieder voll arbeiten kann, weiß Kerstin heute noch nicht. Wenn sie Teilzeit arbeitet, liegt ihr Einkommen deutlich niedriger. Kerstin recherchiert im Internet, auf welche staatlichen Leistungen und Unterstützungen sie Anspruch hat.

Handlungsaufgaben:

1. a) Listen Sie die staatlichen Leistungen auf, die Kerstin auf jeden Fall zustehen. Erläutern Sie, wonach sich deren Höhe richtet.
b) Nennen Sie andere Leistungen, die Kerstin gewährt werden, wenn ihr Einkommen eine bestimmte Höhe nicht überschreitet.

2. Kerstin stellt fest, dass sie nach der Elternzeit weniger Lohnsteuer zahlen muss, wenn sie wieder arbeiten geht. Begründen Sie, warum das so ist.

3. Angenommen, Kerstin findet im Anschluss an die Elternzeit keine Arbeit mehr:

a) Prüfen Sie, welche Leistungen ihr dann zustehen.
b) Erarbeiten Sie Vorschläge, was Kerstin in dieser Situation außerdem tun kann, um ihre Chancen auf einen Arbeitsplatz zu verbessern.
Vergleichen Sie die Vorschläge in der Klasse.

Was gibt der Staat, was nimmt er?

Sozialleistungen gibt es als

• Versicherungsleistungen für die Pflichtversicherten der Sozialversicherungen (▶ S. 56–57);

• Versorgungsleistungen für Menschen, die eine besondere Leistung für den Staat erbringen (z. B. als Kindergeld);

• Fürsorgeleistungen. Fürsorgeleistungen erhalten Menschen, die in einer Notlage sind, wenn ihre Einkünfte eine bestimmte Grenze nicht überschreiten.

Versicherungsleistungen werden aus den Beiträgen der Versicherten bezahlt. Bei Versorgungs- und Fürsorgeleistungen ist es anders: Hier gibt es zum einen Transferzahlungen, also direkte Geldleistungen, mit denen der Staat die Schwächeren stärkt und Chancengleichheit herstellt. Beispiel Ausbildungsförderung: Kinder sollen unabhängig von der finanziellen Situation der Eltern eine ihrer Begabung entsprechende Ausbildung machen können. Die Transferleistungen finanziert der Staat aus seinen Einnahmen, d. h. in erster Linie aus Steuern.

Versorgungs- und Fürsorgeleistungen gibt es aber auch in Form von Steuerfreibeträgen: Auf Einkünfte, die unter einer bestimmten Grenze liegen, muss keine Einkommensteuer bezahlt werden. Das Existenzminimum ist steuerfrei: Grundfreibetrag. Diese Freibeträge gelten auch für Kinder. Dies führt zu einer Umverteilung der Lasten von unten nach oben: Reiche zahlen nicht nur mehr Steuern, weil sie mehr verdienen, sondern auch, weil sie einen höheren Prozentsatz ihrer Einkünfte als Steuer bezahlen müssen.

Soziale Grundsicherung nach Regelsätzen

Berufstätige sind meist über die Sozialversicherung gut abgesichert. Die Fürsorgeleistungen des deutschen Staates sollen aber allen Menschen eine soziale Grundsicherung garantieren, z. B.

• als Zusatzzahlung bei niedrigem Arbeitseinkommen: Aufstockung durch Arbeitslosengeld II;

• zur Sicherung einer angemessenen Unterkunft: Wohngeld.

Für die Höhe der Leistungen gelten oft sogenannte Regelsätze. Das bedeutet: Es wird nicht der individuelle Bedarf ermittelt, sondern ein Pauschalbetrag, der als Existenzminimum ermittelt wird. Grundlage dafür sind die Lebenshaltungskosten und die Einkommen in den untersten Lohngruppen. Für Sozialhilfe und Arbeitslosengeld II sind dies derzeit (Stand 2009) 351 Euro/Monat; außerdem werden die Kosten für Miete und Heizung übernommen.

Stichwort: Subsidiarität

Fürsorgeleistungen des Staates gibt es nur subsidiär, d. h. nur dann, wenn der Einzelne bzw. seine Familie nicht in der Lage sind, die Belastungen aus eigenem Einkommen oder

---

Transferzahlungen

Zahlungen, die ein Empfänger ohne Verpflichtung zu einer Gegenleistung erhält. Sozialleistungen (mit Ausnahme der Leistungen der Sozialversicherung) sind Transferleistungen des Staates (Beispiele: Kindergeld, Sozialhilfe).

Existenzminimum

Als Existenzminimum bezeichnet man die Mittel, die zur Befriedigung der materiellen Bedürfnisse notwendig sind, um physisch zu überleben; dies sind vor allem Nahrung, Kleidung, Wohnung und eine medizinische Notfallversorgung.

wikipedia

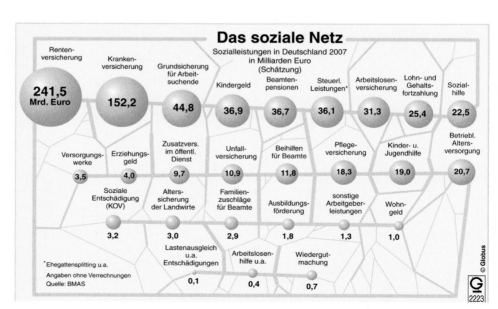

Vermögen zu tragen. Zuerst muss das eigene Vermögen (z.B. Geldvermögen, vermietetes Wohnungseigentum) weitgehend verbraucht werden, bevor der Staat hilft. Auch das Einkommen des Partners wird oft angerechnet. In manchen Fällen müssen Eltern für ihre Kinder oder Kinder für ihre Eltern finanziell einstehen, soweit ihre Einkommens- und Vermögensverhältnisse das erlauben: Unterhaltspflicht.

Das Ziel: Hilfsbedürftige aktivieren

Hilfe kann bequem machen. Dann wird aus der Unterstützung, die für Ausnahmesituationen gedacht war, ein Dauerzustand. Darum soll Hilfe aktivieren, d.h. die Bedürftigen in die Lage versetzen, ihren Unterhalt wieder aus eigenen Mitteln zu bestreiten. Nur dann ist sie nachhaltig. Nur dann kann auch der Missbrauch verringert werden.

Denn wenn der Sozialstaat im Notfall hilft, dann gibt es auch Menschen, die auf eigene Vorsorge verzichten, sich nicht um Arbeit bemühen und ihre Anstrengungen nur darauf konzentrieren, staatliche Gelder abzugreifen. So wie es auf der einen Seite Bedürftige gibt, die sich schämen, staatliche Hilfe in Anspruch zu nehmen, gibt es auf der anderen Seite auch die Abzocker, denen kein Trick zu schäbig ist.

Viele Hilfeempfänger brauchen mehr als Geld. Ein gutes Beispiel dafür sind Langzeit-Arbeitslose. Die lange Dauer ihrer Arbeitslosigkeit hat ihre Qualifikation entwertet. Oft wird ihnen nicht mehr zugetraut, den täglichen Belastungen des Arbeitslebens gewachsen zu sein. Manchmal trauen sie sich auch selbst nichts mehr zu. Hier geht es um Hilfe zur Selbsthilfe.

Proteste gegen die Hartz IV-Gesetze

Hartz IV
Umgangssprachliche Bezeichnung für Arbeitslosengeld II, d.h. die soziale Grundsicherung für Bedürftige, die keine Arbeit finden, und für deren Familienmitglieder

Darum ging es bei der Neuordnung der Arbeitslosenunterstützung („Hartz IV") und die Einrichtung der Jobcenter. Seitdem gibt es finanzielle Anreize zur Aufnahme einer Arbeit. Wer aber einen angebotenen Job ablehnt, dem kann die staatliche Unterstützung leichter verweigert werden. Zumutbar sind alle Arbeiten, auch wenn sie weit unter der ursprünglichen Qualifikation liegen. Den Arbeitslosen, die nicht unterkommen, werden so genannte Arbeitsgelegenheiten angeboten, das sind gemeinnützige Tätigkeiten, die mit 1–2 Euro je Stunde vergütet werden.

Durch die Reformen konnte jedoch die Zahl der Langzeit-Arbeitslosen bisher kaum verringert werden. Erfolgreicher verlaufen die Versuche, über Einstiegsqualifizierungen (d.h. ein bezahltes Betriebspraktikum von 6–9 Monaten) Schulabgänger ohne Ausbildungs-

Entwicklung der Geburtenzahlen in Deutschland

Durchschnittliche Geburtenzahl je Frau von 15–45 Jahren, West- und Ost-Deutschland 1950–2006

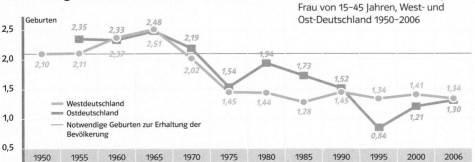

Legende:
— Westdeutschland
— Ostdeutschland
— Notwendige Geburten zur Erhaltung der Bevölkerung

Westdeutschland: 2,10 (1950); 2,11 (1955); 2,37 (1960); 2,51 (1965); 2,02 (1970); 1,45 (1975); 1,44 (1980); 1,28 (1985); 1,45 (1990); 1,34 (1995); 1,41 (2000); 1,34 (2006)

Ostdeutschland: 2,35 (1955); 2,33 (1960); 2,48 (1965); 2,19 (1970); 1,54 (1975); 1,94 (1980); 1,73 (1985); 1,52 (1990); 0,84 (1995); 1,21 (2000); 1,30 (2006)

Bundesinstitut für Wirtschaftsforschung (aktualisiert)

Staatliche Hilfen für Familien

finanzielle Hilfen
- Kindergeld, Steuerfrei-
  beträge für Kinder
- Ausbildungsförderung
- Wohngeld/Förderung
  des Wohnungsbaus
- Sozialgeld

**unterstützende
Einrichtungen**
- Kindergarten/Hort
- Ganztagsschulen
- soziale Dienste/Sozialstationen
- Rehabilitation für Behinderte

Beratungsangebote
- Schwangerschafts-
  beratung
- Erziehungs-/
  Familienberatung
- Schuldnerberatung
- Bildungsangebote

Hilfen für Mütter
- Mutterschutz/
  Mutterschaftsgeld
- Anerkennung von Erzie-
  hungszeiten bei der Rente
- Elternzeit/Erziehungsgeld

platz in Lehrstellen zu vermitteln. Die Hälfte dieser Praktikanten wird derzeit (Stand 2008) anschließend in eine Ausbildung oder ein Arbeitsverhältnis übernommen.

Was tut der Sozialstaat für die Familie?

Die größten Problemgruppen des Sozialstaats sind heute Menschen ohne geregelte Beschäftigung, kinderreiche Familien und alleinerziehende Mütter oder Väter. Außerdem ist in den vergangenen Jahrzehnten die Zahl der Geburten dramatisch gesunken – was dazu führt, dass die Bevölkerung in Deutschland in Zukunft schrumpfen wird. Dies wird Probleme für die Wirtschaft und die Sozialversicherung (▶ S. 76–77) mit sich bringen und die Struktur der Gesellschaft grundlegend ändern.

Was tut der Staat für die Familie? Was tut er, um den Trend der sinkenden Geburtenrate zu stoppen?

• Unabhängig von Einkommensgrenzen gibt der Staat Kindergeld, Elterngeld bei Unterbrechung der Berufstätigkeit für 12–14 Monate, Mutterschaftsgeld in der Zeit des Mutterschutzes (▶ S. 18–19).

• Abhängig von Einkommensgrenzen sind die Ausbildungsförderung (BAFöG) und das Wohngeld, ebenso das Erziehungsgeld im Anschluss an das Elterngeld. Erziehungsgeld gibt es jedoch nur noch in einigen Bundesländern.

Es sind aber nicht nur finanzielle Gründe, die Paare davon abhalten, Kinder in die Welt zu setzen. Ein großes Hindernis, besonders für Frauen, ist z.B. die schlechte Vereinbarkeit von Familie und Beruf. Die Gleichbehandlung von Frauen am Arbeitsplatz (z.B. bei der Besetzung von Stellen) lässt immer noch zu wünschen übrig. Nicht zuletzt gibt es auch bei der Kinderbetreuung Nachholbedarf.

Zum Querdenken

1. Einwanderung wird von manchen Leuten als Lösung für die demografischen Probleme der Bundesrepublik gesehen. Nehmen Sie zu diesem Standpunkt Stellung.

2. „Die Familien tragen die Lasten des sozialen Systems und ernten dafür Nachteile."

(Heribert Prantl) Erläutern Sie die Aussage und nehmen Sie dazu Stellung.

3. Sehen Sie in Arbeitsgelegenheiten (1-Euro-Jobs) eine Antwort auf die Beschäftigungskrise? Begründen Sie. Stellen Sie weitere Wege aus der Beschäftigungskrise dar.

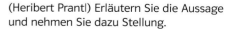

Transferleistungen des Staates

Grundprinzipien des Sozialstaats

Versicherungsprinzip

Leistungen erhält, wer als Pflichtversicherter Beiträge einbezahlt hat.

Beispiel: Rentenversicherung

Versorgungsprinzip

Leistungen erhält, wer besondere Leistungen für den Staat erbringt.

Beispiel: Kindergeld

Fürsorgeprinzip

Leistungen erhält, wer in einer finanziellen Notlage ist und nicht auf die Hilfe anderer zurückgreifen kann (Subsidiarität).

Beispiel: Sozialhilfe

---

staatliche Fürsorgeleistungen

↓

Voraussetzung:
Prüfung der Bedürftigkeit
nach dem Maßstab der Subsidiarität

- Kann der Antragsteller seine Existenz aus eigenen Mitteln bestreiten? (Arbeitslosengeld II, Sozialhilfe) bzw.
- Werden bestimmte Einkommensgrenzen überschritten? (BAFöG)

wenn Bedingungen erfüllt ↓

Unterstützung nach Regelsätzen

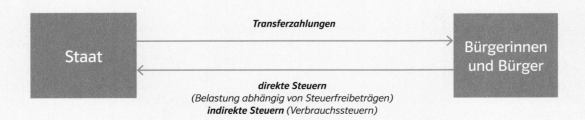

Staat

Transferzahlungen →

← *direkte Steuern*
(Belastung abhängig von Steuerfreibeträgen)
indirekte Steuern (Verbrauchssteuern)

Bürgerinnen und Bürger

Reformen des Sozialstaats

Lernsituation:

Was ist für mich soziale Gerechtigkeit?

In der Kantine Ihrer Firma kommt die Rede auf soziale Gerechtigkeit. Es geht hoch her. Sie selbst kommen gar nicht zu Wort. Alle wollen Recht haben und keiner will zuhören. Später denken Sie nochmals darüber nach ...

Handlungsaufgaben:

1. Was hätten Sie spontan in dieser Debatte gesagt?

2. Nehmen Sie in einem kurzen Kommentar, geeignet für einen Blog, Stellung, was für Sie soziale Gerechtigkeit ist. Vergleichen Sie anschließend die Kommentare in der Klasse.

3. Beschreiben Sie zwei Maßnahmen, die der Staat gemäß Ihrer Definition von sozialer Gerechtigkeit vorrangig ergreifen müsste. Begründen Sie Ihre Vorschläge.

4. a) Skizzieren Sie zwei Vorschläge, was Sie persönlich darüber hinaus tun

können, damit es mehr soziale Gerechtigkeit in Deutschland gibt. Begründen Sie Ihre Vorschläge.
b) Stellen Sie Schwierigkeiten dar, die es bei der Umsetzung Ihrer Vorschläge geben kann.

Arbeitslose in der Weimarer Republik

Eine kaiserliche Botschaft von 1881 steht am Anfang der Sozialversicherung.

Beitragsnachweis der Barmer Ersatzkasse von 1923

Die Entwicklung des Sozialstaats

Das heutige Netz der sozialen Sicherung hat seine Wurzeln in der Zeit vor dem Ersten Weltkrieg. Immer wieder wurde es ausgebaut und verändert. Wir können folgende Phasen unterscheiden:

1. Phase (1883–1911): Kaiserreich
Einführung von Krankenversicherung, Unfallversicherung, Rentenversicherung zunächst für Arbeiter, später für alle Arbeitnehmer (Bismarck´sche Sozialpolitik)

2. Phase (1920–1927): Weimarer Republik
Erweiterung um Arbeitslosenversicherung (4. Säule der Sozialversicherung); Einrichtung von Betriebsräten, Tarifautonomie, Mutterschutz

3. Phase (1933–1945): Nationalsozialismus
Abschaffung sozialer Rechte, Auflösung der Gewerkschaften

4. Phase (seit 1949): Bundesrepublik
Wiederherstellung der alten sozialen Rechte; Pflegeversicherung als 5. Säule der Sozialversicherung; Koppelung der Rentenhöhe an die Entwicklung der Löhne; Ergänzung der Sozialversicherung durch soziales Netz, d. h. umfassende staatliche Sozialleistungen nach dem Fürsorgeprinzip (▶ S. 70–71); Ausbildungsförderung; Hilfen für Familien; Reform der Arbeitslosenunterstützung

Aufgaben des modernen Sozialstaats

Der moderne Sozialstaat geht weit über eine Sozialversicherung für Arbeiter hinaus. Er hat sich zuständig gemacht für das Wohlergehen seiner Bevölkerung. Vom sozialen Netz profitieren die meisten Menschen in Deutschland in irgendeiner Weise. Darüber hinaus greift er als Gesetzgeber zu Gunsten der sozial Schwächeren in der Gesellschaft ein. Dabei können drei grundsätzliche Ziele des staatlichen Handelns unterschieden werden:

• **Soziale Gerechtigkeit/sozialer Ausgleich:**
Der Staat verbessert die Chancen der Schwächeren in der Gesellschaft. Dazu gehören z. B. Maßnahmen zu Gunsten von Familien mit Kindern (Familienpolitik ▶ S. 72), die Besteuerung abhängig von der Höhe des Einkommens (Steuerpolitik ▶ S. 70) und die Förderung der privaten Vorsorge (Vermögenspolitik ▶ S. 64).

• **Soziale Sicherheit:** Der Staat hilft in finanziellen Notlagen und unterstützt Menschen, die nicht selbst für ihren Lebensunterhalt sorgen können. Einige Beispiele: Er sichert in der Sozialversicherung gesundheitliche und wirtschaftliche Risiken und den Lebensunterhalt im Alter ab. Er sorgt für ein menschenwürdiges Leben von Behinderten und Armen. Er schützt Arbeitnehmer vor willkürlichen Entlassungen durch das Kündigungsschutzgesetz (Arbeitnehmerschutz, ▶ S. 20–21).

• **Soziale Teilhabe der Arbeitnehmer:** Dazu gehört besonders das Recht der Tarifpartner (Arbeitgeberverbände und Gewerkschaften), die Arbeitsbeziehungen ohne staatliche Eingriffe selbst zu regeln (▶ S. 19).

Wie weit soll sozialer Ausgleich gehen?

Wie weit soll der Staat im Namen der sozialen Gerechtigkeit regelnd eingreifen und gestalten? Es ist heute z. B. selbstverständlich, dass der Staat für Chancengleichheit im Schulsystem sorgen muss. Gelingt ihm das nicht, muss er sich der Kritik stellen. Aber soll er darüber hinaus z. B. jedem ein Mindesteinkommen garantieren – unabhängig von seinem Fleiß und seinen Fähigkeiten? Wäre dies ein Mittel, um zu verhindern, dass Menschen gezwungen sind, zu Hungerlöhnen zu arbeiten? Oder würde er damit die Leistung bestrafen und das Nichtstun belohnen?

In unserer Gesellschaft besteht keine Einigkeit darüber, wie der Staat auf gesellschaftliche und wirtschaftliche Veränderungen reagieren soll. Arbeitnehmer sehen das meist anders als Arbeitgeber, gut Verdienende anders als Sozialhilfeempfänger, Familien anders als Alleinstehende. Soziale Reformen sind schwierig, denn jede Einschränkung führt zum Widerstand der von ihr Betroffe-

Was kostet der Sozialstaat?

Sozialleistungen in Prozent des
Bruttoinlandsprodukts

1960	21 %
1970	25 %
1980	30 %
1990	27 %
2000	31 %
2006	30 %
2007	29 %

Das Gesetz, in seiner
majestätischen Gleichheit,
verbietet es Reichen wie Armen,
unter Brücken zu schlafen.
(Anatol France)

nen; jede Ausweitung führt zu einem Streit, wer die damit verbundenen Lasten tragen muss.

Manche Regelungen belasten nicht den Staatshaushalt, sondern Teile der Bevölkerung. Der Kündigungsschutz für Wohnraum schränkt den freien Umgang von Hausbesitzern mit ihren Immobilien ein. Das Kündigungsschutzgesetz (▶ S. 20–21) für Arbeitnehmer schränkt die Freiheit des Arbeitgebers ein, Beschäftigte nach seinen Kalkulationen zu entlassen.

Finanzierung des Sozialstaats – abhängig vom Arbeitsmarkt

Das soziale Netz ist heute der größte Ausgabenposten im Bundeshaushalt. Ein Teil wird aus den Beiträgen zur Sozialversicherung finanziert (▶ S. 56–57), ein anderer Teil aus Steuereinnahmen. Ausgegeben werden kann aber nur, was eingenommen wurde. Der Sozialstaat schafft nicht Reichtum, sondern er verteilt den durch Arbeit geschaffenen Reichtum innerhalb der Gesellschaft um.

Die Belastung der Arbeitskosten durch Sozialabgaben und Steuern ist hoch. (Beispielrechnung ▶ Randspalte S. 77) Dies macht Schwarzarbeit attraktiv, d.h. Arbeit am Finanzamt und an den Sozialkassen vorbei. Ihr Anteil an der Wirtschaft wird auf bis zu 15 Prozent geschätzt.

Die hohe Abgabenbelastung ist aber vor allem ein Nachteil für den Standort Deutschland, d.h. für die Konkurrenzfähigkeit der deutschen Wirtschaft. Wenn Unternehmen aus Kostengründen ins Ausland abwandern, dann verschwinden nicht nur Arbeitsplätze, es gibt auch mehr Arbeitslose. Gleichzeitig sinken auch die Beitragseinnahmen der Sozialversicherung und die Steuereinnahmen. Die Folge: Die Beitragssätze der Sozialversicherung müssen steigen; die Arbeit wird für die Arbeitgeber teurer, der Abstand zwischen den Lohnkosten des Unternehmens und dem ausbezahlten Lohn noch größer. Dann besteht die Gefahr, dass eine Abwärtsspirale in Gang gesetzt wird (▶ Schema links).

Der Sozialstaat in der Krise

Weniger *Berufstätige* finanzieren:
• *Sozialabgaben* für Arbeitslose, Kranke, Alte usw.
• *Steuern* für alle Staatsausgaben

Mehr Staatsausgaben für:
• Arbeitslose
• sozial Schwache z.B. Dauerarbeitslose
• Alte
• Kranke

Entlassungen, Produktionsverlagerung

Steigende Lohnnebenkosten, sinkende Reallöhne, weniger Kaufkraft

Finanzierungsprobleme in der Kranken- und Rentenversicherung

Steigende Kosten und damit Druck auf die Beitragssätze der Sozialversicherung gibt es auch in den anderen Bereichen. Die Kosten im Gesundheitswesen steigen seit Jahrzehnten stark an. Das liegt vor allem an den Fortschritten der Medizin und an der steigenden Lebenserwartung – zwei positiven Entwicklungen. Eine Versorgung nach heutigen Maßstäben lässt sich nicht mit den Kosten von gestern erreichen.

Alle bisherigen Reformen haben den Anstieg der Kassenbeiträge nicht stoppen können. Einige Beispiele für Reformen: Die Kosten für Zahnersatz werden nur noch von den Arbeitnehmern getragen (0,9 Prozent des Bruttoeinkommens, Stand 2009). Die Zuzahlungen der Patienten wurden erhöht, einige Leistungen eingeschränkt. Um die Belastung der Löhne durch die Krankenversicherung zu verringern, unterstützt der Staat die Krankenkassen mit Milliardenbeträgen. 🔖

Die Rentenversicherung steht vor einem noch größeren Problem. Der Generationenvertrag (▶ S. 58) baut darauf auf, dass genügend Beitragszahler für die Rentner vorhanden sind. Immer mehr Rentner stehen aber einer immer kleineren Zahl von Arbeitnehmern gegenüber, die die notwendigen Beiträge zahlen. Dieses Verhältnis wird sich in den kommenden Jahrzehnten weiter zu Ungunsten der Beitragszahler verschieben. Die zwei Hauptursachen für diese ungünstige demografische Entwicklung sind die höhere

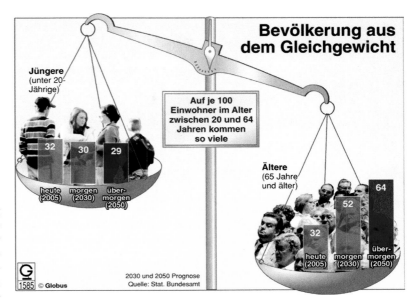

Lebenserwartung und das Schrumpfen der Bevölkerung aufgrund der seit Jahrzehnten niedrigen Geburtenraten von derzeit 1,3 Kindern je Frau. (▶ S. 71, Entwicklung der Geburtenzahlen).
Um die Belastung der arbeitenden Generation zu begrenzen, hat der Staat seinen Zuschuss erhöht. Die Rentenhöhe wird nach einer anderen Formel berechnet, die zu niedrigeren Renten führt. Wer vorzeitig in Rente geht, muss größere Abschläge in Kauf nehmen. Das Rentenalter wurde auf 67 Jahre heraufgesetzt. Umso dringender ist darum eine ergänzende private Vorsorge fürs Alter. (▶ S. 63–64)

Der Preis einer Arbeitsstunde im Handwerk – eine Modellrechnung

Stundensatz	52,36 €
davon:	
Mehrwertsteuer	8,36 €
Lohnzusatzkosten	11,47 €
Gemeinkosten	18,33 €
(z. B. Miete)	
Gewinn	1,20 €
Bruttostundenlohn	**13,00 €**
Nettostundenlohn	**8,32 €**

Der Spiegel vom 22.09.2003, aktualisiert

Zum Querdenken

1. „Gering qualifizierte Arbeit ist in Deutschland zu teuer. Die hohen Lohnnebenkosten verstärken die Verlagerung von Arbeitsplätzen ins Ausland."

Sammeln und vergleichen Sie verschiedene Antworten auf diese Aussage.

2. Mehr als die Hälfte der deutschen Bevölkerung bezieht kein Einkommen aus Arbeit, sondern aus anderen Quellen, z. B. von der Sozialversicherung oder als staatliche Transferleistung. Diese Entwicklung kann man positiv und negativ sehen. Wie sieht Ihre persönliche Bewertung aus?

Probleme des Sozialstaats – Reformen

Die Entwicklung des Sozialstaats

Kaiserreich	Weimarer Republik	National-sozialismus	Bundesrepublik Deutschland
→	→	←	← →
Bismarcks Sozialpolitik: • Krankenversi-cherung • Unfallver-sicherung • Rentenver-sicherung für Arbeit-nehmer	• Arbeitslosen-versicherung • Tarifautono-mie • Betriebsräte • Mutterschutz	Abschaffung sozialer Rechte Auflösung der Gewerkschaften	Wiederherstel-lung der sozia-len Rechte • Pflegeversi-cherung • dynamische Rente	• Ausbildungs-förderung • soziales Netz • Reform der Arbeitslosen-versicherung

Aufgaben des Sozialstaats

soziale Gerechtigkeit/ sozialer Ausgleich, z. B.
- Familienpolitik
- Bildungspolitik
- Steuerpolitik
- Vermögenspolitik
  (z. B. Förderung privater Vorsorge)

soziale Sicherheit, z. B.
- Schutz vor gesundheitlichen und wirtschaftlichen Risiken (Sozialversicherung)
- Kündigungsschutz
- Hilfe für Behinderte
- Hilfe in finanziellen Notlagen

soziale Teilhabe der Arbeitnehmer, z. B.
- Betriebsräte
- Tarifautonomie, Streikrecht

Reformen

Gesundheitswesen
- steigende Lebenserwartung
- medizinischer Fortschritt **höhere Ausgaben**

Belastungen

Rentenversicherung
- sinkende Geburtenrate
- höhere Lebenserwartung = steigende Bezugsdauer

- höhere Zuzahlungen Sonderbeitrag der Arbeitnehmer (0,9 %)
- staatliche Zuschüsse **niedrigere Ausgaben**

Entlastungen

- weniger sozialversicherungspflichtig Beschäf-tigte **höhere Belastung pro Beitragszahler**
- späteres Rentenalter
- größere Abschläge bei vorzeitiger Rente
- staatliche Zuschüsse **Begrenzung der Belastung pro Beitragszahler**

Prüfungsaufgaben

1. Subsidiarität bedeutet:
a) Fürsorgeleistungen des Staates müssen bei Verbesserung der eigenen Einkommensverhältnisse zurückbezahlt werden.
b) Fürsorgeleistungen des Staates gibt es nur, wenn das eigene Einkommen und Vermögen nicht ausreicht.
c) Fürsorgeleistungen gibt es nur für Menschen, die nicht sozialversichert sind.
d) Fürsorgeleistungen werden nach einem Regelsatz ausbezahlt, der sich am Lohn in den untersten Lohngruppen orientiert.
e) Fürsorgeleistungen gibt es nicht für Asylbewerber und Flüchtlinge.

2. a) Welches Problem der Rentenversicherung wird in der Karikatur angesprochen?
b) Nennen Sie zwei Maßnahmen, die geeignet sind, die Probleme der Rentenversicherung zu verringern.

3. Warum ist eine hohe Arbeitslosenquote nicht nur ein Problem der Arbeitslosenversicherung, sondern der Sozialversicherungen überhaupt?

4. Stefan Rometsch will besonders schlau sein. Bevor er beim Jobcenter Arbeitslosengeld II beantragt, kauft er noch groß ein und räumt sein Konto leer: ein großer Flachbildfernseher, ein besseres Auto, Klamotten, … Stolz erzählt er seiner Freundin Silke davon. Er ist sich auch sicher, dass er schon eine Ausrede findet, wenn ihm sein Fallmanager einen Job anbietet.
Silke ist entsetzt. Im Internet sucht sie nach dem SGB II, druckt den § 31 aus und hält ihn Stefan unter die Nase. Sein Gesicht wird lang …
a) Zeigen Sie an dem Gesetzesauszug, warum Stefans Rechnung nicht aufgeht.
b) Beurteilen Sie Stefans Risiko, wenn er einen angebotenen Job ablehnt.
c) Stellen Sie anhand des Gesetzesauszugs fest, ob Stefan Jobs ablehnen darf, weil sie unter seiner jetzigen Qualifikation liegen.

SGB II: § 31 Absenkung und Wegfall des Arbeitslosengeldes II [. . .]

(1) Das Arbeitslosengeld II wird […] in einer ersten Stufe um 30 vom Hundert der […] maßgebenden Regelleistung abgesenkt, wenn
1. der erwerbsfähige Hilfebedürftige sich trotz Belehrung über die Rechtsfolgen weigert, […]
c. eine zumutbare Arbeit, Ausbildung, Arbeitsgelegenheit, eine mit einem Beschäftigungszuschuss […] geförderte Arbeit, ein zumutbares Angebot […] oder eine sonstige in der Eingliederungsvereinbarung vereinbarte Maßnahme aufzunehmen oder fortzuführen, oder
d. zumutbare Arbeit […] auszuführen,
2. der erwerbsfähige Hilfebedürftige trotz Belehrung über die Rechtsfolgen eine zumutbare Maßnahme zur Eingliederung in Arbeit abgebrochen oder Anlass für den Abbruch gegeben hat.
Dies gilt nicht, wenn der erwerbsfähige Hilfebedürftige einen wichtigen Grund für sein Verhalten nachweist. […]
(3) Bei der ersten wiederholten Pflichtverletzung nach Absatz 1 wird das Arbeitslosengeld II um 60 vom Hundert der […] maßgebenden Regelleistung gemindert. Bei jeder weiteren wiederholten Pflichtverletzung nach Absatz 1 wird das Arbeitslosengeld II um 100 vom Hundert gemindert. […]
(4) Die Absätze 1 bis 3 gelten entsprechend
1. bei einem erwerbsfähigen Hilfebedürftigen, der nach Vollendung des 18. Lebensjahres sein Einkommen oder Vermögen in der Absicht vermindert hat, die Voraussetzungen für die Gewährung oder Erhöhung des Arbeitslosengeldes II herbeizuführen,
2. bei einem erwerbsfähigen Hilfebedürftigen, der trotz Belehrung über die Rechtsfolgen sein unwirtschaftliches Verhalten fortsetzt […].

Methode: Mind-Mapping

Mind-Mapping eignet sich auch
• als Vorbereitung auf einen Deutsch-Aufsatz
• als Vorlage für eine Präsentation
• als Lernhilfe und Merkzettel vor Klassenarbeiten

Mind-Mapping ist ein Werkzeug für kreatives Denken. Es erlaubt eine offene Ideensammlung und Planung allein oder in einer Gruppe und ist nicht auf einen festen Ablauf der Arbeitsschritte angewiesen.

Der Vorteil besteht darin, dass Äste auch später ergänzt werden können und wir in beliebiger Reihenfolge an unseren Ästen arbeiten und die Aufgabe auf Gruppen aufteilen können.

Mind-Maps können wir mit Farben und Symbolen ausgestalten, z. B. wenn wir sie als Plakat im Klassenzimmer aufhängen wollen. Dann informieren sie nicht nur die Gruppenmitglieder, sondern die ganze Klasse.

1. Schritt:
Das Thema in die Mitte des Blattes oder Plakats schreiben.

⬇

2. Schritt:
Gliederungspunkte oder Hauptideen zum Thema werden als Äste eingezeichnet, die von dem Thema ausgehen. Dadurch bekommen wir Ordnung in unser Thema. Das Gerüst der Mind-Map ist fertig.

⬇

3. Schritt:
Die Gliederungspunkte verzweigen sich wieder in Nebenäste.

⬇

4. Schritt:
Am Ende haben wir einen Baum mit einigen Haupt- und vielen Nebenästen, d. h. mit vielen Ideen oder Argumenten, die von unserem Thema ausgehen – eine Art Landkarte (Map) unserer Gedanken (Mind).

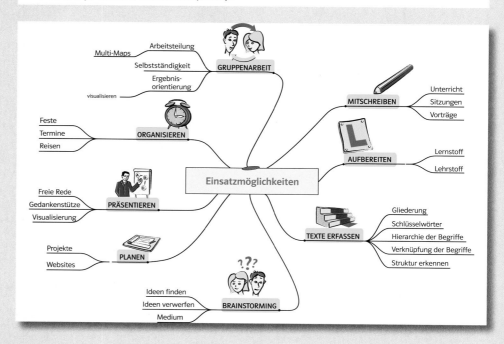

> ## Kündigungsschutz abschaffen

> ## Krankenversicherung privatisieren

> ## in Berufsausbildung investieren

Den Sozialstaat reformieren – welche Vorschläge gibt es?

Einige Reformschritte sind bereits auf den Weg gebracht worden. Weitere Reformen gibt es als Vorschläge beispielsweise von Parteien, von Interessengruppen (etwa aus dem Lager der Arbeitgeber oder der Gewerkschaften), aus der Wissenschaft.

Stellen Sie die Reformvorschläge zusammen und erweitern Sie diese Vorschläge durch eigene Ideen. In die Mind-Map auf dieser Sei-te sind schon einige Äste eingetragen, die Sie als Ausgangspunkt nehmen können.

Teilen Sie die Arbeit in Gruppen auf. Ordnen Sie jeder Gruppe einen der Hauptäste zu. Sie soll zu ihrem Ast eine eigene Mind-Map mit Vorschlägen erarbeiten.

Jede Gruppe gestaltet ihre Vorschläge als Plakat, das im Klassenraum aufgehängt und vorgestellt wird.

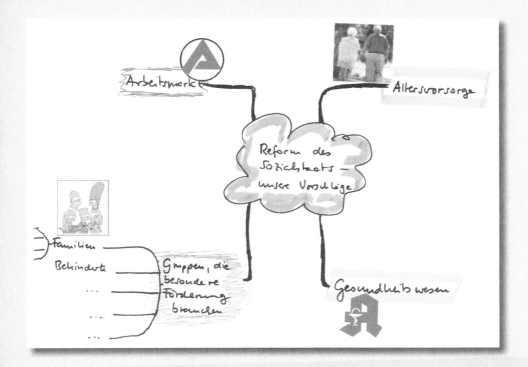

Online-Link
882730-2300

Berufs- und Lebensgestaltung

Lernsituation:

Wie soll ich bloß mein Leben sinnvoll gestalten?

Sie sind kurz vor dem Absprung aus dem „Hotel Mama und Papa".
Spätestens jetzt wird es Zeit, dass Sie sich über Ihre eigene Lebensgestaltung konkrete Gedanken machen, oder?

In Deutschland haben Sie viele Freiheiten. Aber zugleich werden hohe Anforderungen an Ihre selbstständige Lebensbewältigung gestellt. Fangen Sie an, sich über Ihre Berufs- und Lebensplanung realistische Gedanken zu machen ...

Handlungsaufgaben:

1. Beschreiben Sie Ihre Vorstellungen für Ihr privates und berufliches Leben. Lassen Sie Ihre Träume lebendig werden und fertigen Sie ein Bild, ein Modell, eine Fotocollage über Ihr Traumleben an.

2. Überlegen Sie, wovon die Verwirklichung Ihrer Träume abhängt und welche Grenzen es bei der selbstverantwortlichen Lebensplanung in Deutschland gibt. Nehmen Sie begründet Stellung dazu.

3. Entwickeln Sie z. B. mit Hilfe der Metaplan-Technik (▶ S. 92 – 93) eine Lebensplanung. Notieren Sie, welche beruflichen und privaten Lebensziele Sie bis wann und wodurch erreicht haben wollen.

4. Inwiefern hängen Ihre Lebensplanungen von Ihren Kosten-Nutzen-Überlegungen (Ihrem unternehmerischen Denken) ab? Begründen Sie Ihre Einschätzung.

Selbstverantwortliches und unternehmerisches Denken als Perspektive für die Berufs- und Lebensplanung

Viele Eltern sehen in ihren 15- bis 20-jährigen Kindern noch ihre zu beschützenden Kinder, doch diese jungen Erwachsenen wollen häufig mehr Freiheiten, Rechte und Verantwortlichkeiten. Zu Recht?

Sie lösen sich vom „Hotel Mama und Papa", machen eigene Erfahrungen und bauen eigene, von der Familie unabhängige Beziehungen auf. Sie setzen sich eigene **Lebensziele**.

Streit gibt es häufig darüber, „was sich gehört". Unterschiedliche Vorstellungen von der eigenen **Rolle** als Vater, Mutter, Erziehungsberechtigte/r, Auszubildende/r sowie als Schüler/in und unterschiedliche Erwartungen an die Rollen des anderen prallen hier aufeinander.

Rollenerwartungen gibt es auch in der Gesellschaft, von den Freunden und Freundinnen, von Nachbarn, Lehrern/innen oder dem Ausbildungsleiter. Die Frage dabei ist, wie jeder von uns seinen eigenen Weg zu **seinem Platz** in der Gesellschaft findet.

Mein eigenes Leben leben

Wie wollen Sie leben? Dabei stellen sich viele private und berufliche Fragen:
• Will ich allein leben oder mit anderen?
• Möchte ich eine Familie mit Kindern haben? Wie viele Kinder gehören dazu?
• Welche Freizeitbeschäftigungen sind für mich wichtig?
• Welchen Freundeskreis möchte ich haben und pflegen?
• Wie gehe ich mit meiner Gesundheit um, damit ich lange leben kann?
• Will ich beruflich Erfolg haben? Ist mir dabei die Selbsterfüllung am wichtigsten oder ist es die Höhe meines Einkommens?
• Wo möchte ich wohnen, arbeiten, leben?
• Arbeite ich bei einem Unternehmen oder werde ich ein/e Existenzgründer/in?
• …

Haben wir Menschen denn dabei alle die gleichen Ziele bzw. Bedürfnisse?

Der Psychologe Abraham H. Maslow hat im Jahr 1943 die Theorie einer Pyramide von menschlichen Bedürfnissen aufgestellt, die heute in der Wissenschaft noch eine hohe Bedeutung hat.

Die ersten drei Stufen in der Pyramide nennt man **Defizitbedürfnisse**. Diese Bedürfnisse müssen befriedigt sein, damit man zufrieden ist. Aber wenn sie erfüllt sind, hat man keine Motivation, diese Bedürfnisse über das aktuelle Maß hinaus zu befriedigen – bis es zum nächsten Mal notwendig ist. (Wenn man nicht mehr durstig ist, versucht man beispielsweise nicht noch weiter zu trinken).

Unstillbare Bedürfnisse können demgegenüber nie wirklich befriedigt werden. Diese treten auf der fünften Stufe auf, teilweise aber auch schon auf der vierten. Beispiel 1: Ein Maler zeichnet zur Selbstverwirklichung; sein Bedürfnis nach Kreativität ist nicht nach einer bestimmten Anzahl von Bildern gestillt. Beispiel 2: Ein Mensch hat Erfolg gehabt und möchte diesen Erfolg immer wieder übertreffen.

Bedürfnispyramide nach Maslow

Selbstverwirklichung:
Individualität, Talententfaltung, Perfektion, Erleuchtung

soziale Wertschätzung:
Status, Respekt, Anerkennung, Wohlstand, Geld, Einfluss, private und berufliche Erfolge

soziale Beziehungen (Anschlussmotiv):
Familie, Freundeskreis, Partnerschaft, Liebe, Intimität, Kommunikation

Sicherheit:
Recht und Ordnung, Schutz vor Gefahren, fester Arbeitsplatz, Absicherung

körperliche Existenzbedürfnisse:
Freiheit, Schlaf, Nahrung, Wärme, Gesundheit, Wohnraum, Sexualität

Da wir in unserer modernen Gesellschaft in Deutschland die körperlichen Bedürfnisse überwiegend befriedigt bekommen, geht es bei der individuellen Lebensplanung vor allem um unsere soziale und geistige Entwicklung. Und hier stehen jungen Menschen viele individuelle Wege offen.

Zwei grundsätzlich sehr wichtige Bereiche der Lebensplanung sind die **berufliche Karriereplanung** und die **Familienplanung**, da sie unser Leben sehr stark beeinflussen. Zunächst sehen wir uns die Veränderungen der Familie in den vergangenen Jahrzehnten an.

Wie haben sich die Familie und das gesellschaftliche Umfeld geändert?

Noch vor fünfzig Jahren war die Ehe die einzig allgemein anerkannte Form des Zusammenlebens. Über 90 Prozent der Bevölkerung haben damals geheiratet. Kinderlose Ehen

Lebensverhältnisse im Wandel	1960	2007
Bevölkerung	55,8 Mio.	82,2 Mio.
Eheschließungen	521 000	369 000
Ehescheidungen	49 000	187 000
Heiratsalter in Jahren (männlich / weiblich)	26 / 24	33 / 30
Geburtenüberschuss (+), Sterbeüberschuss (−)	+ 326 000	− 142 000
Geburten je Frau	2,4	1,4
Erwerbsquote* (2006)	48 %	58 %
– Männer	63 %	66 %
– Frauen	34 %	51 %
davon: Frauen zwischen 30 und 35 Jahren	45 %	77 %
Arbeitslose (1962 bzw. Mai 2009, saisonbereinigt)	155 000	3 464 000
offene Stellen (1962 bzw. Frühjahr 2009, saisonbereinigt)	575 000	870 000
Ausländeranteil (1961)	1,2 %	8,8 %
Schulbesuch der 13-Jährigen bzw. Schüler der 8. Klasse		
– Hauptschule	70 %	19 %
– Realschule	11 %	26 %
– Gymnasium	15 %	36 %
– Gesamtschulen, Schulen mit mehreren Bildungsgängen	–	15 %
– sonstige (z. B. Förderschulen)	4 %	5 %
neu abgeschlossene Ausbildungsverträge	ca. 510 000	616 000
Studienanfänger	54 000	386 000
Ausgaben für den privaten Konsum (Auswahl) (1962 bzw. 2006)		
– Nahrungsmittel, Getränke, Tabak	37 %	14 %
– Bekleidung; Schuhe	12 %	4 %
– Wohnen, Energie	16 %	33 %
– Verkehr (Kosten privater und öffentlicher Verkehrsmittel)	7 %	15 %
– Freizeit, Unterhaltung, Kultur	7 %	11 %

1960: Nur alte Bundesländer. 2007: Ganz Deutschland. – Alle Zahlen gerundet.
* Erwerbsquote bezeichnet den Anteil der Berufstätigen (einschließlich Arbeitslose) an der erwachsenen Bevölkerung
Ursprungsdaten: Statistisches Bundesamt, BiBB, Bundesagentur für Arbeit

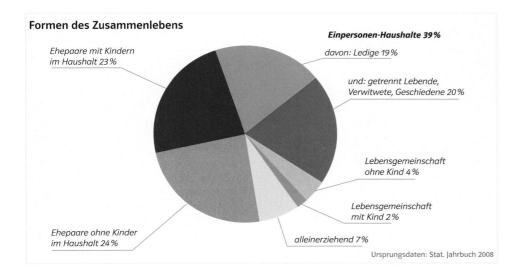

Formen des Zusammenlebens

Ehepaare mit Kindern im Haushalt 23 %

Einpersonen-Haushalte 39 %

davon: Ledige 19 %

und: getrennt Lebende, Verwitwete, Geschiedene 20 %

Lebensgemeinschaft ohne Kind 4 %

Lebensgemeinschaft mit Kind 2 %

alleinerziehend 7 %

Ehepaare ohne Kinder im Haushalt 24 %

Ursprungsdaten: Stat. Jahrbuch 2008

waren die Ausnahme. Viele Ehen waren so genannte **Versorgerehen**, in denen der Mann arbeitete und die Frau sich um den Haushalt und den Nachwuchs kümmerte.

Allerdings war auch das gesellschaftliche und wirtschaftliche Umfeld anders:

• Die meisten Kinder gingen zur Hauptschule und konnten mit 14 oder 15 Jahren eine Lehre beginnen oder als ungelernte Arbeiter arbeiten.

• Da Arbeitskräfte überall gesucht waren, kam es kaum zu Berufs- oder Wohnortwechseln.

• Die Löhne stiegen kontinuierlich, die Familien konnten auf ein Häuschen und ein Auto sparen.

• Man lebte enger zusammen und hatte auch nur 2 Fernsehprogramme ab nachmittags.

• Auf dem Land war das Freizeitprogramm sehr mager.

Und heute?

Die Zahl der Eheschließungen nimmt ständig ab, fast jede dritte Ehe wird heute geschieden und viele Ehen bleiben kinderlos. Zu der klassischen Familie aus früheren Zeiten gibt es inzwischen eine Vielzahl **alternativer Lebensformen:**

• Singles, kinderlose Ehen oder Partnerschaften, Wochenendbeziehungen,

• allein erziehende Mütter und Väter, homosexuelle Paare mit Kindern,

• freie Wohn- und Lebensgemeinschaften, Patchwork-Familien,

• Doppelverdiener-, Wochenendfamilien und einige mehr.

Allerdings haben wir eine stark gesunkene Geburtenrate und eine zunehmende Zahl älterer Menschen. Der so genannte Geburtenunterschuss beträgt laut Statistischem Bundesamt im Jahr 2006 minus 149 000, d.h. es sterben mehr Menschen, als es Neugeborene gibt.

Warum haben sich die Familienplanungen verändert?

• **Kinderlosigkeit** wird von der Gesellschaft akzeptiert.

• **Das Bedürfnis nach beruflicher und privater Selbstverwirklichung** hat zugenommen. Frauen fühlen sich immer weniger mit der traditionellen Rolle der Hausfrau und Mutter wohl, sie wollen mehr denn je berufliche Karriere machen.

• Frauen haben zunehmend **bessere Bildungsabschlüsse und damit bessere berufliche Aufstiegschancen.**

• Insgesamt sind die individuellen **Ansprüche** im materiellen Wohlstand zu leben, größer geworden.

• Die zunehmende **Arbeitslosigkeit** in den vergangenen Jahrzehnten verunsichert Menschen, ihren Kinderwunsch zu erfüllen. Immer mehr Menschen verzichten in wirtschaftlich unsicheren Zeiten ganz auf Kinder.

• Frauen wollen **wirtschaftlich selbstständig** sein, auch weil es die klassische Versorgerehe immer seltener gibt und die Scheidungsraten so hoch sind.

• Durch **sexuelle Aufklärung und Möglichkeiten der Empfängnisverhütung** kann die Familienplanung bewusst gesteuert werden.

Assessment-Center
(abgeleitet vom englischen to assess = beurteilen) stellen eine Kombination von verschiedenen Tests, Planspielen und Gesprächen dar. Mit Hilfe dieser Auswahlverfahren filtern Unternehmen aus einer großen Menge von Bewerbern die nach ihrer Einschätzung am besten Geeigneten heraus.

Die Testverfahren, die dazu benutzt werden, sind sehr unterschiedlich:
• klassische Interviewtechniken,
• PC-unterstützte Testverfahren,
• psychologische Tests,
• Systeme zur Leistungsbeurteilung und
• so genannte Assessment-Center.
Um diese Verfahren und meine beruflichen Aufgaben erfolgreich zu bestehen, benötige ich Handlungskompetenz, die sich aus vielen Einzelkompetenzen ergibt (▶ Tabelle unten).
Eine besondere Form der Karriere durchlaufen Menschen, die sich selbstständig machen und ein eigenes Unternehmen gründen wollen (▶ S. 126 ff.). Diese Form der beruflichen Perspektive ist sicherlich geprägt von den Vorstellungen, sein eigener Chef zu sein und viel eigenes Geld zu verdienen. Außerdem könnte sie zur Vermeidung der anstehenden Arbeitslosigkeit benutzt werden. Das Unternehmertum genießt zudem gesellschaftlich insgesamt eine hohe Anerkennung.
Diese Ziele sind durchaus erreichbar, aber jede Unternehmensgründung trägt langfristige finanzielle Risiken, die gut abzuwägen sind. Um möglichst nicht mit der unternehmerischen Existenzgründung zu scheitern, sollten auf jeden Fall
• eine Erfolg versprechende Geschäftsidee vorhanden sein,
• der/die Unternehmer/in bereit sein, überdurchschnittlich viel zu arbeiten,
• genügend eigene finanzielle Mittel vorhanden sein,
• die/der Selbstständige ausreichende Branchenkenntnisse sowie Fähigkeiten haben.

• Kinder zu erziehen, wird zunehmend als persönliche und finanzielle Belastung empfunden, die eher Befürchtungen hervorruft als Hoffnungen.
Nachdem wir uns über private Planungen klar geworden sind, wenden wir uns den beruflichen zu.

Was muss ich mitbringen und leisten, um meine Karriereziele zu erreichen?

Immer mehr Unternehmen gehen dazu über, die persönlichen Stärken und Schwächen ihrer zukünftigen oder derzeitigen Mitarbeitenden mit Hilfe einer Potenzialanalyse zu bestimmen, gerade wenn berufliche Neuorientierungen anstehen.

Kompetenz-bereich	Fachkompetenz (oder Sachkompetenz)	Methoden-kompetenz	Personalkompetenz (oder Persönlichkeits-kompetenz)	Sozial-kompetenz
Definition	Fähigkeit, berufstypische Probleme sachgerecht und selbstständig zu lösen	Fähigkeit, sinnvolle Wege bei der Lösung von (persönlichen, beruflichen, wissenschaftlichen …) Problemen zu gehen	Fähigkeit, die eigene Person selbstkritisch zu hinterfragen und eigene Lebenspläne im Spannungsfeld mit der Gesellschaft zu entwickeln	Fähigkeit, in sozialen Beziehungen zu leben und gemeinsam mit anderen zielorientiert zu handeln
Elemente, z. B.	• Anwendung berufsspezifischer Arbeitstechniken • Erkennen theoretischer Zusammenhänge • sachgerechter Umgang mit Werkzeugen	• Beherrschung elementarer Arbeitstechniken • Strukturierung von Fragestellungen • Übertragung von Lösungsansätzen auf neue Situationen	• Selbstständigkeit • Selbstvertrauen • Entwicklung eigener Wertvorstellungen	• Teamfähigkeit • Fähigkeit, sich in andere Menschen hineinzuversetzen • Übernahme sozialer Verantwortung

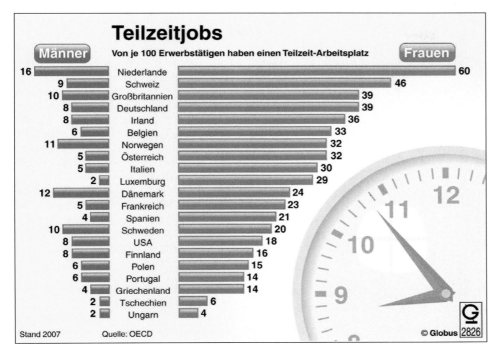

Teilzeitjobs

Von je 100 Erwerbstätigen haben einen Teilzeit-Arbeitsplatz

Männer		Frauen
16	Niederlande	60
9	Schweiz	46
10	Großbritannien	39
8	Deutschland	39
8	Irland	36
6	Belgien	33
11	Norwegen	32
5	Österreich	32
5	Italien	30
2	Luxemburg	29
12	Dänemark	24
5	Frankreich	23
4	Spanien	21
10	Schweden	20
8	USA	18
8	Finnland	16
6	Polen	15
6	Portugal	14
4	Griechenland	14
2	Tschechien	6
2	Ungarn	4

Stand 2007   Quelle: OECD   © Globus 2826

Wie passen alle meine beruflichen und privaten Lebensziele zusammen?

Vom gesellschaftlichen Wandel profitieren zumindest theoretisch die Frauen. Sie sind weit weniger denn je auf die Rolle der Hausfrau und Mutter festgelegt.

Nicht nur ihre eigene Berufstätigkeit ist heute selbstverständlich, sondern ihre Töchter bekommen auch keine schlechtere Schul- bzw. Berufsausbildung mehr als die Söhne.

Der eigene Beruf ermöglicht den Frauen die wirtschaftliche Unabhängigkeit vom Mann. Sie erwerben damit auch einen eigenen Rentenanspruch.

Allerdings läuft ihre Berufswahl und Berufsausbildung anders als die der Männer. Die Berufstätigkeit der Frauen konzentriert sich nach wie vor auf relativ wenige Berufsfelder mit Schwerpunkt im Dienstleistungsbereich und sie verdienen in der Regel weniger.

Frauen: gleichberechtigt, aber finanziell nicht gleich gestellt

Von den schulischen Noten und Abschlüssen her müssten Frauen ihren männlichen Kollegen bei den beruflichen Karrieren überlegen sein. Allerdings verdienen Frauen mit einem Vollzeitjob häufig immer noch deutlich weniger als Männer. Der Bruttostundenverdienst von Frauen lag dem Statistischen Bundesamt zufolge im Jahr 2007 um 23 Prozent niedriger als der von Männern. Dies bedeutet nicht, dass Frauen im selben Unternehmen für dieselbe Tätigkeit 23 Prozent weniger verdienten.

Vielmehr sind die Ursachen für den Verdienstabstand vielfältig. Frauen und Männer unterscheiden sich in der Wahl ihrer Berufe, Branchen und in der Erwerbsbiografie. Diese Unterschiede summieren sich beim Verdienst auf einen Unterschied von 23 Prozent.

Bei den Bildungsabschlüssen gibt es nur geringe Unterschiede zwischen Männern und Frauen. Beim Fachhochschulabschluss lagen nach den Ergebnissen der Verdienststrukturerhebung im Jahr 2006 die Männer vorne. Nur geringe Unterschiede gab es bei Abiturienten, Hauptschulabschlüssen bzw. bei der mittleren Reife.

Obwohl also keine großen Unterschiede beim Bildungsabschluss festzustellen waren, wurden Führungspositionen vornehmlich von Männern wahrgenommen. 70 Prozent der Beschäftigten in leitender Funktion waren im Jahr 2006 Männer. Während der durchschnittliche Bruttostundenverdienst für alle Beschäftigten 16,20 Euro betrug, wurden diese Führungskräfte mit 30,87 Euro entlohnt. Dies sind knapp 91 Prozent mehr als ein Durchschnittsverdiener hat.

Bruttojahresverdienste 2006 und ihre Verteilung nach Geschlecht

Berufsgruppen	Bruttoverdienst[1]	Männer in der Berufsgruppe[2]	Frauen in der Berufsgruppe[2]
	Euro	Prozent	
Ausgewählte Berufe mit hohen Verdiensten			
Geschäftsführer, Geschäftsbereichsleiter	91180	81,5	18,5
Rechtsvertreter, Rechtsberater	82161	63,9	36,1
Luftverkehrsberufe	77683	78,1	21,9
Unternehmensberater, Organisatoren	76240	71,4	28,6
(angestellte) Ärzte	75733	59,6	40,4
Chemiker, Chemieingenieure	75065	78,1	21,9
Ausgewählte Berufe mit niedrigen Verdiensten			
Friseure	15787	9,2	90,8
Wäscher, Plätter	20323	18,7	81,3
Glasreiniger, Gebäudereiniger	21317	43,8	56,2
Raumpfleger	21516	15,7	84,3
hauswirtschaftliche Betreuer	21685	5,7	94,3
Fleischhersteller, Wurstwarenhersteller	23333	64,7	35,3

1 Die Bruttojahresverdienste beziehen sich auf vollzeitbeschäftigte Arbeitnehmer/-innen.
2 Die Verteilung nach dem Geschlecht bezieht alle Arbeitnehmer/-innen ein.
Statistisches Bundesamt, STATmagazin, Verdienste und Arbeitskosten, 2008

Erhebliche Unterschiede zwischen den Geschlechtern gibt es auch bei der Wahl des Berufes. So lassen sich klassische Frauen- bzw. Männerberufe identifizieren, denen kaum das jeweils andere Geschlecht nachgeht. In Berufen mit hohen Bruttojahresverdiensten, wie zum Beispiel Luftverkehrsberufen, arbeiten deutlich mehr Männer als Frauen. Gut bezahlte Berufe sind somit immer noch Männersache. In schlecht bezahlten Berufen arbeiten umgekehrt überwiegend Frauen, z.B. als Friseurinnen oder Raumpflegerinnen.

Insgesamt steigt die Zahl der berufstätigen Frauen seit Jahrzehnten. Gleichzeitig hat die Zahl der von Frauen geleisteten Arbeitsstunden jedoch abgenommen. Der Grund: Mehr Frauen als je zuvor arbeiten als Teilzeitkräfte.

Häufige Zwickmühle für Frauen: Kinder oder Karriere?

Trotz des wachsenden Angebots an Teilzeitjobs ist das Grundproblem vieler Frauen nach wie vor ungelöst: die Pflichten in Beruf und Familie unter einen Hut zu bringen. In Umfragen erklären Männer und Frauen, dass berufliche Erfolge für beide Geschlechter gleich wichtig sind.

Aber in der Praxis scheint das Interesse an beruflichem Aufstieg eher ein Interesse der Männer zu sein – oder der Frauen, die auf Kinder verzichten. Die Hälfte der verheirateten Männer macht Karriere, aber nur ein Viertel der verheirateten Frauen. Das liegt vor allem daran, dass die meisten Frauen wegen der Kindererziehungszeiten zumindest befristet aus dem Berufsleben ausscheiden. Dieser Ausstieg hat ebenso wie die Teilzeitarbeit nur allzu oft einen Karriereknick zur Folge – und Einschnitte bei den eigenen Rentenansprüchen. Die Chancen für Frauen auf einen schnellen Wiedereinstieg ins Berufsleben steigen, wenn sie während ihrer Auszeit den Kontakt zum Arbeitgeber halten und Weiterbildungsangebote annehmen.

Insgesamt benötigen wir viele Kompetenzen in einer freien Wohlstandsgesellschaft wie unserer, um möglichst viele Lebensziele zu erreichen. Wir müssen selbst viel dazu tun, um beruflich und privat erfolgreich zu sein. Wir müssen unser/e eigene/r Unternehmer/in sein.

In welchem rechtlichen und wirtschaftlichen Rahmen können wir in der Bundesrepublik unser Leben gestalten?

Jeder Mensch hat Rechte zur Gestaltung seines Lebens und seiner Gesellschaft. Das ist heute so selbstverständlich, dass es uns oft erst bewusst wird, wenn wir uns ungerecht behandelt fühlen.

Das Fundament dieser Rechte bilden die **Grundrechte**, die im **Grundgesetz (GG)** für die Bundesrepublik Deutschland formuliert sind. Diese **Verfassung** verankert die Grundrechte im ersten Abschnitt, in den Artikeln 1 bis 19. Die Grundrechte können vor dem **Bundesverfassungsgericht** eingeklagt werden.

Manche Grundrechte beginnen mit den Worten: „Jeder hat das Recht, …". Dann handelt es sich um **Jedermannsrechte**, die für alle in Deutschland lebenden Menschen gelten. Die anderen Rechte beginnen mit: „Alle Deutschen haben das Recht …". Sie gelten nur für deutsche Staatsbürgerinnen und -bürger.

Im Artikel 6 des Grundgesetzes ist besonders der Schutz der Familie und der Ehe festgelegt. Hieraus ist die Forderung nach Unterstützung der Familie und der Mütter abgeleitet: die Familienpolitik.

Wir leben in einem **freiheitlichen und gleichzeitig sozialen Staat**, der viel **Selbstverantwortung** von Einzelnen für ihr Leben verlangt und gleichzeitig besonderen Gruppen wie den Familien Unterstützung anbietet.

Um diese gesellschaftlichen Errungenschaften zu erhalten, haben wir aber auch Verpflichtungen. Die wichtigste davon lautet, in Frieden zu leben.

Arten von Grundrechten

Schutz der Menschenwürde (Art. 1)		
↓	↓	↓
Freiheitsrechte	**Unverletzlichkeitsrechte**	**Gleichheitsrechte**
• Freiheit der Person (Art. 2) • Glaubens-, Gewissens-, Religionsfreiheit (Art. 4)	• Recht auf Leben (Art. 2) • Schutz von Ehe und Familie (Art. 6) • Brief-, Post- und Fernmeldegeheimnis (Art. 10) • Unverletzlichkeit der Wohnung (Art. 13) • Schutz des Eigentums (Art. 14–15)	• Gleichheit vor dem Gesetz (Art. 3) • Gleichberechtigung von Männern und Frauen (Art. 3)
• freie Meinungsäußerung (Art. 5) • Versammlungsfreiheit (Art. 8) • Vereinigungsfreiheit (Art. 9) • freie Berufswahl (Art. 12)		• Gleichheit der staatsbürgerlichen Rechte und Pflichten (Art. 33) • Gleichheit der Wahlstimmen (Art. 38)
• Petitionsrecht (Art. 17)		• Unzulässigkeit von Ausnahmegerichten (Art. 101)

Diese Rechte gelten nur für Deutsche.

Zum Querdenken

1. Welche Aussagen trifft das Grundgesetz der Bundesrepublik zu den Rechten eines Bürgers zur individuellen Lebensplanung?

2. Inwiefern hat der Bürger bzw. die Bürgerin auch Pflichten bei der Gestaltung seines/ihres Lebens?

3. Wie sollte der Staat Sie bei der Erfüllung Ihrer Träume unterstützen? Stellen Sie einen politischen Forderungskatalog auf.

Selbstverantwortliches und unternehmerisches Denken als Perspektive der Berufs- und Lebensplanung

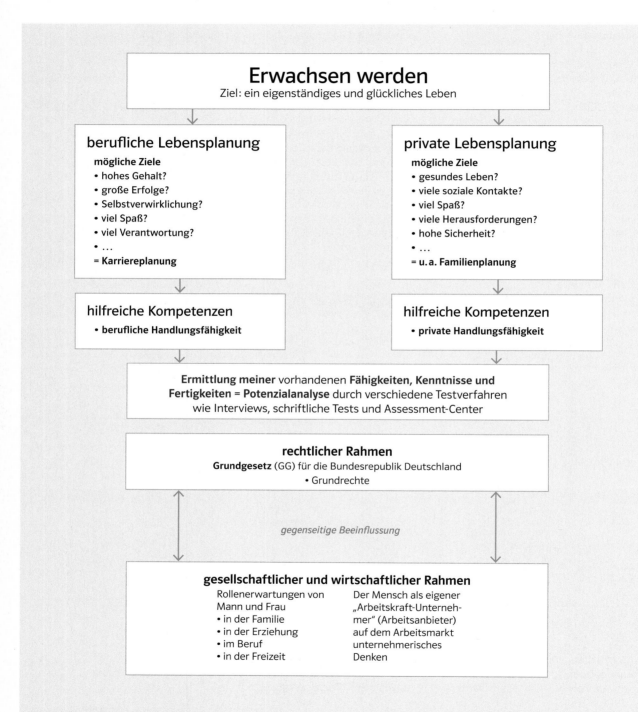

Erwachsen werden
Ziel: ein eigenständiges und glückliches Leben

berufliche Lebensplanung

mögliche Ziele
- hohes Gehalt?
- große Erfolge?
- Selbstverwirklichung?
- viel Spaß?
- viel Verantwortung?
- …

= **Karriereplanung**

private Lebensplanung

mögliche Ziele
- gesundes Leben?
- viele soziale Kontakte?
- viel Spaß?
- viele Herausforderungen?
- hohe Sicherheit?
- …

= **u. a. Familienplanung**

hilfreiche Kompetenzen
- **berufliche Handlungsfähigkeit**

hilfreiche Kompetenzen
- **private Handlungsfähigkeit**

Ermittlung meiner vorhandenen **Fähigkeiten, Kenntnisse und Fertigkeiten = Potenzialanalyse** durch verschiedene Testverfahren wie Interviews, schriftliche Tests und Assessment-Center

rechtlicher Rahmen
Grundgesetz (GG) für die Bundesrepublik Deutschland
- Grundrechte

gegenseitige Beeinflussung

gesellschaftlicher und wirtschaftlicher Rahmen

Rollenerwartungen von Mann und Frau
- in der Familie
- in der Erziehung
- im Beruf
- in der Freizeit

Der Mensch als eigener „Arbeitskraft-Unternehmer" (Arbeitsanbieter) auf dem Arbeitsmarkt unternehmerisches Denken

Prüfungsaufgaben

1. Nennen Sie jeweils zwei wesentliche Inhalte zu einem
a) Freiheitsrecht
b) Gleichheitsrecht
c) Schutzrecht
d) allgemeinen Bürgerrecht
des Grundgesetzes (GG)

2. Ein Bürger, der glaubt, dass der Staat seine Grundrechte verletzt, kann sich wenden an das
a) Bundesverfassungsgericht
b) zuständige Sozialgericht
c) Zivilgericht
d) Europäische Gericht
e) Amtsgericht

3. Nach Artikel 12 des Grundgesetzes haben alle Deutschen das Recht, Beruf und Ausbildungsstätte frei zu wählen.
Was ist damit gemeint?
a) Es gibt das Recht auf einen Ausbildungsplatz.
b) Es gibt das Recht auf einen Arbeitsplatz.
c) Die Ausbildungsstätte wird vom Staat zugewiesen.
d) Jede Berufsausbildung darf frei gewählt werden.
e) Jeder Beruf darf frei ausgeübt werden.

4. Was ist das Ziel einer Potenzialanalyse?
a) Die Potenzialanalyse prüft die Potenz des Mannes.
b) Die Potenzialanalyse will die persönlichen Stärken und Schwächen eines Menschen ermitteln.
c) Die Potenzialanalyse will die Stärken und Schwächen eines Arbeitsteams ermitteln.
d) Die Potenzialanalyse will dafür sorgen, dass Menschen immer wieder geprüft werden.
e) Die Potenzialanalyse ist ein Verfahren zur Musterung von Wehrpflichtigen bei der Bundeswehr.

5. Eine Karikatur und ihre Aussage:
a) Welche Botschaft hat diese Karikatur? Begründen Sie Ihre Aussagen.
b) Finden Sie eine aussagekräftige Überschrift zu der Karikatur.
c) Machen Sie Vorschläge, wie der Staat die väterliche Erziehung fördern kann. Begründen Sie Ihre Vorschläge kurz.

Methode: Metaplan-Technik

Erwachsen werden heißt: Selbst seine Ziele im Leben zu bestimmen, selbst die Weichen für die Zukunft zu stellen. Wie soll Ihre Zukunft aussehen?

Bauen Sie mit an Ihrer Zukunft und tauschen Sie sich mit anderen Klassenmitgliedern aus!

• Machen Sie sich zuerst alleine Gedanken über Ihre Lebensziele und führen Sie die unten erklärte Kartenabfrage für sich durch.

• Dann setzen Sie sich mit mehreren Klassenmitgliedern zusammen und stellen sich gegenseitig Ihre Karten vor.

• Entwickeln Sie daraus gemeinsam eine Übersicht zur Ausgangsfrage „Wie will ich leben?"

Die **Metaplan-Technik** ist eine Methode, die darauf abzielt, Gruppengespräche effektiv zu gestalten. Mit der Metaplan-Technik kommen Gespräche schneller zu Ergebnissen und die Teilnehmer und Teilnehmerinnen werden im Gesprächsprozess unmittelbar mit einbezogen. Somit berücksichtigt die Metaplan-Technik alle Meinungen innerhalb einer Gruppe. Um ein Thema mit der Metaplan-Technik moderieren zu können, benötigt man Veranschaulichungsmittel, um die Gedanken jedes Teilnehmers für die gesamte Gruppe sichtbar zu machen. Die benötigten Materialien sind:

• Pinnwand

• Packpapier, das auf die Pinnwand gesteckt wird und als Träger der Moderationskarten dient

• rechteckige, verschiedenfarbige Pappkartonkarten für Beiträge (Metaplankarten)

• ovale, farbige Karten für Anmerkungen

• runde, verschiedenfarbige Karten für Blocküberschriften

• Streifen für Überschriften

• Pinnnadeln zum Anstecken der Moderationskarten

• Filzstifte in unterschiedlichen Farben und Breiten

• kleine, verschiedenfarbige Bewertungspunkte.

Es gibt verschiedene Techniken der Metaplan-Methode. Im Folgenden werden die gängigsten Methoden vorgestellt.

a) **Kartenabfrage:** Diese Technik ist die am häufigsten angewendete Form in Verbindung mit der Metaplan-Technik. Eine Fragestellung wird als Überschrift an die Pinnwand geheftet. Jeder Teilnehmer wird gebeten, seine Äußerung zur Frage auf eine Karte zu schreiben. Pro Karte sollte nur ein Gedanke notiert werden. Die Karten werden eingesammelt, vorgelesen und an die Pinnwand geheftet. Dabei besteht die Möglichkeit, die Karten innerhalb des Gesprächs zu gruppieren. Der Moderator sollte dies aber nicht bestimmen, sondern die Gruppe befragen. Das Ziel dieses Verfahrens ist es, jedem Teilnehmer die Möglichkeit zu bieten, seine Meinung zu äußern. Alle Beiträge sind für jeden anschließend sichtbar.

b) **Zuruf-Frage:** Bei dieser Methode wird eine Fragestellung als Überschrift an die Pinnwand geheftet. Der Moderator schreibt die durch Zuruf der Teilnehmer erfolgten Beiträge auf Karten und heftet sie an die Pinnwand.

c) **Einpunkt-Fragen:** Diese Methode wird verwendet, wenn Teilnehmer durch das Kleben eines Punktes auf einer Skala ihre Meinung äußern sollen. Jeder Teilnehmer erhält einen Klebepunkt und soll mit diesem Punkt seinen Standpunkt verdeutlichen. Das Ziel dieser Methode ist es, einzelne Standpunkte in einer Gruppe zu visualisieren.

Bei der Kartenbeschriftung sollten Sie darauf achten, dass Sie die Karten …

• mit Druckbuchstaben,

• mit jeweils nur einem Gedanken,

• nur maximal dreizeilig und

• mit einem dunklen Stift beschriften, damit sie gut lesbar sind.

Eine Situation aus dem Leben:

Stellen Sie sich Mike und Vanessa vor.
Was erfahren wir über sie? Wie sehen die beiden jeweils das andere Geschlecht?
Stellen Sie sich Mike und Vanessa in zehn Jahren vor. Was würden die beiden dann sagen?

Eine Anregung: Sie können zuerst eine gemeinsame Kartenabfrage starten, um dann Ihre Ergebnisse in Form eines Textes zu verfassen. Sie können aber auch einen eigenen Text verfassen. Denkbar ist zudem, dass Sie Situationen spielen, in denen sich Vanessa und Mike in zehn Jahren befinden.

Vanessa (16 Jahre)
Wenn ich ein Junge wäre, würde ich nicht so glücklich sein. Wahrscheinlich wäre ich in der Schule schlecht. Ich würde nur einen Hauptschulabschluss bekommen und später mein Geld nur mühsam verdienen …
Meine Haare würden mit viel Gel gestylt sein. Wenn ich durch die Stadt gehen würde, würde ich den Frauen hinterher gucken, und zwar nicht ins Gesicht, sondern auf …

Mike (17 Jahre)
Wenn ich ein Mädchen wäre, würde ich sehr genervt sein.
Ich müsste ständig auf mein Äußeres achten … Ich hätte wahrscheinlich keine Ahnung von Technik.
Es wäre dann viel schwieriger, einen Job zu finden, vor allem wo ich viel Geld verdienen würde.
Wenn ich später heirate, würde ich vor allem Kinder kriegen und zu Hause sein. Ich würde dick werden und könnte nicht mehr unterwegs mit meinen Freunden sein.

3 Unternehmen und Verbraucher in Wirtschaft und Gesellschaft sowie im Rahmen weltwirtschaftlicher Verflechtungen

Rechtsform

Online-Link
882730-3100

Lernsituation:

Welche Rechtsform ist die richtige?

Familiensitzung im Hause Lensing. Paul Lensing, Inhaber einer großen Schreinerei, möchte in Zukunft aus Altersgründen nach und nach aus seinem Einzelunternehmen ausscheiden. Darüber spricht er mit seiner Frau und den beiden Söhnen Niklas und Jonas. Niklas, der bereits als Meister im elterlichen Betrieb arbeitet, soll nach der Vorstellung des Vaters das Unternehmen übernehmen. Jonas arbeitet als selbstständiger Architekt. Es soll eine Unternehmensform gefunden werden, welche die Interessen aller Beteiligten erfüllt.

Handlungsaufgaben:

Die Wahl der „richtigen" Unternehmensform ist von den Fragen abhängig, wer die Geschäfte führt, wie viel Kapital benötigt wird, wer für Schulden haftet, in welchem Umfang gehaftet wird, ...

Bestimmen Sie die neue Unternehmensform. Begründen Sie Ihre Entscheidung.

Betrieb, Firma oder Unternehmen?

Die Begriffe „Firma", „Betrieb" und „Unternehmen" werden im allgemeinen Sprachgebrauch häufig gleichgesetzt.

Rechtlich gesehen ist die Firma der Name, unter dem ein Unternehmen im **Handelsregister** eingetragen ist und unter dem Geschäfte geführt werden. Ein Betrieb ist die örtliche Produktionsstätte, in der die Güter hergestellt oder Dienstleistungen erbracht werden. Ein Unternehmen ist die eigenständige, rechtliche und wirtschaftliche Einheit.

Die Rechtsform eines Unternehmens

Die Entscheidung für eine Unternehmensform (=Rechtsform) kann durch die Art der Geschäftsleitung, die Haftung, die Gewinn- und Verlustrechnung oder durch die Art der Kapitalbeschaffung begründet sein. Unternehmen können von einem Einzelunternehmer (= Einzelunternehmen) oder von mehreren Personen (= Gesellschaftsunternehmen) gegründet und geführt werden. Das sind die wichtigsten Unternehmensformen:

Das **Einzelunternehmen** ist die klassische Rechtsform für klein- und mittelständische Unternehmen. Handwerksbetriebe, Einzelhandelsbetriebe und landwirtschaftliche Betriebe werden in erster Linie in dieser Unternehmensform geführt.

Das Einzelunternehmen wird vom Unternehmer allein geleitet. Der Unternehmer haftet allein für alle Schulden, und zwar unbeschränkt. Das bedeutet, dass er auch im schlimmsten Fall mit dem Verlust seines Privatvermögens rechnen muss. Bei der Finanzierung seines Unternehmens muss das Eigenkapital durch den Einzelunternehmer aufgebracht werden. Die Eigenkapitalbasis ist daher häufig gering, so dass es schwer fällt, ausreichend fremde Mittel (z. B. Bankkredite) zu bekommen. Ein Mindestkapital zur Gründung eines Einzelunternehmens ist nicht erforderlich. Der erwirtschaftete Gewinn steht dem Unternehmer zu.

Bei **Gesellschaftsunternehmen** kann der Zusammenschluss von Gesellschaftern aus unterschiedlichen Gründen erfolgen:
• Erhöhung des Eigenkapitals und dadurch höhere Kreditwürdigkeit bei den Banken
• Verteilung oder Ausschluss der Haftung
• Verteilung der Arbeitsbelastung
• Nachfolgeregelung im Unternehmen (z. B. aus Altersgründen, Erbfolge)
Je nachdem, ob die Person des Gesellschafters oder seine Kapitalbeteiligung im Vordergrund steht, wird zwischen Personen- und Kapitalgesellschaften unterschieden.
Schließen sich zwei oder mehrere Personen zusammen, um gemeinsam ein Unternehmen

Handelsgesetzbuch HGB §1

Kaufmann im Sinne dieses Gesetzbuchs ist, wer ein Handelsgewerbe betreibt. Handelsgewerbe ist jeder Gewerbebetrieb, es sei denn, dass das Unternehmen nach Art oder Umfang einen in kaufmännischer Weise eingerichteten Geschäftsbetrieb nicht erfordert.

zu betreiben, so bilden sie eine **Personenge-sellschaft**, wenn mindestens eine Person mit ihrem Geschäfts- und Privatvermögen (unbeschränkt) haftet.

Zu den Personengesellschaften zählt die **Gesellschaft bürgerlichen Rechts (GbR)**. Die GbR entsteht durch den Abschluss eines Gesellschaftsvertrages (mündlich oder schriftlich) von mindestens zwei Personen. In diesem verpflichten sich die Gesellschafter gegenseitig, die Erreichung eines gemeinsamen Zwecks zu fördern und die vereinbarten Beiträge zu leisten. Die GbR ist eine einfache und unkomplizierte Rechtsform. Sie wird nicht ins Handelsregister eingetragen und betätigt sich nicht im kaufmännischen Bereich. Beispiele sind Arbeitsgemeinschaften im Baubereich oder Gemeinschaftspraxen von Ärzten.

Rechtsgrundlage ist das BGB. Danach müssen alle Gesellschafter den abzuschließenden Geschäften zustimmen und auch gemeinsam festlegen, wer die Gesellschaft nach außen vertritt.

In einem Gesellschaftervertrag kann die Geschäftsführung und die Vertretungsbefugnis einer Person übertragen werden. Ist vertraglich nichts anderes festgelegt, so erhält jeder Gesellschafter den gleichen Anteil an Gewinn und Verlust.

Auch die **Offene Handelsgesellschaft (OHG)** ist eine Personengesellschaft. Gegründet wird die OHG von mindestens zwei Gesellschaftern, die gemeinsam das Kapital aufbringen. Für die Kapitaleinlage ist eine Mindesthöhe nicht vorgeschrieben und sie muss nicht zu gleichen Teilen erfolgen. Der Abschluss eines Gesellschaftsvertrags ist üblich und im Gegensatz zur GbR ist die Eintragung in das Handelsregister (wird beim Amtsgericht geführt) zwingend vorgeschrieben.

Gesellschaftsunternehmen	
Personengesellschaften	**Kapitalgesellschaften**
• GbR	• AG
• OHG	• GmbH
• GmbH & Co KG	
• KG	

Die Eintragungspflicht gilt auch für die nachfolgend beschriebenen Unternehmensformen.

Jeder Gesellschafter der OHG ist zur Geschäftsführung und **Vertretung** berechtigt. Die Gewinnverteilung erfolgt zunächst durch eine vierprozentige Verzinsung der Kapitalanteile. Der Restgewinn wird genau wie entstandene Verluste nach Köpfen, zu gleichen Teilen verteilt.

Aufgrund der besonderen Haftung der Gesellschafter ist die OHG besonders kreditwürdig. Jeder Gesellschafter haftet unbeschränkt. Darüber hinaus haften die Gesellschafter solidarisch. Jeder muss für die Geschäfte der anderen Gesellschafter einstehen. Da alle Gesellschafter unmittelbar haften, kann ein Gläubiger auswählen, welchen Gesellschafter er zur Haftung heranziehen möchte.

Ebenfalls zu den Personengesellschaften zählt die **Kommanditgesellschaft (KG)**. Kennzeichnend für die KG ist die Unterscheidung der Gesellschafter in Komplementäre (Vollhafter) und Kommanditisten (Teilhafter). Komplementäre haften unbeschränkt (auch mit dem Privatvermögen) und gesamtschuldnerisch für die gesamten Schulden der Kommanditgesellschaft. Kommanditisten dagegen haften nur beschränkt, d.h. nur mit ihrer Kapitaleinlage.

Dieser Unterschied spiegelt sich in der Unternehmensleitung wider. Nur die Komplementäre sind zur Geschäftsführung und Vertretung berechtigt. Die Kommanditisten besitzen lediglich ein Kontrollrecht. Sie können Einsicht in die Bücher und in die Jahresbilanz verlangen und diese auf ihre Richtigkeit hin überprüfen. Die Einzelheiten der Zusammenarbeit werden in einem Gesellschaftsvertrag (KG-Vertrag) geregelt.

Der Gewinn der KG wird zunächst mit einer vierprozentigen Verzinsung der Kapitaleinlagen auf die Gesellschafter verteilt. Die Auf-

---

Die Rechtsgrundlage für die Gesellschaft Bürgerlichen Rechts liefert das Bürgerliche Gesetzbuch, BGB §§ 705 ff.

Vertretung
das Recht, die Firma nach außen zu vertreten und Geschäfte abzuschließen
Die Rechtsgrundlage für die Offene Handelsgesellschaft ist im Handelsgesetzbuch verankert, unter HGB §§ 105 ff.

Die Rechtsgrundlage für die Kommanditgesellschaft liefert das Handelsgesetzbuch, HGB §§ 161 ff.

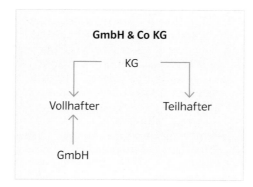

Kommanditgesellschaft

Komplementär
- unbeschränkte und gesamtschuldnerische Haftung
- Geschäftsführung

Kommanditist
- beschränkte Haftung
- Kontrollrecht

GmbH-Gesetz (GmbHG) §1
Gesellschaften mit beschränkter Haftung können nach Maßgabe der Bestimmungen dieses Gesetzes zu jedem gesetzlich zulässigen Zweck durch eine oder mehrere Personen errichtet werden.

teilung weiterer Gewinne erfolgt in angemessenem Verhältnis und ist z. B. von höheren Haftungsrisiken und der eingebrachten Arbeitsleistung abhängig.

Eine besondere Form der Kommanditgesellschaft ist die **GmbH & Co KG**. Es handelt sich bei dieser Rechtsform um eine KG, bei der eine bereits bestehende GmbH als Vollhafter eingesetzt wird. Die Geschäfte leitet der Geschäftsführer der eingesetzten GmbH.

Die Besonderheit dieser Unternehmensform liegt darin, dass die Gesellschafter nicht mehr mit dem Privatvermögen haften. Daher ist die Kreditwürdigkeit eher als gering einzuschätzen.

Bei den **Kapitalgesellschaften** steht das aufgebrachte Kapital, und nicht die gemeinsame Mitarbeit der Gesellschafter im Vordergrund. Zu den Kapitalgesellschaften zählt die GmbH.

GmbH & Co KG

KG

Vollhafter   Teilhafter

GmbH

Zur Gründung einer klassischen **Gesellschaft mit beschränkter Haftung (GmbH)** muss ein Mindestkapital (Stammkapital) von 25 000 € vorliegen. Die GmbH hat einen oder mehrere Geschäftsführer, die das Unternehmen leiten. Die Gesellschafterversammlung bestimmt und kontrolliert die Geschäftsführung und entscheidet u. a. über die Verwendung des Jahresgewinnes.

Die Haftung der GmbH ist auf das Gesellschaftsvermögen und damit auf den Ge-

schäftsanteil jedes Gesellschafters beschränkt. Auch die Gewinnverteilung erfolgt im Verhältnis der Geschäftsanteile, wobei der Gesellschaftsvertrag einen anderen Maßstab der Verteilung festlegen kann.

Aufgrund der Haftungsbeschränkung erfreut sich die Rechtsform der GmbH einerseits bei Unternehmensgründungen und Umwand-

lungen großer Beliebtheit. Andererseits wird dadurch die Beschaffung von Krediten erschwert.

Seit November 2008 besteht darüber hinaus die Möglichkeit, eine Gesellschaft mit beschränkter Haftung ohne Mindeststammkapital bzw. mit einem Stammkapital ab 1 Euro zu gründen. Die Gesellschaft muss mit dem Rechtsformzusatz Unternehmergesellschaft (haftungsbeschränkt) oder UG (haftungsbeschränkt) geführt werden.

Wenn ein Unternehmen, wie eine KG ständig wächst, reicht das Eigenkapital der Gesellschafter für notwendige Investitionen, z. B. Maschinen oder Fertigungsstätten, oft nicht mehr aus. Dann ist zu überlegen, ob das Unternehmen nicht in eine **Aktiengesellschaft (AG)** umgewandelt werden soll. Das Unternehmen bietet dabei mithilfe von Kreditinstituten den neuen Kapitalgebern die Unternehmensanteile in Form von Aktien an. Die Aktiengesellschaft erhält die gezahlten Beträge und verfügt dadurch über zusätzliche eigene finanzielle Mittel.

Organe der AG

leitendes Organ	Vorstand	*wählen 1/3 bzw. 1/2 der Mitglieder des Aufsichtsrates*
	↑ *bestellt*	
überwachendes Organ	Aufsichtsrat ←	
	↑ *wählt*	
beschließendes Organ	Hauptversammlung	Mitarbeiter

Wahl des Aufsichtsrats
Anzahl der dort vertretenen Arbeitnehmer wird durch Mitbestimmungsgesetze geregelt

Bei der Gründung einer Aktiengesellschaft muss das Eigenkapital (Stammkapital) mindestens 50 000 € betragen.

Aktionäre haben als Miteigentümer der AG Eigentumsrechte. Sie sind anteilsmäßig am Jahresgewinn beteiligt (Ausschüttung des Gewinns = Dividende). Sie haben auch das Recht, an Abstimmungen der Aktionäre (Hauptversammlung) teilzunehmen. Geht die AG in Konkurs, verlieren die Aktionäre den Kaufpreis für ihre Aktien. Sie haften nicht mit ihrem Privatvermögen und müssen auch keine nachträglichen Zahlungen leisten. Die Aktionäre können ihre Aktien jederzeit mithilfe von Kreditinstituten an der Wertpapierbörse zum jeweiligen **Kurswert** verkaufen.

Die AG erhält dabei kein zusätzliches Kapital, da nur ein Eigentümerwechsel vorgenommen wird. Da sich der Kurswert ständig verändert, können Aktionäre durch den Kauf oder Verkauf ihrer Anteilsscheine Gewinne, aber auch Verluste erzielen. Aktionär kann jeder schon mit kleinen Summen werden.

Da die Aktien einer AG oft auf Tausende von Aktionären verteilt sind, musste ein Weg gefunden werden, um solche Großunternehmen zu führen. Dazu hat man die AG mit folgenden Organen ausgestattet:

Die **Hauptversammlung** ist die Vertretung der Eigentümer, zu der mindestens einmal im Jahr alle Aktionäre eingeladen werden. Dabei werden die Beschlüsse gefasst, die für das Unternehmen von grundlegender Bedeutung sind (z. B. Verwendung des Bilanzgewinns, Satzungsänderung, Wahl des Aufsichtsrates). Jeder Aktionär hat ein Stimmrecht pro Aktie.

Der **Aufsichtsrat** bestellt (= wählt), überwacht und berät den **Vorstand**. Der Vorstand leitet die Geschäfte der Aktiengesellschaft.

Kaufpreis für eine Aktie
Kurswert, ergibt sich aus Angebot und Nachfrage an der Börse

Aktiengesetz (AktG) §1
Die Aktiengesellschaft ist eine Gesellschaft mit eigener Rechtspersönlichkeit. Für die Verbindlichkeiten der Gesellschaft steht nur das Gesellschaftsvermögen zur Verfügung.
Die Aktiengesellschaft hat ein in Aktien zerlegtes Grundkapital.

Zum Querdenken

1. Recherchieren Sie, welche Aufgaben öffentliche Unternehmen in Ihrer Gemeinde/ Stadt übernehmen. Sollten diese Aufgaben Ihrer Meinung nach von Privatunternehmen durchgeführt werden? Begründen Sie Ihre Entscheidung.

2. Der Staat fördert die Vermögensbildung der Bürger in Form der Beteiligung an Aktiengesellschaften (Aktienfonds). Warum tut er das? ▶ S. 64

Unternehmensformen

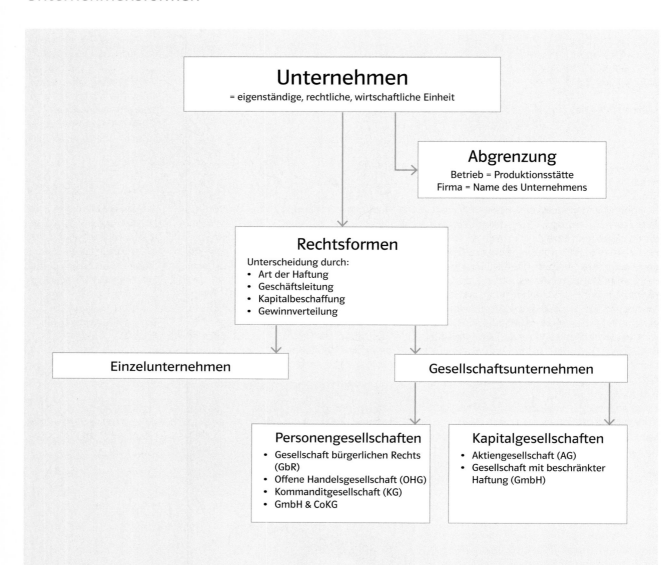

Unternehmen
= eigenständige, rechtliche, wirtschaftliche Einheit

Abgrenzung
Betrieb = Produktionsstätte
Firma = Name des Unternehmens

Rechtsformen
Unterscheidung durch:
- Art der Haftung
- Geschäftsleitung
- Kapitalbeschaffung
- Gewinnverteilung

Einzelunternehmen

Gesellschaftsunternehmen

Personengesellschaften
- Gesellschaft bürgerlichen Rechts (GbR)
- Offene Handelsgesellschaft (OHG)
- Kommanditgesellschaft (KG)
- GmbH & CoKG

Kapitalgesellschaften
- Aktiengesellschaft (AG)
- Gesellschaft mit beschränkter Haftung (GmbH)

Aufgaben, Aufbau und Ziele von Unternehmen

Lernsituation:

Ein Unternehmen wird gekauft – Ursachen und Folgen

Petra ist Auszubildende zur Zerspanungsmechanikerin bei der Rieger AG. Das Unternehmen gehört zur metallverarbeitenden Branche und ist im Bereich der Antriebstechnik tätig. Als Petra am Morgen den Aufenthaltsraum betritt, sind die Mitarbeiter der Abteilung in heller Aufregung. Völlig unerwartet ist bekannt geworden, dass die Radloff AG, bisher größter Konkurrent der Rieger AG, die Aktienmehrheit des Unternehmens mit 51% übernommen hat. Die Mitarbeiter befürchten, dass in Zukunft mit einigen Veränderungen bei der Rieger AG zu rechnen ist.

Handlungsaufgaben:

Nehmen Sie eine Bewertung der Übernahme der Rieger AG durch die Radloff AG vor.

1. Stellen Sie Vermutungen über die Ursachen der Übernahme an.

2. Bestimmen Sie die Art des Unternehmenszusammenschlusses.

3. Prüfen Sie, inwieweit sich die wirtschaftliche und rechtliche Selbstständigkeit der Rieger AG durch den Zusammenschluss verändert.

4. Zeigen Sie mögliche Veränderungen in der Aufbauorganisation der Rieger AG auf.

Organigramm der Rieger AG

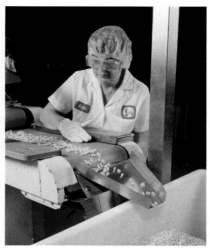

Vielfalt der Unternehmen

In Deutschland wurden im Jahr 2008 mehr als 3 Mio. Unternehmen registriert, die Güter und Dienstleistungen im Wert von 2 492 Mrd. Euro produzierten und bereitstellten, die 40,33 Mio. Arbeitnehmer beschäftigten und die in den unterschiedlichsten Wirtschaftssektoren (Landwirtschaft, Dienstleistung, Industrie, Handwerk) tätig waren.

Dabei verfolgen Unternehmen unterschiedliche Ziele:

Unternehmensziele

Privatunternehmen arbeiten nach dem **erwerbswirtschaftlichen Prinzip**, d. h. sie produzieren Güter oder bieten Dienstleistungen an, um einen möglichst hohen Gewinn zu erzielen. Der Gewinn fließt den Eigentümern zu.

Öffentliche Unternehmen (sie gehören dem Bund, dem Land oder den Gemeinden) arbeiten nach dem **Bedarfsdeckungsprinzip**. Vorrangiges Ziel ist es, die Versorgung der Bevölkerung in den Bereichen sicherzustellen, an denen private Anbieter kein Interesse haben, oder man will diese Aufgaben dem privaten Gewinnstreben nicht überlassen. Die Leistungen sollen kostendeckend (z. B. Müllabfuhr) angeboten oder es soll ein angemessener Gewinn erwirtschaftet werden (z. B. Sparkassen, öffentliche Energieversorgungsunternehmen). Verkehrsbetriebe im öffentlichen Nahverkehr oder Museen und Theater können ihre Leistungen nicht zu einem kostendeckenden Preis anbieten. Sie versuchen, Verluste so gering wie möglich zu halten.

Genossenschaften verfolgen das Ziel, durch ein gemeinsames Unternehmen für ihre Mitglieder **wirtschaftliche Vorteile** zu erzielen. Es gibt verschiedene Arten von Genossenschaften mit unterschiedlichen Zielen:
• im Bankenwesen (Volksbanken), Ziel: die Gewährung günstiger Kredite
• im Bauwesen (örtliche Wohnungsbaugesellschaften), Ziel: der Bau und die Vermietung günstigen Wohnraums
• in der Versicherungswirtschaft, Ziel: kostengünstige Versicherungen
• in der Vermarktung landwirtschaftlicher Produkte (Winzergenossenschaften), Ziel: Unabhängigkeit, mehr Freiraum bei Preisgestaltung
• in Handel und Handwerk durch den gemeinsamen Einkauf (Edeka, Bäcker), Ziel: Preisvorteile bei Herstellern.

...alles für Bäcker und Konditoren BÄKO

Betriebliche Kennzahlen

Häufig müssen Betriebe verglichen werden. Geschäftsführung, Anleger und Kreditgeber wollen sich, bevor sie eine Entscheidung treffen, ein Bild über den Leistungsstand des Unternehmens machen. Anhand von Kennzahlen lässt sich eine Bewertung durchführen.

Beispiel:
Am Ende des Geschäftsjahres der Schreinerei Pattberg, einem Hersteller von Küchen, liegen folgende Zahlen vor:

Anzahl der hergestellten Küchen: 150
Mitarbeiter 5
Ertrag 2 500 000 €
Aufwand 2 000 000 €
Gewinn 500 000 €
Eigenkapital 5 000 000 €
(von Eigentümern investiertes Kapital)

Die Höhe des erwirtschafteten Gewinns in einer Periode (z. B. ein Jahr) wird ins Verhältnis gesetzt zum eingebrachten Kapital.

$$\text{Rentabilität} = \frac{\text{Gewinn} \times 100}{\text{Eigenkapital}}$$

$$= \frac{500\,000 \times 100}{5\,000\,000}$$

$$= 10\,\%$$

Das eingesetzte Kapital wird mit 10 % verzinst.

Die **Rentabilität** bringt zum Ausdruck, in welchem Maße sich aus Sicht des Eigentümers der Einsatz von Kapital in seinem Unternehmen gelohnt (rentiert oder verzinst) hat. Zu vergleichen ist dieser Wert mit der Rendite anderer Anlageformen (z. B. Spareinlagen) oder mit der Rendite, die Unternehmen der gleichen Branche (Branchendurchschnitt) erzielt haben.

Produktivität Die Leistungserstellung erfolgt durch den Einsatz von Kapital (z. B. Maschinen) und Arbeitskräften. Die Produktivität drückt die Ergiebigkeit dieser Faktoren aus.

$$\text{Arbeits-produktivität} = \frac{\text{Produktionsmenge}}{\text{Anzahl der Beschäftigten}}$$

$$= \frac{150}{5}$$

$$= 30$$

Pro Mitarbeiter werden im Jahr 30 Küchen produziert.

Alle Maßnahmen (Rationalisierung), die zu einer Leistungssteigerung und Kostensenkung beitragen, erhöhen die Produktivität. Zu den Maßnahmen gehören u. a.: flexible Arbeitszeiten, Qualifizierung der Mitarbeiter, höhere Maschinenauslastung, automatische Fertigung, Abbau der Mitarbeiterzahl.

Die **Wirtschaftlichkeit** eines Betriebes lässt sich aus dem Verhältnis seiner Erträge (Umsatzerlöse) zu seinen Aufwendungen (z. B. Löhne, Material, Wertverlust der Maschinen, Miete) ermitteln. Die Wirtschaftlichkeit misst den Wert der geschaffenen Leistung.

$$\text{Wirtschaftlichkeit} = \frac{\text{Ertrag}}{\text{Aufwand}}$$

$$= \frac{2\,500\,000 \,€}{2\,000\,000 \,€}$$

$$= 1{,}25\,€$$

Die Erträge, die jeweils auf einen Euro Aufwand entfallen, liegen bei 1,25 €.

Unternehmensstrukturen

An der Herstellung eines Produktes wirken in größeren Unternehmen unterschiedliche Abteilungen direkt oder unterstützend mit.

Damit alles optimal abläuft, müssen die Arbeitsvorgänge und Tätigkeiten in einer vorher festgelegten Ordnung aufeinander abgestimmt sein. Die **Aufbauorganisation** legt zu diesem Zweck fest, wer innerhalb eines Unternehmens für welche Aufgabe zuständig ist und wie die Zusammenarbeit untereinander geregelt wird. Anhand eines **Organigramms**

Die **Produktivität** lässt sich auch anhand des eingesetzten Kapitals messen:

Kapitalproduktivität

$$= \frac{\text{Produktionsmenge}}{\text{Kapital}}$$

und anhand der genutzten Fläche:

Flächenproduktivität

$$= \frac{\text{Produktionsmenge}}{\text{Fläche}}$$

Abteilungen	Tätigkeiten
Einkauf	Materialbedarf ermitteln, Bestellungen auslösen, Materialien lagern
Fertigung	Arbeitspläne erstellen, Fertigungsabläufe organisieren, Produktion von Gütern
Absatz	Vertrieb der Waren, Einsatz der Marketinginstrumente
Personal	Personalbedarf feststellen, Bewerber auswählen, Lohn- und Gehaltsabrechnung, Fortbildungsangebote organisieren
Finanzen	Versorgung mit finanziellen Mitteln, Sicherstellung der Zahlungsfähigkeit (Liquidität), Begleichung und Erstellung der Rechnungen
Logistik	Material- und Informationsfluss im Material-, Produktions- und Absatzbereich organisieren

wird dieser Aufbau sichtbar gemacht. Darüber hinaus wird erkennbar, wer wem unterstellt ist (Weisungsbefugnis).

Organisationsformen

Die folgenden drei Organisationsformen geben einen Überblick über den unterschiedlichen Aufbau von Unternehmen.

Das **Liniensystem** ist so aufgebaut, dass von der Führungsspitze ausgehend über die Abteilungs-, Schicht- und Gruppenleiter bis hin zu den Facharbeitern eine Weisungslinie verläuft. Weisungen und Anordnungen erhalten die jeweiligen Mitarbeiter nur von direkten Vorgesetzten. An sie können sich die Stelleninhaber mit Vorschlägen oder Meldungen wenden.

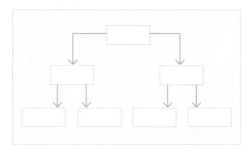

Beim Liniensystem bildet man Abteilungen in erster Linie nach ihrer Hauptaufgabe (oder Funktion), z.B. die Abteilung Einkauf, die die Beschaffung der Einkaufsteile für alle Produkte regelt. Es gibt aber auch die Möglichkeit, Abteilungen nach der **Produktorientierung/Spartenorganisation** aufzubauen. Vor allem in Großbetrieben lassen sich unterschiedliche Produktionszweige (Sparten) vollkommen unabhängig voneinander (aber unter gemeinsamer Leitung) organisieren. So wird z.B. ein Bereich für Getriebe in Verkehrstechnik und ein Bereich für Getriebe in Windkraftanlagen aufgebaut. Diesen Sparten werden die notwendigen Abteilungen zugeordnet: u.a. Einkauf, Konstruktion, Fertigung, Verkauf. Der Leiter oder die Leiterin des Produktionszweiges untersteht direkt der Geschäftsleitung.

Unternehmen, die ihre Kundenaufträge in Form eines Projektes (z.B. den Bau eines Kraftwerkes oder Staudamms) durchführen, bedienen sich häufig der **Matrixorganisation**. Mitarbeiter werden dabei für die Dauer des Projektes aus ihren Abteilungen (Konstruktion, Fertigung usw.) herausgezogen und den jeweiligen Projektleitern unterstellt.

	For-schung	Ferti-gung	Einkauf	Absatz
Projekt A	↓		↓	↓
Projekt B		↓	↓	↓

Beim Projekt A könnten Mitarbeiter aus den Abteilungen Forschung, Einkauf und Absatz zugeordnet werden, beim Projekt B Mitarbeiter aus den Abteilungen Fertigung, Einkauf und Absatz.

Unternehmen haben neben einer Aufbau- auch eine **Ablauforganisation**. Aufgabe der Ablauforganisation ist die Planung, Gestaltung und Steuerung der zeitlichen und räumlichen Reihenfolge von Arbeitsvorgängen. Anders ausgedrückt: Sie regelt innerhalb eines Betriebes, wer zu welchem Zeitpunkt, wo, mithilfe welcher Maschinen und in Zusammenarbeit mit welchen Mitarbeitern welche Arbeit verrichten soll. Die Ablauforganisation sorgt somit für eine gleichmäßige Auslastung von Menschen und Maschinen.

Wirtschaftliche Verflechtungen

Viele Unternehmen haben sich in den vergangenen Jahren zusammengeschlossen. Zu den Ursachen gehören:
• Ausbau der Marktanteile, um die Wettbewerbsposition zu stärken.
• Kostensenkung durch rationellere Produktion (Automation). Durch die Produktion in größeren Stückzahlen können niedrigere

Darstellung der Ablauforganisation in Form eines Arbeitsplans

Gegenstand: Küche Lechner Auftrags-Nr.: 87/09

Arbeitsplan Nr. 87 Menge: 1

Arbeitsfolge	Arbeitsgang	Betriebsmittel	Zeitvorgaben
Zuschneiden der Holzteile: • Außenfronten	1	Zuschneidemaschine	4 Std.
• Innenteile	2	Zuschneidemaschine	8 Std.
Verarbeitung der Kanten	3	Kantenanleimmaschine	4 Std.
Bohrungen/ Aussparungen	4	Bohr- und Fräsmaschine	6 Std.
Rückwände nuten	5	Fräsmaschine	2 Std.
Schleifen (Außenfronten)	6	Schleifmaschine	4 Std.
Lackieren der Außenfronten	7	Spritzmaschine	12 Std.
Montage Innenteile	8		12 Std.
Montage Außenteile	9		4 Std.

Stückkosten entstehen. (Kostenrechnung ✎) Die Ausnutzung der Mengenrabatte beim Einkauf größerer Mengen ist der wichtigste Grund, warum man im Einzelhandel größere Unternehmenseinheiten schaffen will.
• Kostenintensive Forschung ist nur noch von großen Unternehmen durchzuführen.
• Einsatz modernster Technologie im Bereich der Planung, Steuerung und Kontrolle sowie im Vertrieb
• Verminderung des unternehmerischen Risikos durch geringere Konkurrenz
• Erweiterung des Eigenkapitals und somit höhere Kreditwürdigkeit

Formen des Unternehmenszusammenschlusses

Behalten die Unternehmen beim Zusammenschluss ihre wirtschaftliche Selbstständigkeit ganz oder weitestgehend, so bezeichnet man dies als Kooperation. Bei Verlust der wirtschaftlichen Selbstständigkeit spricht man von einem verbundenen Unternehmen (z. B. Konzern). Wenn die beteiligten Unternehmen sowohl die rechtliche als auch die wirtschaftliche Selbstständigkeit verlieren, entsteht ein Trust.
Kooperationen sind eine Interessengemeinschaft. Rechtlich selbstständige Unternehmen verfolgen gemeinschaftlich bestimmte wirtschaftliche Interessen. Diese Interessen können u. a. darin bestehen, gemeinsam Forschungs- und Entwicklungsarbeit zu leisten (z. B. zwei Elektrounternehmen entwickeln gemeinsam einen neuen Computerchip) oder gemeinsam Werbung zu betreiben (z. B. Winzer einer Region).

Unternehmenszusammenschluss	Selbstständigkeit	
	wirtschaftlich	rechtlich
Kooperation	bleibt erhalten	bleibt erhalten
Konzern	geht verloren	bleibt erhalten
Trust/Fusion	geht verloren	geht verloren

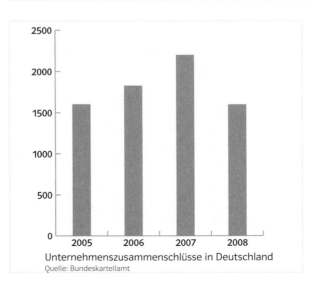

Unternehmenszusammenschlüsse in Deutschland
Quelle: Bundeskartellamt

Bei einem **Kartell** schließen gleichartige Unternehmen sich durch einen Vertrag zusammen. Dabei bleiben sie rechtlich selbstständig, geben aber ihre wirtschaftliche Selbstständigkeit teilweise auf.
Das Kartellamt verbietet jedoch Preisabsprachen (Preiskartell), die Aufteilung eines Absatzgebietes (Gebietskartell) und die Vereinbarung über bestimmte Produktionsmengen (Quoten- oder Mengenkartell), um Nachteile für Verbraucher zu verhindern.

Ein **Konzern** entsteht, wenn ein Unternehmen die Mehrheit am Kapital (z. B. mehr als 50 % des Aktienkapitals) eines anderen Unternehmens erwirbt, das rechtlich selbstständig bleibt, aber seine wirtschaftliche Selbstständigkeit verliert. Unternehmen, welche andere beherrschen, bezeichnet man als Muttergesellschaften, die abhängigen als Tochtergesellschaften. Konzerne, die im Ausland Tochtergesellschaften haben, bezeichnet man als multinationale Konzerne.
Beim **Trust** oder der **Fusion** verliert das aufgekaufte Unternehmen die rechtliche und wirtschaftliche Selbstständigkeit. Die Firma erlischt, indem das gesamte Vermögen in der anderen aufgeht, oder es entsteht durch Zusammenschluss der beteiligten Untenehmen ein neues Unternehmen. Bei einem Trust oder Konzern können folgende Arten des Zusammenschlusses vorliegen:

Arten von Zusammenschlüssen

horizontaler Zusammenschluss
(Unternehmen auf derselben Produktionsstufe)

| Brauerei | — | Brauerei | — | Brauerei |

diagonaler Zusammenschluss
(Unternehmen unterschiedlichster Branchen und Produktionsstufen)

Verlag — Brauerei
Schreinerei

vertikaler Zusammenschluss
(Unternehmen auf nachfolgender Produktionsstufe)

Verlag
Papierfabrik
Sägewerk

Zum Querdenken

Wenn Großunternehmen mit Milliardenumsätzen das Bild einzelner Wirtschaftsbereiche bestimmen, besteht die Gefahr, dass diese Unternehmen, zumindest auf Teilmärkten, marktbeherrschend werden und z. B. die Preise nach Belieben festsetzen können, weil die Konkurrenz fehlt. Bestimmen Sie weitere Gefahren, die sich für den Verbraucher aus der Unternehmenskonzentration ergeben können.

Ziele, Organisation und Verflechtung von Unternehmen

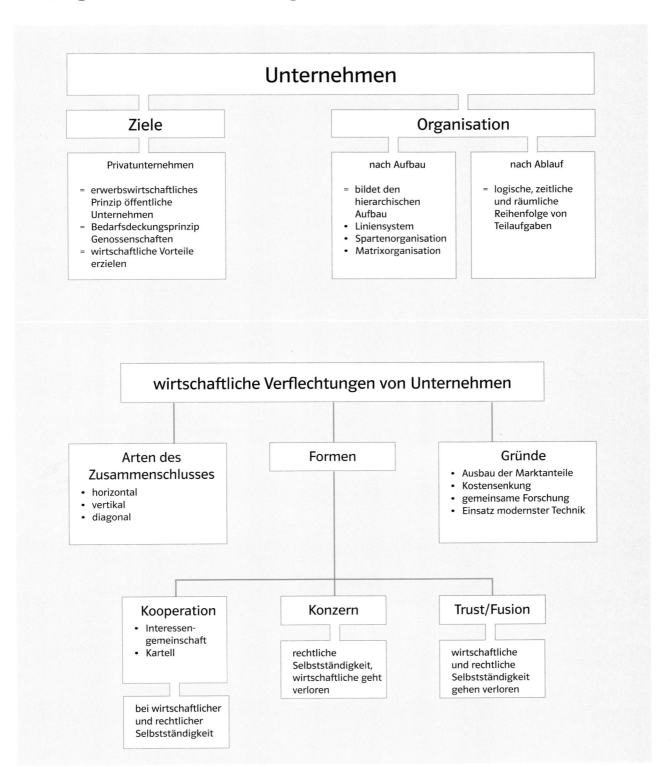

Unternehmen

Ziele

Privatunternehmen

= erwerbswirtschaftliches Prinzip öffentliche Unternehmen
= Bedarfsdeckungsprinzip Genossenschaften
= wirtschaftliche Vorteile erzielen

Organisation

nach Aufbau

= bildet den hierarchischen Aufbau
• Liniensystem
• Spartenorganisation
• Matrixorganisation

nach Ablauf

= logische, zeitliche und räumliche Reihenfolge von Teilaufgaben

wirtschaftliche Verflechtungen von Unternehmen

Arten des Zusammenschlusses
• horizontal
• vertikal
• diagonal

Formen

Gründe
• Ausbau der Marktanteile
• Kostensenkung
• gemeinsame Forschung
• Einsatz modernster Technik

Kooperation
• Interessengemeinschaft
• Kartell

bei wirtschaftlicher und rechtlicher Selbstständigkeit

Konzern

rechtliche Selbstständigkeit, wirtschaftliche geht verloren

Trust/Fusion

wirtschaftliche und rechtliche Selbstständigkeit gehen verloren

Methode: Gruppenpuzzle

Wie kann ich Unternehmensformen vergleichen?

Beim Gruppenpuzzle/Expertenmethode wird mit doppelter Gruppenstruktur gearbeitet, mit den Expertengruppen und den Stammgruppen. Die Hauptwirkung besteht darin, dass ein Mitglied in den Stammgruppen aktiv seinen Teil einbringen kann, nachdem alle sich einen Expertinnen-/Experten-Status erarbeitet haben. Es kommt so zu einer intensiven Arbeit und interessanten Diskussion.

1. Schritt:
in Stammgruppen

Grundinformationen mit Problemstellung
Die Klasse wird in Stammgruppen aufgeteilt, allgemeiner Arbeitsauftrag wird vorgestellt.

2. Schritt:
in Expertengruppen

Erarbeitung/Verarbeitung eines Teilaspektes eines Themas
(mind. so viele Expertengruppen wie zu bearbeitende Teilaspekte)
- Alle Teilnehmer mit der gleichen Farbe/ Zahl/ dem gleichen Symbol bilden die Expertengruppe.
- Jeder Teilnehmer erarbeitet sich den Text (Einzel-, Gruppenarbeit).

3. Schritt:
in Stammgruppen

Erarbeitung des Gesamtthemas
durch die Stammgruppe
- In jeder Stammgruppe hält jedes Mitglied einen Kurzvortrag über sein Thema.
- Erarbeitung des Gesamtthemas

Präsentation durch Kurzvorträge

Arbeitsblatt

Kriterien Rechtsform	Mindestkapital	Haftung	Kapitalbedarf	Gewinnverteilung		
OHG z.B. Expertengruppe 1						
KG z.B. Expertengruppe 2						
GmbH						
AG						

Durchführung:

1. Schritt:

(Stammgruppen sind gebildet, jedes Mitglied erhält eine Zahl bzw. ein Symbol)
Rufen Sie sich die Lernsituation 1 in Erinnerung:
Welche Rechtsform ist die richtige?

Arbeitsauftrag
Bestimmen Sie die „richtige" Unternehmensform.
Als Auswahlmöglichkeiten für die Wahl der Unternehmensform sind gegeben, die
• Offene Handelsgesellschaft (OHG)
• Kommanditgesellschaft (KG)
• Gesellschaft mit beschränkter Haftung (GmbH)
• Aktiengesellschaft (AG)

2. Schritt:

Arbeitsauftrag
Machen Sie sich in dieser Arbeitsphase gemeinsam mit den neuen Gruppenmitgliedern zum Experten einer Rechtsform (z.B. OHG) und halten Sie die Ergebnisse stichpunktartig auf dem Arbeitsblatt fest. Dieses Arbeitsblatt nehmen Sie anschließend mit zurück in Ihre Stammgruppe.

3. Schritt:

(In jeder Gruppe sitzt nun mindestens ein Experte zu den angegebenen Rechtsformen.)

Arbeitsauftrag
Erklären Sie Ihren Gruppenmitgliedern Ihre Rechtsform. Halten Sie die Ergebnisse stichpunktartig auf dem Arbeitsblatt fest. Am Ende dieser Informationsphase sollte jedes Gruppenmitglied über jede Rechtsform informiert sein.
Anschließend entscheidet sich die Gruppe für die Rechtsform des Unternehmens. Begründen Sie Ihre Entscheidung.

Stellen Sie Ihre Gruppenergebnisse vor.

Prüfungsaufgaben

1. Was ist das oberste Ziel eines erwerbs-wirtschaftlich ausgerichteten Unternehmens?
a) Steigerung des Umsatzes
b) Gewinne erzielen
c) Rationalisierung
d) Schaffung neuer Arbeitsplätze
e) Versorgung der Verbraucher mit Gütern und Dienstleistungen

2. Welche Aussagen über die öffentlichen Unternehmen sind richtig?
a) Die Leistungen sollen möglichst kostendeckend angeboten werden.
b) Man versucht, für seine Mitglieder wirtschaftliche Vorteile zu erzielen.
c) Man arbeitet nach dem Bedarfsdeckungsprinzip.
d) Man arbeitet nach dem erwerbswirtschaftlichen Prinzip.
e) Verluste werden von den Haushalten der Städte und Gemeinden getragen.

3. Welche der folgenden Begriffe müssen in die Übersicht der Unternehmensformen in die mit 1, 2, 3 und 4 gekennzeichneten Rechtecke eingetragen werden?
a) Kapitalgesellschaften
b) KG
c) Großbetriebe
d) Personengesellschaft
e) AG

4. Ein Unternehmen wird von einem Konkurrenten gekauft und verliert seine wirtschaftliche und rechtliche Selbstständigkeit. Wie wird ein solcher Unternehmenszusammenschluss bezeichnet?
a) Trust
b) Konzern
c) Kartell
d) Interessengemeinschaft
e) Aktiengesellschaft

5. Geben Sie drei Gründe an, warum Unternehmen sich zusammenschließen.

6. Ordnen Sie den betrieblichen Funktionen Einkauf, Produktion und Absatz die folgenden typischen Tätigkeiten zu: Wareneingangslager, Fertigungskontrolle, Marktforschung, Fertigungsplanung, Arbeitsvorbereitung, Lieferantenauswahl, Bedarfsplanung, Sponsoring, Materialbestellung, Maschinenbelegung, Werbung, Verkaufsförderung

Einkauf	Produktion	Absatz

7. Wodurch lässt sich die Arbeitsproduktivität steigern?
a) Einsatz moderner Maschinen
b) Einstellung neuer Mitarbeiter
c) Herabsetzung der Wochenarbeitszeit
d) Lohnerhöhung
e) Zahlung einer Sonderprämie

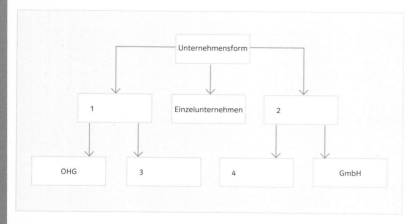

Konsumieren, kaufen und sich verschulden

Online-Link
882730-3200

Lernsituation:

Mit der Berufsausbildung beginnt ein neuer Lebensabschnitt mit vielen Wünschen ...

Sie absolvieren eine duale Ausbildung und bekommen monatlich eine Ausbildungsvergütung von 500 Euro auf Ihr Konto bezahlt. Die Ausbildungsvergütung wird Ihnen am Ende des Monats von Ihrem Ausbildungsbetrieb überwiesen. Mit diesem selbst verdienten Geld möchten Sie sich viele Wünsche erfüllen.

Handlungsaufgaben:

Werden Sie sich zuerst über Ihre Situation klar. Es ist interessant, sich zu überlegen, was Sie bei der Gestaltung der vorgegebenen Situation erreichen wollen. Wie wollen Sie ihre Wünsche und Ziele erreichen? Diskutieren Sie Ihre Antworten in der Klasse und stellen Sie Ihre Ergebnissse vor.

Die folgenden Fragen und Aufgaben werden Sie bei dem erfolgreichen Gestalten Ihrer neuen Lebenssituation unterstützen (▶ S. 14 – 15).

1. Welche Bedürfnisse haben Sie? Welche werden als Existenzbedürfnisse bezeichnet, welche als Luxusbedürfnisse? Finden Sie dazu aus dem eigenen Leben Beispiele.

2. Entscheiden Sie, welche Ihrer Bedürfnisse Sie sich mit Ihrer Ausbildungsvergütung und anderen Einnahmen erfüllen können.
a) Schätzen Sie ein, wie teuer die Verwirklichung all Ihrer Wünsche ist. Geben Sie an, wie und wo Sie die entsprechenden Preisinformationen erhalten.
b) Erstellen Sie eine Übersicht über diese Ausgaben. Stellen Sie die geschätzten monatlichen Ausgaben den möglichen Einnahmen gegenüber. Diese Gegenüberstellung wird „Haushaltsplan" genannt.

c) Überlegen Sie, welches Problem für Sie entstehen kann, wenn Sie alle Ihre Wünsche „kaufen". Machen Sie sich ein Bild über die Folgen Ihres Handelns und zeigen Sie Lösungswege auf.
d) Zeigen Sie die Unterschiede zwischen Konsumausgaben und Investitionen auf. Beschreiben Sie die Konsumgewohnheiten der Bürgerinnen und Bürger in Deutschland.
e) Erläutern Sie, inwieweit diese Konsumausgaben von der Werbung der Unternehmen beeinflusst wird.
f) Nennen Sie Gesprächspartner, die Sie bei der richtigen Verwendung Ihres Einkommens unterstützen können.

Freie Güter – wirtschaftliche Güter

Ein Gut ist frei, wenn es in so großer Menge vorhanden ist, dass jeder Mensch so viel davon konsumieren kann, wie er will, ohne dafür bezahlen zu müssen. Beispiele dafür sind die Luft zum Atmen oder Sand in der Wüste. Im Gegensatz dazu sind wirtschaftliche Güter nicht in ausreichender Menge vorhanden, um das Bedürfnis aller danach zu befriedigen.

Konsum- und Investitionsgüter

Konsumgüter sind Güter, die für den privaten Ge- oder Verbrauch hergestellt und gehandelt werden. Im Unterschied zu Investitionsgütern oder Rohstoffen, die für den Produktionsprozess vorgesehen sind, dienen Konsumgüter vor allem dem privaten Konsum.

Bedürfnisse erzeugen Bedarf

„Wenn ich in der Clique dabei sein will, muss ich das Snowboard haben!" Viele Jugendliche spüren, dass die Anerkennung in der Gruppe oft über den Besitz bestimmter Konsumgüter beeinflusst wird. Es ist nicht leicht, da immer mitzuhalten, besonders weil die Produzenten der Markenartikel ganz gezielt Bedürfnisse bei den Jugendlichen wecken. Um welche Bedürfnisse kann es dabei gehen?

Jeder Mensch hat **Bedürfnisse existenzieller Art:** Um nicht zu verhungern, muss er sich ernähren. Um nicht zu frieren, muss er sich kleiden. Um sich vor der Witterung zu schützen, braucht er eine Unterkunft. Neben diesen Primärbedürfnissen gibt es Bedürfnisse, die nicht lebensnotwendig sind, aber das Leben verschönern oder angenehmer machen. Diese Art von Bedürfnissen nennt man Sekundärbedürfnisse (auch Kultur- und Luxusbedürfnisse). Während alle Menschen die gleichen **Primärbedürfnisse** haben, sind die **Kultur- und Luxusbedürfnisse** vom Entwicklungsstand der Gesellschaft abhängig.

Die Befriedigung der Bedürfnisse, also die Nachfrage nach Sachgütern oder Dienstleistungen, die der Mensch mit den ihm zur Verfügung stehenden Mitteln kaufen kann, bezeichnet man als **Bedarf.**

Unternehmen, die Sachgüter oder Dienstleistungen bereitstellen, sind daran interessiert, die Nachfrage zu erhöhen. Ein Mittel dafür ist die Werbung.

Werbung lockt mit Reizen

Es gibt Werbesprüche oder Werbespots, die fast jeder kennt. Rund 22 Mrd. Euro werden jedes Jahr dafür von der Wirtschaft ausgegeben. Die meisten Menschen können den einen oder anderen Spruch aufsagen oder eine Melodie nachsummen, obwohl sie ihn nicht auswendig gelernt haben. Werbung vermittelt eine Botschaft, die mit unterschiedlichen Reizen (Erotik, Überraschungsreize) an die Verbraucher herangetragen wird. Diese Botschaft dient der Produktinformation, der Imagepflege oder der Vermittlung eines Gefühls. Die in der Werbung versteckten Reize sollen die Aufmerksamkeit auf die Botschaft lenken. Das Ziel der Unternehmen ist klar: Sie wollen ihren **Absatz steigern.**

Andere Ziele, die mit Werbung verfolgt werden, sind die **Festigung der Marktposition** des Unternehmens, eine **Imageveränderung** oder -aufwertung oder eine Stärkung des Markenbewusstseins der Verbraucher.

Informationen helfen Geld zu sparen

Die Werbung für Konsumgüter verschleiert oft den Blick auf deren tatsächlichen Nutzen. Manchmal sind auch die rechtlichen Konsequenzen unklar, die mit dem Erwerb eines Produktes verbunden sind, z.B. bei Handy-Verträgen. Hier helfen Information, Überlegung und Beratung.

Eine Entscheidung für ein bestimmtes Produkt sollte nicht aus dem Bauch heraus stattfinden. Besser ist es, sich genau zu informieren. Dazu gibt es eine Menge Möglichkeiten. Neben den Verbrauchermagazinen im Fernsehen sind Testzeitschriften oder auch Informationen im Internet nützlich.

Fragen Sie sich, ob Sie etwas wirklich brauchen oder ob nur die Werbung Ihr Bedürfnis geweckt hat.

Von Bedeutung ist es auch, dass Sie lernen, Ihre Geldmittel realistisch einzuschätzen: Wie viel Geld habe ich monatlich zur Verfügung? Sind diese Einnahmen sicher? Habe ich nach meiner Ausbildung die Zusicherung einer Übernahme durch meine Firma?

Stellen Sie eigene Überlegungen an, denn Leute, die Ihnen etwas verkaufen wollen, haben kein Interesse, Sie über die Nachteile zu informieren.

Konsumausgaben der Bürger

Die Höhe der Ausgaben für den privaten Verbrauch ist nicht in ganz Deutschland gleich. Es gibt ein Wohlstandsgefälle von Süd nach Nord und von West nach Ost (neue Bundesländer mit höherer Arbeitslosigkeit). Beim Ost-West-Vergleich ist ferner zu berücksichtigen, dass in den neuen Bundesländern die Arbeitswoche länger, der Urlaub kürzer ist und mehr Frauen berufstätig sind.

Die Bürger erhalten ihre Einkommen fast ausschließlich in Geld ausgezahlt. Dadurch können sie über die Verwendung ihres Einkommens grundsätzlich frei entscheiden. Diese Freiheit, innerhalb der durch das Einkommen gesetzten Grenzen Güter nach Belieben kaufen zu können, nennt man Konsumfreiheit.

Wenn die Mitglieder eines Haushaltes, die die Entscheidungen über die Einkommensverwendung treffen, sich nach dem ökonomischen Prinzip verhalten, dann werden sie versuchen, mit den begrenzten Mitteln einen möglichst großen Nutzen zu erzielen. Das heißt, sie werden eine Rangfolge von Bedürfnissen aufstellen. Die Frage, welche Bedürfnisse besonders dringlich sind, ist aber nicht für alle Menschen gleich zu beantworten.

Einflussfaktoren auf die Konsumausgaben

Wie hoch die Konsumausgaben des einzelnen Haushaltes sind und welche Güter konsumiert werden, hängt von vielen Faktoren ab, u.a.
• von der Höhe des Einkommens,
• von der Größe des einzelnen Haushaltes,
• vom Alter und vom Geschlecht der Haushaltsmitglieder,
• von der Höhe der jeweiligen Güterpreise,
• von den erwarteten Preisänderungen,

*zwischen 7 und 18 Jahren:
beschränkt geschäftsfähig*

*ab 18 Jahren:
voll geschäftsfähig*

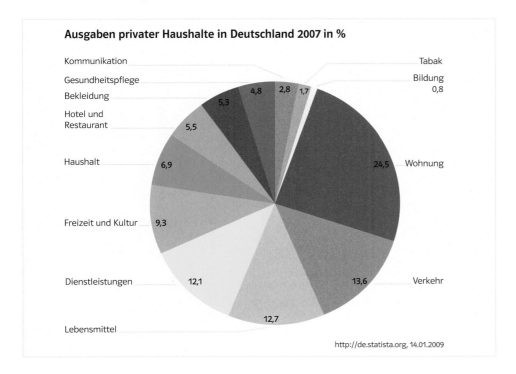

Ausgaben privater Haushalte in Deutschland 2007 in %

Kommunikation — Tabak
Gesundheitspflege — Bildung 0,8
Bekleidung
Hotel und Restaurant
Haushalt
Freizeit und Kultur
Dienstleistungen
Lebensmittel

4,8   2,8   1,7
5,3
5,5
6,9
24,5 Wohnung
9,3
12,1
13,6 Verkehr
12,7

http://de.statista.org, 14.01.2009

Fremdfinanzierung
Finanzierung durch Mittel von „Fremden", z. B. Banken

Budget
Das Geld, das einem Haushalt zur Verfügung steht.

Organisierter Kapitalmarkt
Geldanlage und -beschaffung an geregelten Märkten wie der Aktienbörse

Wirtschaftskreislauf
Das Modell einer Volkswirtschaft, in dem die wesentlichen Tauschvorgänge als Geldströme und Güterströme zwischen Unternehmen und Verbrauchern dargestellt werden.

Volkswirtschaft
Alle privaten Haushalte, sämtliche kleine und große Unternehmen sowie Einrichtungen des Staates bilden zusammen die Volkswirtschaft. Vereinfacht kann man sagen: alle, die produzieren (erzeugen) und konsumieren (verbrauchen).

• von der Höhe und Struktur des bereits angesammelten Vermögens,
• von den bereits vorhandenen dauerhaften Konsumgütern,
• vom Aufkommen neuer Konsumgüter,
• von der Möglichkeit sich zu verschulden und den Bedingungen, zu denen Kredite aufgenommen werden können,
• von den Lebensgewohnheiten des jeweiligen Haushaltes.
Auch Religion, Erziehung, Traditionen und Gewohnheiten, das Vorbild des wohlhabenderen Nachbarn, die Werbung und die Mode beeinflussen die **Ausgabenhöhe und -struktur**.

Struktur der Ausgaben
Zunächst wird es jeweils um die Befriedigung der Primärbedürfnisse gehen, zu denen Nahrung, Wohnung und Kleidung zu rechnen sind. Der Mensch empfindet darüber hinaus kulturelle Bedürfnisse, wie Körperpflege, Lesen, Reisen u. a. Es spricht einiges dafür, dass die Bedürfnisse in Richtung Luxusbedürfnisse unbegrenzt sind: „Ein jeder Wunsch, wenn er erfüllt, kriegt augenblicklich Junge." (Wilhelm Busch)
Alle fünf Jahre ermittelt das Statistische Bundesamt, Wiesbaden, in einer Einkommens- und Verbrauchsstichprobe bei 62 000 der derzeit insgesamt ca. 38,7 Millionen privaten Haushalte die Höhe und die Struktur der Ausgaben. Etwa 750 Waren und Dienstleistungen enthält dieser „**Warenkorb**", anhand dessen

das Statistische Bundesamt die Entwicklung der Güterpreise verfolgt.
Gut 25 % aller Ausgaben betreffen das Eigenheim oder die Mietwohnung. Rund 14 % werden für das Auto und andere Verkehrsmittel (vom Flugzeug bis zum Fahrrad) ausgegeben. Etwa 9 % der Ausgaben erfolgen für „Freizeit, Unterhaltung und Kultur" (vom CD-Player bis zur Opernkarte). Erst an vierter Stelle folgen mit rd. 13 % des Budgets „Nahrungsmittel", auf die im Jahr 1950 noch etwa die Hälfte aller Ausgaben entfallen war.
In den Güterpreisen zahlen die Haushalte Steuern mit, die Mehrwertsteuer (in der Regel 19 %; auf manche Güter – z. B. viele Lebensmittel und Dienstleistungen – nur 7 %, Stand 2009) und Verbrauchssteuern, z. B. Mineralölsteuer, Tabaksteuer oder Sektsteuer.
Bei manchen Gütern – Zigaretten, Spirituosen, Benzin – machen die Steuern und Abgaben mehr als die Hälfte des Verkaufspreises aus.

Sparen und investieren
Bevor es Banken und einen organisierten Kapitalmarkt gab, blieb nur das Horten von Geld übrig, also der Sparstrumpf oder die Matratze, in die die Münzen oder Geldscheine eingenäht wurden. Dieses Horten war und ist nicht nur gefährlich, denn ein Sparstrumpf kann abhanden kommen. Noch wichtiger ist, dass dieses Geld dem Wirtschaftskreislauf entzogen wird. Infolgedessen kann es nicht produktiv eingesetzt und es können deshalb auch keine Zinsen erwirtschaftet werden.
Die Sparer bekommen, je nachdem, wie lange sie ihr Geld festlegen, von den Kreditinstituten (Banken) unterschiedlich hohe Zinsen. Staat und die Unternehmen wenden sich auf dem Kapitalmarkt auch unmittelbar an den Sparer, um sich Kapital für Investitionen und sonstige Vorhaben zu beschaffen.
Neben den Spareinlagen/Bauspareinlagen, Sparbriefen der Kreditinstitute und Termingeldern (Festgeldern) haben auch Wertpapiere und Lebensversicherungen eine große Bedeutung für die Geldanlage.
Früher wurde vor allem zur Vorsorge für das Alter, Krankheit oder Arbeitslosigkeit gespart. Seitdem diese Lebensrisiken weitgehend durch die Sozialversicherung abgedeckt sind, wird für das eigene Haus, das Auto oder andere Anschaffungen sowie für zusätzliche private Altersvorsorge gespart.

Negative Folgen des Konsums: Verschuldung Jugendlicher

Nach Angaben des Münchner Instituts für Jugendforschung hat die Zahl jugendlicher Schuldner zugenommen. Bereits 12 % der 13- bis 17-Jährigen und 18 % der 18- bis 20-Jährigen sind verschuldet (Stand 2004).

Gründe für die Verschuldung sind:
• Suche nach sozialer Anerkennung in der Gruppe durch Besitz von Markenartikeln, dadurch Steigerung des Selbstwertgefühls
• Unterschätzung der Ausgaben für den Lebensunterhalt nach dem Auszug aus der elterlichen Wohnung
• Unterschätzung der gemachten Schulden, z. B. Schulden gegenüber Freunden werden eher heruntergespielt.

Wie kommt es zur Überschuldung?

Immer mehr Haushalte führen ein „Leben auf Pump". Das erste eigene Auto, die Einrichtung der ersten Wohnung, ein Laptop mit allem Komfort sind bereits für weniger als 200 Euro im Monat zu haben – so scheint es.

Kaum ein Gut ohne passenden Kredit. Auch viele Dienstleistungen werden heute mit Krediten finanziert, zum Beispiel ein „Urlaub auf Raten". Unvorhergesehene Ereignisse wie Krankheit oder Arbeitslosigkeit können aber dazu führen, dass die Raten für diese Schulden nicht mehr beglichen werden können. Es droht die Überschuldung.

Wie vermeiden Sie Überschuldung?

• Sie müssen vor der Kreditaufnahme eine vorsichtige Gegenüberstellung Ihrer Einnahmen und Ausgaben im Monat durchführen. Dieser **Haushaltsplan** zeigt Ihnen, ob Sie noch Luft für weitere monatliche Ausgaben wie Kreditraten haben. (Muster eines Haushaltsplans zum Ausfüllen)
• Planen Sie auch unvorhergesehene Ausgaben ein, wie die Reparatur der Waschmaschine, …
• Berücksichtigen Sie auch die Nebenkosten der Kreditaufnahme.
• Schätzen Sie mögliche Risiken ab, wie z. B. den Verlust des Arbeitsplatzes.
• Sollten Ihre Ausgaben höher als die Einnahmen sein, dann müssen Sie von Ihren Träumen Abstand nehmen.
• Zahlen Sie Ihre Kreditraten pünktlich, auch wenn es Ihnen schwerfällt.
• Nutzen Sie die Beratung der Verbraucherzentralen sowie die Schuldnerberatung, wenn Ihnen die Schulden über den Kopf wachsen.

Überschuldung

Ein Mensch ist überschuldet, wenn er seine Schulden nicht mehr innerhalb eines überschaubaren Zeitraums unter Einsatz vorhandenen Vermögens und freien Einkommens bezahlen kann, ohne dabei die eigene Grundversorgung mit Essen, Trinken, Wohnung usw. zu gefährden.

Zum Querdenken

1. Für welche Zwecke halten Sie Schulden für normal: Für den Urlaub? Für ein eigenes Auto? Für die Einrichtung der ersten Wohnung? Für ein eigenes Häuschen? Begründen Sie jeweils.

2. Vergleichen Sie Ihre Ausgaben für den Konsum mit denen Ihrer Großeltern. Erläutern Sie die Unterschiede.

3. Untersuchen Sie die Gründe für die immer stärkere Verschuldung von Jugendlichen.

4. Welche Bedürfnisse eines Menschen sollte im Notfall einer Arbeitslosigkeit der Staat befriedigen? Begründen Sie Ihre Antwort mit mindestens zwei Pro- und Kontra-Argumenten.

Einkommensverhältnisse klären

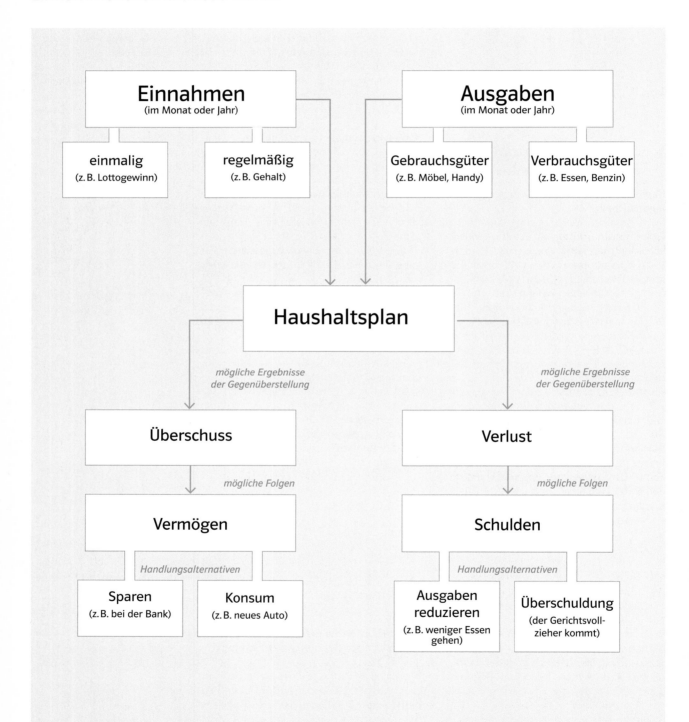

Einnahmen
(im Monat oder Jahr)

Ausgaben
(im Monat oder Jahr)

einmalig
(z. B. Lottogewinn)

regelmäßig
(z. B. Gehalt)

Gebrauchsgüter
(z. B. Möbel, Handy)

Verbrauchsgüter
(z. B. Essen, Benzin)

Haushaltsplan

mögliche Ergebnisse der Gegenüberstellung

mögliche Ergebnisse der Gegenüberstellung

Überschuss

Verlust

mögliche Folgen

mögliche Folgen

Vermögen

Schulden

Handlungsalternativen

Handlungsalternativen

Sparen
(z. B. bei der Bank)

Konsum
(z. B. neues Auto)

Ausgaben reduzieren
(z. B. weniger Essen gehen)

Überschuldung
(der Gerichtsvoll-zieher kommt)

Kaufverträge abschließen

Endlich der erste Autokauf ...

Sie haben Ihre Einkommenssituation jetzt im Griff. Nach reiflicher Überlegung wollen Sie sich Ihr erstes eigenes Auto kaufen. Sie haben dafür 3 000 Euro von Ihrer Lieblings-oma geschenkt bekommen.

Als kritische Verbraucherin bzw. als kritischer Verbraucher wollen Sie sich über die Tücken und Kniffe beim Autokauf vorab informieren.

Handlungsaufgaben:

1. Finden Sie heraus, wo und wie Sie Informationen über den „richtigen" Kauf eines Autos erhalten.

2. Nennen Sie die rechtlichen Bestimmungen, die bei einem Kaufvertrag zum Tragen kommen.

3. Erläutern Sie, wann ein Kaufvertrag überhaupt zustande kommt.

4. Führen Sie die Rechte und Pflichten an, die sich aus einem Kaufvertrag ergeben.

5. Beschreiben Sie einen Mustervertrag und finden Sie heraus, wo sie ihn bekommen.

6. Überlegen Sie, ob Sie für Ihr Geld ein Auto bekommen, das Ihren Bedürfnissen entspricht. Begründen Sie Ihre Einschätzung mit Pro- und Kontra-Argumenten.

7. Finden Sie heraus, wie ein Kreditkauf aussehen sollte, damit er für Sie Sinn macht. Dabei sollten Sie Kenntnisse erwerben über:

a) Kreditarten,
b) Kreditkosten je nach Kreditart,
c) sinnvolle Kreditarten zur Autofinanzierung,
d) mögliche Folgen, wenn Sie nach vier Monaten beträchtliche Mängel an Ihrem neuen Auto feststellen. Erstellen Sie dazu ein geeignetes Schaubild.

Kaufvertrag für ein gebrauchtes Kraftfahrzeug Privatverkauf

Der Verkäufer verkauft hiermit das nachstehend bezeichnete gebrauchte Kraftfahrzeug an den Käufer privat weiter. Unter Ausschluß der Sachmängel-Haftung wird das Kfz verkauft, soweit nicht nachfolgend eine Garantie übernommen wird (Buchst.C). Für Schadensersatzansprüche aus Sachmängel Haftung, die auf einer vorsätzlichen oder grob fahrlässigen Verletzung von Verkäufer Pflichten beruhen, sowie bei der Verletzung von Gesundheit, Leben und Körper, gilt dieser Ausschluß nicht. Gegebenenfalls werden an den Käufer noch bestehende Ansprüchen gegenüber Dritten aus der Sachmängel-Haftung abgetreten.

Verkäufer	Käufer
Vorname :	Vorname :
Zuname :	Zuname :
Straße :	Straße :
PLZ, Ort :	PLZ, Ort :
Telefon :	Telefon :
Fax :	Pass-Nr : ausstellende Behörde :

A. Fahrzeugangaben

Hersteller	Typ	amtliches Kennzeichen
Fahrzeug-Identnummer	Kilometer-Stand	Erstzulassung
☐ Zulassungsbescheinigung Teil II (KFZ-Brief)	Nächste Hauptuntersuchung	Nächste Abgasuntersuchung
☐ Besondere Vereinbarungen		

Verbraucherberatungen
- Rechtsberatung
- Geräteberatung
- Budgetberatung
- Ernährungsberatung
- Energieberatung

Beispiele für Verbraucher-schutzbestimmungen
- Gesetz gegen den unlauteren Wettbewerb (UWG)
- Gesetz gegen Wettbewerbsbe-schränkungen (Kartellgesetz)
- Regelungen zu Fernabsatz-verträgen, E-Commerce oder Haustürgeschäften im BGB
- Produkthaftungsgesetz (ProdHaftG)

Verjährung von Gewähr-leistungsansprüchen bei Sachmängeln (§ 438 BGB)
- bei Bauwerken nach 5 Jahren
- bei beweglichen Sachen nach 2 Jahren

Vertragsfreiheit

In der Bundesrepublik Deutschland ist nicht alles gesetzlich geregelt. So können Vertragspartner innerhalb der rechtlich zulässigen Grenzen vertragliche Regelungen selbst bestimmen und damit Rechte und Pflichten beliebig festlegen. Dies nennt man **Vertragsfreiheit**. Wichtige Vertragsformen, bei denen die Position eines schwächeren Vertragspartners geschützt werden muss, sind allerdings gesetzlich geregelt.

Für die rechtlichen Folgen, die sich aus einem Vertrag ergeben, kann nur der haften, der auch rechtswirksam einen Vertrag abschließen kann. Dabei ist das Alter wichtig (▶ S. 113).

rufsausbildungsvertrag. Zu den wichtigsten Verträgen zählt der Kaufvertrag.

Die meisten Rechtsgeschäfte können formlos (Formfreiheit) abgeschlossen werden (z. B. mündlich). Häufig empfiehlt es sich jedoch, einen Vertrag schriftlich abzuschließen, damit man bei späteren Streitigkeiten ein Beweismittel hat.

Bei einigen Rechtsgeschäften verlangt das Gesetz eine bestimmte Form. Andernfalls führt dies zur Nichtigkeit, d. h. es kommt kein Rechtsgeschäft zustande. Es gelten folgende Formvorschriften:

- Schriftform: Berufsausbildungsvertrag, Testament, Ratenkaufvertrag.
- Öffentliche Beglaubigung: Die Echtheit der

Rechtsgeschäfte

Rechtsgeschäfte kommen durch Willenserklärungen zustande. Eine Willenserklärung gibt jemand ab, wenn er z. B. seinen Willen, ein Auto zu kaufen, klar gegenüber dem möglichen Verkäufer äußert. Dies kann mündlich, schriftlich oder durch entsprechendes schlüssiges Handeln (z. B. durch Handheben bei einer Versteigerung) erfolgen.

Rechtsgeschäfte werden unterteilt in:

- **einseitige Rechtsgeschäfte**: Sie entstehen, wenn nur eine Person eine Willenserklärung abgibt. Beispiele: Kündigung, Testament, Schenkung, Steuerbescheid.
- **zweiseitige Rechtsgeschäfte**: Sie entstehen, wenn zwei übereinstimmende Willenserklärungen vorliegen. Zweiseitige Rechtsgeschäfte sind alle Verträge.
Beispiele: Arbeitsvertrag, Mietvertrag, Be-

Unterschrift wird von einem Notar oder einer Behörde beglaubigt.
Beispiel: Antrag auf Eintragung ins Handels- oder Vereinsregister.

- Öffentliche Beurkundung: Der Inhalt und die Unterschrift eines Schriftstückes werden von einem Notar oder einer Behörde beglaubigt. Beispiele: Ehevertrag, Grundstückskauf, Schenkungsversprechen.

Im Vertragsrecht gilt: Verträge sind einzuhalten, d. h. Kunden müssen gekaufte Ware abnehmen und bezahlen. Der Verkäufer muss Ware rechtzeitig und mangelfrei übergeben.

Der Kaufvertrag

Die häufigste Vertragsform ist der **Kaufvertrag**. Die Rechtsfolge ergibt sich wie bei allen zweiseitigen Rechtsgeschäften durch Willenserklärungen der beteiligten Personen. Die eine Person unterbreitet einen **Antrag**, die andere Person erklärt die **Annahme**. Antrag und Annahme können sowohl durch den Käufer als auch durch den Verkäufer erfolgen.

Beispiel Kauf im Supermarkt: Der Verbraucher legt die Ware auf das Verkaufsband und dies wird rechtlich als Kaufangebot bezeichnet. Da abgegebene Angebote grundsätzlich bindend sind, ist er nun auch zum Kauf verpflichtet. Die Annahme des Kaufvertrags erfolgt durch das Personal an der Kasse, indem der Preis in die Kasse eingetippt wird. Ein Kaufvertrag kann also auch wortlos vollzogen werden. Grundsätzlich ist es gleichgültig, ob er schriftlich oder mündlich abgeschlossen wird. Hier gilt die **Formfreiheit**, wie für viele Rechtsgeschäfte.

Bei manchen Verträgen ist die Formfreiheit eingeschränkt. Bei Grundstückskäufen beispielsweise geht es um beträchtliche Summen, deshalb ist hier zum Schutz der Beteiligten eine notarielle Beurkundung erforderlich. Für Käufe im Internet gelten besondere Regelungen.

Wenn ein Kaufvertrag abgeschlossen wird, verpflichtet sich der Verkäufer, dem Käufer die Sache zu übergeben und ihm das Eigentum an der Sache zu verschaffen. Der Käufer wiederum ist verpflichtet, die Ware abzunehmen und den vereinbarten Preis zu zahlen. Ein Kauf lässt sich daher in drei unterschiedliche Rechtsgeschäfte unterteilen:

• Eigentlicher Kaufvertrag (Verpflichtungsgeschäft);
• Übereignung der gekauften Sache (Erfüllung des Vertrags durch den Verkäufer);
• Übereignung des vereinbarten Kaufpreises (Erfüllung des Vertrags durch den Käufer).

Was passiert bei Sachmängeln?

Der Käufer hat einen Anspruch darauf, dass die von ihm gekaufte Sache einen einwandfreien Zustand aufweist, wie er bei vergleichbaren Sachen üblich ist. Auch die vertraglich vereinbarte Beschaffenheit muss vorhanden sein. Übergibt der Verkäufer einen mangelhaften Kaufgegenstand, begeht er eine Pflichtverletzung. Der Gesetzgeber zielt darauf ab, den Vertrag trotz der Sachmängel zunächst zu erhalten. Zudem stärkt er die Rechte des Käufers.

Zuerst kann der Käufer bei einem Sachmangel nur Nacherfüllung verlangen. Das bedeu-

tet, dass eine Mangelbeseitigung durch Reparatur oder eine Ersatzlieferung erfolgen muss. Um weiter gehende Rechte geltend zu machen, muss der Käufer dem Verkäufer grundsätzlich für die Nacherfüllung eine angemessene Frist setzen. Erfolgt die Nacherfüllung seitens des Verkäufers nicht fristgemäß oder hat sie keinen Erfolg, kann der Käufer diese weiteren Rechte geltend machen. (Voraussetzung dafür ist, dass die Reparatur zweimal beziehungsweise die Ersatzlieferung fehl geschlagen sind.) Nun kann er eine **Minderung des Kaufpreises** verlangen oder **vom Kaufvertrag zurücktreten**. Gegebenenfalls kann er zusätzlich Schadenersatz verlangen, wenn ihm durch die Sachmängel weiterer Schaden entstanden ist.

Was passiert beim Zahlungsverzug?

Kommt der Käufer seinen Zahlungsverpflichtungen nicht pünktlich nach, gerät er in Zahlungsverzug. Er wird bis zu dreimal gemahnt. Daran kann sich ein **gerichtliches Mahnverfahren** anschließen.

Miet- oder Leasingverträge

Bei einem Mietvertrag verpflichtet sich der Vermieter, dem Mieter den Gebrauch der vermieteten Sache für eine im Vertrag festgelegte Zeit zu gewähren. Der Mieter andererseits verpflichtet sich, den Mietzins zu zahlen.

Leasingverträge enthalten genaue Regelungen für die Dauer des Vertrages und ermöglichen dem Leasingnehmer auch den Kauf der Sache nach Vertragsablauf. Wie bei einem Mietvertrag erhält man an einer

Beispiele für Verbraucherrechte nach dem Schuldrecht

Rechte aus Sachmängeln gelten auch dann, wenn sich die Werbeaussage des Verkäufers, des Herstellers oder eines Gehilfen nicht mit der Beschaffenheit der gelieferten Kaufsache deckt (§ 434 BGB).

Ein Sachmangel liegt ferner vor, wenn die Montageanleitung mangelhaft ist und die Sache nicht fehlerfrei montiert werden konnte.

Ablauf des gerichtlichen Mahnverfahrens

1. Mahnbescheid
2. Vollstreckungsbescheid
3. Pfändung

geleasten Sache nicht das Eigentum, auch wenn man beispielsweise bei einem Auto als Fahrzeughalter im Fahrzeugbrief eingetragen ist. Eigentümer ist der Leasinggeber. Bei Leasingverträgen muss der Leasingnehmer verschiedene Leistungen erbringen: So ist bei einem Neuwagen neben den monatlichen Raten auch eine sogenannte Leasingsonderzahlung fällig. Je nach Vertrag muss das Auto am Ende der **Vertragslaufzeit** zu einem bestimmten Preis übernommen werden oder es wird verkauft. Wird dabei der zu Vertragsbeginn kalkulierte Restwert nicht erreicht, zahlt der Leasingnehmer unter Umständen die Differenz.

Verbraucherschutz und -beratung

Für die rechtlichen Konsequenzen aus Kaufentscheidungen oder Verträgen ist jeder selbst verantwortlich. Allerdings existieren eine ganze Reihe von nationalen und europäischen Regelungen zum Verbraucherschutz, die uns Verbraucher vor Irreführung, Benachteiligung oder Gefährdung bewahren sollen. Zu allen Fragen des Verbraucherschutzes kann man sich in den Verbraucherberatungsstellen oder Verbraucherzentralen beraten lassen. Sie leisten beispielsweise Hilfe bei der hauswirtschaftlichen Planung, geben Verhaltenstipps und Rechtsberatung. Die telefonische, schriftliche und persönliche Beratung für verschiedene Bereiche erfolgt dort kostenlos oder gegen eine geringe Gebühr. Speziell für den Verschuldungsfall gibt es eigene Schuldnerberatungsstellen.

Ratenkäufe und Haustürgeschäfte

Viele Waren werden heute in Raten bezahlt. Nach dem BGB (Bürgerliches Gesetzbuch) müssen solche Verträge schriftlich abgeschlossen werden und folgende Bestandteile enthalten: Preis bei Barzahlung und bei Teilzahlung, Höhe, Anzahl sowie Fälligkeit der Raten. Enthalten sein muss auch der effektive Jahreszins und eine Belehrung über das Widerrufsrecht innerhalb von 14 Tagen.

Werden Geschäfte an der Haustür abgeschlossen, ohne dass der Verkäufer bestellt wurde, können diese innerhalb von 14 Tagen widerrufen werden (Ausnahmen: Bagatellgeschäfte unter 40 Euro, Versicherungsverträge).

Vorsicht vor Kleingedrucktem!

Bei vielen Verträgen gibt es das „Kleingedruckte". Diese Allgemeinen Geschäftsbedingungen (AGB) regeln Rechte und Pflichten, die sich aus einem Vertrag ergeben. Um eine unangemessene Benachteiligung einer Partei zu verhindern, klären Vorschriften im BGB (§§ 308, 309 BGB), welche Formulierungen (Klauseln) im Kleingedruckten nicht verwendet werden dürfen. So sind in der Regel Preiserhöhungen innerhalb von vier Monaten nach Vertragsabschluss nicht gestattet. Bei Zweifeln über die Bedeutung des Kleingedruckten finden Sie Rat bei Verbraucherzentralen.

Die SCHUFA Holding AG ist der führende Informations- und Servicepartner für die kreditgebende Wirtschaft.

Kreditwürdigkeit

Wer einen Kredit aufnimmt, muss kreditwürdig sein, d.h. der Antragsteller muss sich in geordneten wirtschaftlichen Verhältnissen befinden und aufgrund seiner Situation und seiner Zukunftsaussichten in der Lage sein, den Kredit vereinbarungsgemäß zurückzuzahlen. Bei natürlichen Personen spielen bei der Bewertung der **Kreditwürdigkeit** das Einkommen, die berufliche Sicherheit und die ständigen wirtschaftlichen Belastungen eine Rolle; bei juristischen Personen (Unternehmen) ergibt sich die Kreditwürdigkeit vor allem aus der Analyse der Bilanz und der Gewinn- und Verlustrechnung, dem Ruf des Unternehmens sowie der Haftungsfrage.

Kreditarten

Banken und Sparkassen bieten unterschiedliche Kreditformen an, die sich nach Laufzeit und Finanzierungsanlass unterscheiden.
• **Dispositions-/Kontokorrentkredit:** Zur Buchung der laufenden Ein- und Ausgaben werden von Privatleuten Girokonten, von Kaufleuten Kontokorrentkonten in Anspruch genommen. Die Banken bieten ihren Kunden die Möglichkeit, dieses Konto zu überzie-

hen, d.h. auch dann noch Abbuchungen vorzunehmen, wenn kein Guthaben mehr auf dem Konto ist. Wie hoch das Konto überzogen werden darf, muss mit dem Kreditinstitut vereinbart werden.

• **Darlehen**: Ein Darlehen wird in einer Summe zur Verfügung gestellt. Das Kreditinstitut erstellt für jedes Darlehen einen detaillierten Rückzahlungsplan, der Auskunft über die monatlichen Zahlungen bis zum Ende der Kreditlaufzeit gibt. Der Zinssatz für Darlehen wird oft „festgeschrieben", d.h. während der Laufzeit verändert er sich nicht mehr. Die Dauer der Finanzierung darf niemals länger als die Lebensdauer des Gutes sein. So kann die Finanzierung eines Hauses (Hypothekendarlehen) über langfristige Darlehensverträge (30 Jahre) erfolgen; bei einer Autofinanzierung (Anschaffungsdarlehen) sollte das Darlehen spätestens nach fünf Jahren zurückgezahlt sein.

Kreditkosten

Die Kosten eines Kredites ergeben sich aus dem effektiven Jahreszins. Dieser drückt aus, wie hoch die Kosten insgesamt für den Kreditnehmer in einem Jahr sind. Diese Kosten ergeben sich v.a. aus folgenden Faktoren:

• **Zinssatz**,
• **Bearbeitungsgebühr** (meist einmalig 2% der Kreditsumme),
• **Disagio**: Bei einem Kredit kann vereinbart werden, dass die Kreditsumme höher als der ausgezahlte Betrag ist. Die Bank behält einen

Teil der Summe vorab für zu zahlende Zinsen und Verwaltungskosten ein.

Beispiel: Ein Kredit über 10 000 Euro wird bei einer Auszahlung von 100% zu einem Zinssatz von 12% angeboten. Bei einer Auszahlung von 92% würde der Kredit lediglich 10% Zinsen kosten. Der Kreditnehmer erhält allerdings nur 9 200 Euro ausgezahlt, muss jedoch 10 000 Euro zurückzahlen.

Zum Querdenken

1. Warum schränkt der Staat die grundsätzliche „Vertragsfreiheit" in der Bundesrepublik Deutschland ein?

2. Nehmen Sie Stellung zu der These: „Der Verbraucher hat durch seine Kaufmacht einen großen Einfluss auf das Angebot der Unternehmen."

Schritte zum Kaufvertrag

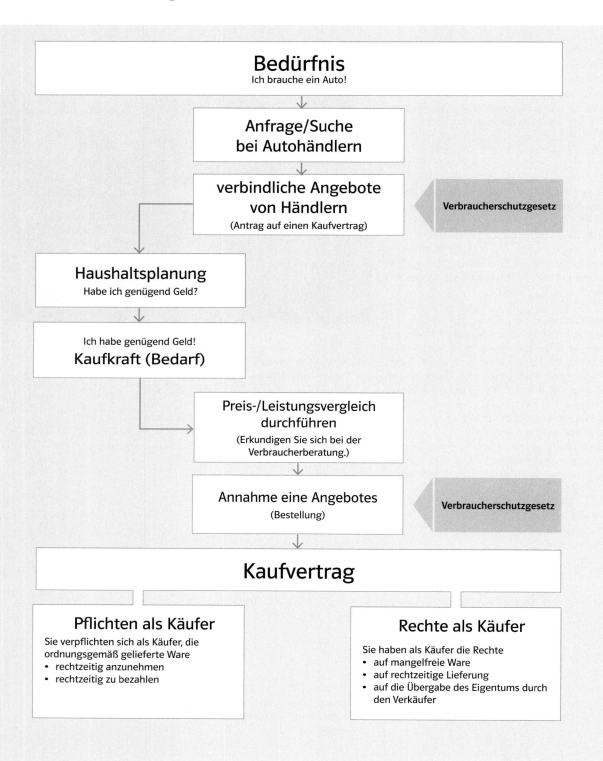

Bedürfnis
Ich brauche ein Auto!

**Anfrage/Suche
bei Autohändlern**

**verbindliche Angebote
von Händlern**
(Antrag auf einen Kaufvertrag)

Verbraucherschutzgesetz

Haushaltsplanung
Habe ich genügend Geld?

Ich habe genügend Geld!
Kaufkraft (Bedarf)

**Preis-/Leistungsvergleich
durchführen**
(Erkundigen Sie sich bei der
Verbraucherberatung.)

Annahme eine Angebotes
(Bestellung)

Verbraucherschutzgesetz

Kaufvertrag

Pflichten als Käufer
Sie verpflichten sich als Käufer, die
ordnungsgemäß gelieferte Ware
- rechtzeitig anzunehmen
- rechtzeitig zu bezahlen

Rechte als Käufer
Sie haben als Käufer die Rechte
- auf mangelfreie Ware
- auf rechtzeitige Lieferung
- auf die Übergabe des Eigentums durch
  den Verkäufer

Prüfungsaufgaben

1. Die Güter, die zur Befriedigung der Bedürfnisse notwendig sind, werden in zwei Hauptgruppen unterteilt.

```
              Güter
         ┌──────────────┐
         ↓              ↓
   Freie Güter        A ?
```

Welcher Begriff ist in das mit A gekennzeichnete Feld einzutragen?
a) Sachgüter
b) Konsumgüter
c) Produktionsgüter
d) wirtschaftliche Güter
e) Verbrauchsgüter

2. Welche Aussage über die wirtschaftlichen Güter ist falsch?
a) Zu den wirtschaftlichen Gütern gehören auch Grund und Boden.
b) Die Produktion der wirtschaftlichen Güter erfolgt in den Betrieben.
c) Zu den wirtschaftlichen Gütern gehören auch die Dienstleistungen.
d) Die wirtschaftlichen Güter stehen unbegrenzt zur Verfügung.
e) Die Knappheit der wirtschaftlichen Güter zwingt zum wirtschaftlichen Handeln.

3. Welches der genannten Güter gilt als freies Gut?
a) Steinkohle
b) Tageslicht
c) elektrische Energie
d) Erdgas
e) Trinkwasser

4. Die Freundin von Andreas freut sich sehr über die Uhr, die er ihr zu Weihnachten geschenkt hat. Allerdings bleibt die Uhr Silvester Punkt 24:00 Uhr mit dem großen Neujahrs-Feuerwerk stehen. Wie ist die Rechtslage? Begründen Sie Ihre Antworten.

5. Marion Schmidt benötigt eine neue Waschmaschine. Mehr als 600 Euro kann sie auf gar keinen Fall ausgeben. Vor dem Kauf informiert sie sich im TEST-Jahrbuch der Stiftung Warentest.

STIFTUNG WARENTEST

test Waschmaschinen — 9 / 2006

www.test.de	Mittlerer Preis in Euro ca.	Funktion	Dauerprüfung	Handhabung	Umwelteigenschaften	Schutz vor Wasserschäden	test-QUALITÄTSURTEIL
GEWICHTUNG		40 %	20 %	15 %	15 %	10 %	100 %
FRONTLADER (1200 U/MIN)							
Quelle / Privileg Dynamic 7620 Best.-Nr. 0006783	600	+	++	+	+	++	GUT (1,9)
Siemens WXLP 1241	655	+	++	+	+	++	GUT (1,9)
Bosch WFX 2441	705	Technisch gleich mit Siemens WXLP 1241					GUT (1,9)
AEG-Electrolux Lavamat 72810	620	+	++	+	+	++	GUT (2,0)
Electrolux EWF 1244	570	+	++	+	○	+	GUT (2,1)
Zanker IF 9250 [1]	600	○	++	+	+	+	GUT (2,1)
Bauknecht WAK 8260	520	○	+	+	+	+	GUT (2,3)
Otto / Hanseatic Öko Plus 1200 Best.-Nr. 282054 E	500	+	+	+	○	+	GUT (2,4)
Whirlpool AWO 6121	430	○	++	+	○	⊖ *)	BEFRIEDIGEND (2,6)
LG WD-12170ND [2]	610	○	++	+	○	— *)	AUSREICHEND (4,0)
EBD WA 3112 [3]	395	○	⊖ *)	○	+	—	AUSREICHEND (4,5)
Indesit WIE 127	420	○	⊖ *)	○	○	⊖	AUSREICHEND (4,5)
Samsung B-1245 AV [3]	500	○	— *)	+	○	—	MANGELHAFT (5,0)
TOPLADER (1200 U/MIN)							
Miele W 254	970	+	++	+	+	+	GUT (1,9)
AEG-Electrolux Lavamat 47280	710	+	++	+	○	+	GUT (2,1)
Quelle / Privileg ProComfort 922 S Best.-Nr. 2480484	700	+	++	+	○	+	GUT (2,2)

Bewertungsschlüssel der Prüfergebnisse: ++ = Sehr gut (0,5–1,5), + = Gut (1,6–2,5), ○ = Befriedigend (2,6–3,5), ⊖ = Ausreichend (3,6–4,5), — = Mangelhaft (4,6–5,5). Bei gleichem Qualitätsurteil Reihenfolge nach Alphabet.
*) Führt zur Abwertung.
1) Angeboten bei Neckermann.
2) Laut Anbieter inzwischen ersetzt durch verändertes Nachfolgemodell LG WD-12390ND.
3) Laut Anbieter Auslaufmodell.

a) Welches Angebot würden Sie ihr empfehlen? Begründen Sie Ihre Antwort mit Sachargumenten.
b) Würden Sie Marion einen Ratenkauf empfehlen? Begründen Sie Ihr Urteil mit zwei Argumenten.

Methode: Gestaltungslernen

Wie gestalte ich eine Lebenssituation erfolgreich?

Im Leben müssen Sie vielfältige Situationen meistern. Dabei sollten Sie diese Lebenssituation aktiv mitgestalten. Sie sollten nicht abwarten, was andere Menschen mit Ihnen „machen", sondern Sie sollten gezielt eigene Ziele entwickeln, diese erfolgreich umsetzen und aus Fehlern lernen.

Die Methode des Gestaltungslernens hat zum Ziel, Ihnen einen möglichen Weg zum erfolgreichen Gestalten von Lebenssituationen aufzuzeigen.

In folgenden Schritten sollten Sie dabei vorgehen:

1. Schritt: **Untersuchung der zu bewältigenden Situation/Zielbestimmung**	• Welche Situation liegt hier vor? Welche Beteiligten gibt es? • Was wollen die Beteiligten erreichen? (Ziele) • In welchen Schritten gehen Sie vor, um die Situation entsprechend Ihren Zielen zu bewältigen? (Planung der Vorgehensweise)

↓

2. Schritt: **Festlegung der erforderlichen Kenntnisse, Fertigkeiten und Fähigkeiten**	• Welche Kenntnisse, Fertigkeiten und Fähigkeiten müssen Sie noch erlernen? (Bestimmung der eigenen Lernziele)

↓

3. Schritt: **Lernprozess**	• Wie lernen Sie die verschiedenen Kenntnisse, Fertigkeiten und Fähigkeiten am besten? (Offenlegung und Diskussion verschiedener Lernmöglichkeiten)

↓

4. Schritt: **Bewertung/Gewichtung**	• Was haben Sie gelernt? • Was lernen Sie dazu?

Angelehnt an: Jung, E.: Eine Methode zur Gestaltung von Lebens- und Arbeitssituationen. In: Mickel, W. W.; Zitzlaff, D. (Hg.), Methodenvielfalt im politischen Unterricht, Hannover 1993, S. 126 ff.

Eine Situation aus dem Leben:

**Mike(17) und Vanessa (16) beginnen in Kürze eine Berufsausbildung als Mechatroniker/in.
Leider liegt ihr Ausbildungsort über 50 Kilometer entfernt von ihrem Wohnort.
Wie können Sie diese Lebenssituation erfolgreich gestalten?**

1. Schritt:
Sie machen sich erst einmal genauere Gedanken, was Sie in dieser Situation wollen. Welche Ziele haben Sie?

Beispiele:
• pünktlich zur Arbeit zu kommen,
• wenig Geld für die Fahrt zur Arbeit auszugeben,
• möglichst bald ein eigenes Auto zu besitzen.

Als Nächstes legen Sie Ihre Vorgehensweise fest, um Ihre Ziele zu erreichen bzw. die Situation zu bewältigen.

Sie wollen herausfinden, welche Beförderungsmöglichkeiten Sie zur Arbeit haben. Sie müssen dabei überlegen, woher Sie diese Informationen erhalten …

2. Schritt:
Jetzt überlegen Sie:
Was müssen Sie denn noch wissen und lernen, um Ihre Ziele in dieser Situation erfolgreich zu erreichen?

Beispiele:
• Sie müssen aus den Preisinformationen der öffentlichen Verkehrsbetriebe die für Sie gültigen Beförderungspreise heraussuchen.
• Außerdem müssen Sie das Autofahren lernen und sich eine Fahrschule suchen und vieles mehr …

3. Schritt:
Jetzt gehen Sie an die Informationssuche und lernen die erforderlichen Kenntnisse, Fähigkeiten und Fertigkeiten.

4. Schritt:
Nachdem Mike und Vanessa ihre Lernaufgaben erfüllt haben, stellen sie sich folgende Fragen:
Was habe ich bisher gelernt?
Was muss ich noch lernen?
Wer kann mich noch unterstützen?

Online-Link
882730-3300

Wege in die Selbstständigkeit

Lernsituation:

Am Anfang steht ein guter Plan

Kundenberater:
Sie wollen also als selbstständiger Unternehmer eine Konditorei mit Stehcafé eröffnen. Ein mutiger Entschluss!

Christian:
Sie kennen doch sicherlich das Gebiet am Berufskolleg. Als Schüler fiel mir damals schon auf, dass es dort nichts gibt, wo man sich außerhalb der Schule aufhalten und Verpflegung kaufen kann. Und wenn man bedenkt, dass praktisch den ganzen Tag Unterricht stattfindet, dann dürfte es keine Absatzprobleme geben. Ich habe am Anfang des Jahres meine Meisterprüfung als Konditor abgelegt, um mich selbstständig zu machen. Ein geeignetes Ladenlokal habe ich auch schon gefunden.

Kundenberater:
Das hört sich ja ganz vielversprechend an. Reden wir über die Finanzierung.
Sie haben ja bereits eine Aufstellung mitgebracht. Es fehlen aber die Ausgaben, die in der Gründungsphase anfallen. So brauchen Sie ein Warenlager von ca. 5000 €. Hinzu kommt auch noch der Werbeaufwand von etwa 3000 Euro, der in der Gründungsphase besonders wichtig ist. Dann wären da noch die Rechnungen für Strom, Heizung, Telefon, Steuern, Versicherungen und Miete, unge-

fähr monatlich 6000 Euro. Nicht zu vergessen die Lohnkosten.

Christian:
Zum Glück übernimmt meine Verlobte den Verkauf im Café. Da haben wir die Personalkosten schon mal gespart.

Kundenberater:
Aber Sie und Ihre Verlobte müssen ja auch von etwas leben. Also ein eigenes Einkommen muss ebenfalls in die Finanzierung mit einfließen.

Christian:
Oh je, das ergibt ja Unsummen ...

Kundenberater:
Bisher liegt alles im normalen Rahmen. Es muss nur alles gut überlegt sein. Dazu bräuchten wir von Ihnen eine schriftliche Auflistung zu all den Punkten, die bei einer Unternehmensgründung bedacht werden sollten. Das nennt man einen Business- oder Geschäftsplan. Ich denke, Sie sind auf einem guten Weg zur Selbstständigkeit.

Handlungsaufgaben:

Auf dem Weg von der Geschäftsidee bis zur Selbstständigkeit muss eine Reihe von Hürden überwunden werden.

1. Bestimmen Sie die persönlichen und rechtlichen Voraussetzungen, die mit einer Unternehmensgründung verbunden sind.

2. Stellen Sie für unseren angehenden Jungunternehmer einen Geschäftsplan auf, der all die Punkte enthalten sollte, die im Rahmen einer Kreditgewährung bearbeitet werden.

Eine Gründungsidee, die bei jungen Leuten gut ankommt: ein Schüler-Café

Es gibt verschiedene Möglichkeiten, den Weg in die berufliche Selbstständigkeit zu beschreiten.

Betriebsneugründung

Bei der Betriebsneugründung startet man von null an. Eine gute Geschäftsidee ist erst der Anfang. Man muss sich seinen Markt erst erobern und Beziehungen zu Lieferanten und Kunden aufbauen. Neben einer vielleicht schwierigen Anlaufphase bringt die Neugründung aber auch die Chance, den Betrieb nach eigenen Vorstellungen zu gestalten.

Betriebsübernahme

Vor allem im Bereich des Handwerks bietet sich die Chance, ein bereits etabliertes Unternehmen zu übernehmen. Eine Reihe von Unternehmern, die in Ruhestand gehen, sucht einen Nachfolger. Jedes Jahr stehen etwa 71000 Unternehmen (Industrie und Handwerk) vor einem Generationswechsel.

Franchise-System

Eine Gründung „light" versprechen Franchise-Systeme. Dabei kauft sich ein Gründer in ein komplettes, bereits bewährtes Geschäftsmodell ein. Bekannte Firmen sind die Fastfoodkette McDonald's, Obi Baumärkte, die Sonnenstudios Sunpoint und der Tiefkühlkost-Lieferservice Bofrost.
Dabei liefert der Franchise-Geber (z.B. Mc Donald's, OBI) Name, Marke und Marketing. Der Franchise-Nehmer (Herr Meier) errichtet mit eigenem Geld anhand vorgegebener Auflagen (z.B. einheitliche Innenausstattung) das Unternehmen. Gegen eine Gebühr (oder Umsatzbeteiligung) darf der Franchise-Nehmer nur die Produkte des Franchise-Gebers verkaufen. Dafür gibt man dem Franchise-Nehmer die Garantie, dass in seinem Gebiet kein anderes Unternehmen dieses Systems eröffnet wird.

Persönliche und rechtliche Voraussetzungen

Vor dem Schritt in die Selbstständigkeit sollten angehende Unternehmer zunächst ihre **persönliche Eignung** kritisch überprüfen. Zu diesem Zweck können die folgenden Fragen hilfreich sein:
• Sind Sie bereit, auf ein erhebliches Maß an Freizeit, Urlaub und Familienleben zu verzichten?
• Können Sie sich selbst Ziele setzen und diese konsequent verfolgen?
• Ertragen Sie Stresssituationen auf Dauer und lösen Sie anstehende Probleme direkt?
• Haben Sie neben der technisch-fachlichen Qualifikation auch betriebswirtschaftliche bzw. kaufmännische Grundkenntnisse?
• Können Sie Mitarbeiter führen?
• Sind Sie kontaktfreudig?

Der Betrieb eines Gewerbes ist grundsätzlich jedermann gestattet, der voll geschäftsfähig ist. Ausnahmen von diesem Grundsatz der **Gewerbefreiheit** liegen dann vor, wenn die Art der ausgeübten Tätigkeit mit einer besonderen Verantwortung und fachlichen Eignung verbunden ist (z.B. bei Apotheken, im Kreditwesen, im Gaststättengewerbe oder bei Handwerksbetrieben). In diesen Fällen

Das Bundesministerium für Wirtschaft und Technologie hat eine Initiative Unternehmensnachfolge mit einer bundesweiten Nachfolgebörse eingerichtet:
unter www.next.org

ist die Erteilung einer Genehmigung (Erlaubnis, Konzession, Meisterprüfung) neben der Gewerbeanzeige eine zusätzliche Voraussetzung für den Beginn des Gewerbes.

Gewerbeanzeige

Der Beginn der Gewerbeausübung muss bei der zuständigen Stadt- oder Gemeindeverwaltung (in der Regel: Gewerbeamt) angezeigt werden. Über die Zuständigkeit entscheidet der geografische Sitz des Unternehmens. Durchschläge der Gewerbeanmeldung gehen an verschiedene Stellen, wie z. B. an das Finanzamt, an die zuständige Kammer (IHK oder Handwerkskammer) und an die Träger der Sozialversicherungen (Arbeitsagentur, Krankenkasse, Berufsgenossenschaft).

Eintragung ins Handelsregister

Das Handelsregister hat die Aufgabe, die Öffentlichkeit über die Rechtsverhältnisse in Unternehmen zu informieren (Wie wird gehaftet? Wer führt die Geschäfte? Wie hoch ist die Geschäftseinlage?) Das Handelsregister wird beim Amtsgericht geführt. Die Eintragungen werden im **Bundesanzeiger** und einer im Bezirk des jeweiligen Amtsgerichts ansässigen Zeitung veröffentlicht, z. B. in den Mitteilungsblättern der Industrie- und Handelskammern (Stand 2009).

Kapitalgesellschaften werden immer in das Handelsregister eingetragen. Bei Einzel- und Personengesellschaften ist die Eintragung von der Art und dem Umfang des Geschäftsbetriebes abhängig.

Der Geschäftsplan

Unzureichende Planung ist einer der häufigsten Gründe, warum Jungunternehmen schon nach wenigen Jahren scheitern. Deshalb sollte man sich intensiv auf die Selbstständigkeit vorbereiten und einen detaillierten Geschäftsplan (= **Businessplan**) erarbeiten. Es genügt nicht, ein Konzept im Kopf zu haben.

Für die eigene Absicherung ist es wichtig, dass man die Gedanken formuliert und zu Papier bringt. Ein durchdachter Geschäftsplan erleichtert den Start in die Selbstständigkeit, denn er zeigt die Chancen und Risiken des Vorhabens auf und kann Kapitalgeber (z. B. Banken) von der Geschäftsidee überzeugen. Die nachfolgende **Checkliste** soll helfen, ein Konzept zu erstellen.

Informationen und Hilfen bei der Aufstellung eines Business-Plans bieten Handwerkskammern, IHKs und Ministerien.

Geschäftsidee

Welches Produkt oder welche Dienstleistung will ich anbieten?

Was ist das Neue oder das Besondere an der Geschäftsidee?

Welchen Bedarf deckt mein Produkt/meine Dienstleistung?

Unternehmensform ▶ Kap. 3.1

Wollen Sie die Geschäftsidee allein oder mit Partnern verwirklichen?

Wer übernimmt welche Aufgaben und Funktionen?

Wie hoch sind die Kapitaleinlage und die Haftung?

Markteinschätzung

Welche Kunden kommen in Frage?

Wer ist meine Zielgruppe?

Wer sind meine Konkurrenten?

Wie könnten die Konkurrenten reagieren?

Standort

Wo errichte ich das Geschäft/das Büro?

Brauche ich Extra-Räume?

Marketing

Welche Werbemittel sollen eingesetzt werden?

Wie will ich mein Produkt/Dienstleistung verkaufen?

Welchen Preis verlange ich?

Finanzierung

Welche Einnahmen und Ausgaben sind zu erwarten?

Wie viel Geld benötige ich am Anfang?

Woher bekomme ich das Startgeld?

Welche Fördermittel stehen mir zu?

Zukunftsaussichten

Wie stelle ich mir meine Firma in zwei oder drei Jahren vor?

Ausführlicher Businessplan ☜

Wahl des Standorts

Die Wahl des richtigen Standorts hängt von der Zielsetzung des Unternehmens und der betrieblichen Eigenart ab. So wird ein Einzelhandels- oder Dienstleistungsunternehmen (z. B. Frisörladen) sich in der Nähe der Kunden ansiedeln, Supermärkte und Einkaufszentren dagegen eher am Stadtrand, um ausreichend Parkmöglichkeiten anzubieten. Zulieferfirmen siedeln sich in unmittelbarer Nähe ihres Hauptabnehmers an (z. B. Automobilwerk), um eine schnelle und sichere Versorgung zu gewährleisten. Darüber hinaus gibt

Beispiel der Standortwahl

Einflussfaktoren	Gewichtung	Standort A		Standort B	
		Bewertung	Punkte	Bewertung	Punkte
Kundennähe	8	3	24	2	16
Verkehrslage	9	3	27	4	36
Parkplätze	6	4	24	3	18
Fachkräfte	4	1	4	3	12
Konkurrenz	10	3	30	1	10
Kosten	6	2	12	3	18
Punkte ges.			121		110
Rangstelle		1		2	

es noch weitere Faktoren, die über die Wahl des Standortes entscheiden: Infrastruktur, Arbeitskräftepotenzial, Kosten für Mieten und Energie, Lohnkosten, behördliche Auflagen, Erweiterungsmöglichkeiten etc.

Stehen mehrere Standorte zur Auswahl, hilft eine einfache Methode zur Bewertung: Zunächst sollten die für das Unternehmen relevanten Einflussfaktoren nach ihrer Wichtigkeit bewertet werden, indem man einen Gewichtungsfaktor von 1–10 vergibt. Dabei ist 10 besonders wichtig und 1 unwichtig. Zwischenstufen sind möglich. Nun werden die verschiedenen Standorte bezüglich ihrer Einflussfaktoren mit Punkten von 1–5 bewertet. Hier ist z. B. 5 sehr gut; 1 sehr schlecht. Die Gewichtungsfaktoren werden mit den Punkten multipliziert und die Ergebnisse für jeden Standort summiert. Der Standort mit der höchsten Punktzahl entspricht danach am besten den Anforderungen.

Abstimmung der Marketing-Maßnahmen

Um die gegenwärtigen und zukünftigen Absatzchancen von Produkten oder Dienstleistungen zu beurteilen, lassen Hersteller oder Händler Marktuntersuchungen vornehmen. Ziel ist die systematische Sammlung und Auswertung von Marktdaten. Die **Marktforschung** soll dem Unternehmen Aufschluss geben über:

• das Konsumentenverhalten: verfügbares Einkommen, Preise vergleichbarer Produkte, Lebens- und Verbrauchsgewohnheiten,
• die ansprechbaren Zielgruppen: Alter, Geschlecht, Hobbys, Einstellungen, Gewohnheiten, Haushaltsgröße, verfügbares Einkommen,
• die Produkteigenschaften: Material, Form, Farbe, Oberfläche, Verpackung, Preislage, Umweltverträglichkeit, Qualitätsniveau,
• die Konkurrenzsituation: Anbieter, Marktanteile, Absatzentwicklung, Aktionen der Konkurrenten.

Nachdem die Marktforschung eine Vielzahl von Informationen geliefert hat, müssen in einem zweiten Schritt nun Schlussfolgerungen aus den erhobenen Marktdaten gezogen werden. Marktforscher beurteilen in der **Marktprognose** die Absatzchancen des Produkts, planen den Absatz und geben Empfehlungen für den Einsatz der **Marketing-Instrumente**.

Marketing-Instrumente

- Produkt- und Sortimentspolitik
- Kommunikations-politik
- Vertriebspolitik
- Preispolitik

Marketing-Mix
= aufeinander abgestimmter Einsatz der Marketinginstrumente

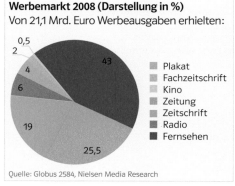

Werbemarkt 2008 (Darstellung in %)
Von 21,1 Mrd. Euro Werbeausgaben erhielten:

- Plakat
- Fachzeitschrift
- Kino
- Zeitung
- Zeitschrift
- Radio
- Fernsehen

0,5 · 2 · 4 · 6 · 19 · 25,5 · 43

Quelle: Globus 2584, Nielsen Media Research

Produkt- und Sortimentspolitik

Der Sortimentsbegriff bezieht sich in erster Linie auf Handelsbetriebe. Er bezeichnet alle Waren und Dienstleistungen, die angeboten werden. In Industrie und Handwerk wird die Gesamtheit der produzierten Sachgüter als Produktionsprogramm bezeichnet.

Um mit dem Sortiment bzw. mit den Produkten den wandelnden Kundenansprüchen gerecht zu werden, nutzen die Unternehmen die unterschiedlichen Möglichkeiten der Sortiments- und Produktpolitik.

• **Sortimentserweiterung/Produktinnovation**: Das Unternehmen nimmt zusätzliche Warengruppen/Produkte in sein Sortiment auf.

• **Sortimentsumstrukturierung/Produktvariation**: Teile des Sortiments werden durch andere Artikel ersetzt oder eingeführte Produkte werden in bestimmten Merkmalen verändert.

• **Sortimentsbereinigung/Produktelimination**: Artikel werden aus dem Sortiment entfernt.

Kommunikationspolitik

Das grundsätzliche **Werbeziel** ist die Absatzsteigerung. Für Jungunternehmer gilt es, zunächst neue Kunden zu gewinnen bzw. Verbraucher für neue Produkte oder Modetrends zu interessieren. Weitere Ziele von Werbekampagnen sind:
• Kundenbindung
• Steigerung des Marktanteils
• Verbesserung des Firmenimages in der Bevölkerung
• Reaktion auf eine Werbeaktion der Mitbewerber
• Überbrückung von Auftragslücken (z.B. Bau-Handwerk im Winter)
Durch Absatzwerbung, Öffentlichkeitsarbeit und Verkaufsförderung sollen diese Ziele erreicht werden.

Absatzwerbung

Eine Werbemaßnahme ist dann besonders erfolgreich, wenn das angebotene **Produkt** in die unmittelbaren Lebensgewohnheiten des Konsumenten passt. Da aber die Bedürfnisse der Menschen sehr unterschiedlich sind, kann man heute in der Regel nur die Wünsche eines Teiles der Verbraucher gesondert herausstellen (= **Zielgruppe**). Gelingt es, eine bestimmte Gruppe möglicher Käufer gezielt einzugrenzen, kann die Werbeaktion auf die Ansprüche dieser Zielgruppe ausgerichtet werden. Mit **Werbegebiet** ist die regionale Ausdehnung der Kampagne gemeint (z.B. Beschränkung auf Norddeutschland). In welchem Umfang eine Werbekampagne durchgeführt wird, ist abhängig von den zur

Verfügung stehenden Mitteln (=**Werbebudget**).

Eine Beeinflussung der Kunden geschieht durch verschiedene Werbemittel, die über Werbeträger der Öffentlichkeit zugänglich gemacht werden. Am häufigsten werden genutzt:

Werbemittel	Werbeträger
Anzeige	Zeitung, Zeitschrift
Plakat	Schaufenster, Litfaßsäule, Plakatwände, …
Texte, Bilder, Preise	Werbebrief, Flyer, Prospekte, …
Werbespot	Fernsehen
Rundfunkspot	Rundfunk
Suchmaschineneinträge	Internet

Mit der Festlegung der **Werbezeit** ist die Planung abgeschlossen. Am Ende erfolgt die Überprüfung der Wirksamkeit der Werbekampagne (**Werbeerfolgskontrolle**). Unternehmen und Händler müssen z. B. die Kunden vor, während und nach einer Aktion zählen, Verbraucher- oder Haushaltsbefragungen durchführen und Umsatzentwicklungen einzelner Produkte beobachten. Auf der Grundlage der Ergebnisse kann die Werbekampagne intensiviert, verändert oder beendet werden.

Öffentlichkeitsarbeit

Im Unterschied zur Absatzwerbung steht Öffentlichkeitsarbeit für die Bemühungen um Interesse, Vertrauen und Anerkennung in der Öffentlichkeit. Sie will ein Unternehmen als Ganzes bekannt machen. Öffentlichkeitsarbeit kann sich auf Massenmedien, Veröffentlichungen in Hauszeitungen, Betriebsbesichtigungen oder Verbindungen zu wichtigen Behörden erstrecken. Diese spezielle Form der gesellschaftlichen Einbindung eines Unternehmens nennt man **Public Relations** (PR). Beispiel: Ein Bäcker öffnet seine Backstube einen Tag vor Muttertag für Kinder.

Sponsoring geht über das soziale Engagement hinaus und steht für die öffentlichkeitswirksame, finanzielle Unterstützung von Personen und Organisationen vor allem im sportlichen, kulturellen und sozialen Bereich. Beispiel: Eine Brauerei finanziert einen Fußballverein und darf dafür auf der Bande oder den Sportler-Trikots werben.

Verkaufsförderung

Maßnahmen der Verkaufsförderung beziehen sich meistens auf den Herstellungs- oder Verkaufsort. Beispiele sind die Gestaltung des Verkaufsraums, die Warenpräsentation im Schaufenster oder auf Messen sowie die Schulung des Personals.

Vertriebspolitik

Zur Vertriebspolitik (Distributionspolitik) zählt man alle Maßnahmen, die eine bestmögliche Verteilung der Produkte und Dienstleistungen an mögliche Kunden beinhalten. Der Vertrieb der Produkte kann direkt oder indirekt erfolgen.

Direkter Vertrieb

Der Hersteller vertreibt seine Produkte selbst durch ein werkseigenes Vertriebssystem. Dazu gehören:

- der Lagerverkauf/Outlet Center
- Verkaufsniederlassungen (Filialen, z. B. H&M)
- eigener Versandhandel (z. B. Otto-Versand)
- Bestellungen über das Internet (z. B. Dell)
- Haustürverkäufe (z. B. Vorwerk)
- Home-Partys (z. B. Tupperware)

Es herrscht ein direkter Kontakt zwischen dem Produzenten und dem Kunden. Typisch ist diese Form des Vertriebs für kleinere Unternehmen, wie z. B. im Handwerk, sowie für Industrieunternehmen, die komplette Maschinen oder Anlagen auf Kundenwunsch herstellen. Die Vorteile des direkten Vertriebsweges liegen in der genauen Produktkenntnis des Herstellers/Verkäufers und in der Einsparung von Händlerkosten.

Outlet-Center Metzingen

Indirekter Vertrieb

Hersteller von Massen- und Konsumgütern (z. B. Getränke, Süßwaren, Waschmittel usw.) setzen ihre Produkte in der Regel mit Hilfe des Groß- und Einzelhandels an die Verbraucher ab. Die Vorteile dieses Vertriebssystems bestehen für den Hersteller darin, dass der Handel über eine entsprechende Marktübersicht und Branchenkenntnis verfügt. Außerdem kann fast jedem Konsumenten über den **Groß- und Einzelhandel** das Produkt angeboten werden.

Preispolitik

Die Preispolitik gehört zu den wichtigsten Faktoren im Bereich des Marketings, da für viele Kunden der Preis ein wichtiges Kaufargument ist. So lässt sich einerseits über einen hohen Preis das Ziel der Gewinnmaximierung erreichen; andererseits kann ein zu hoher Preis gegenüber der Konkurrenz einen Wettbewerbsnachteil bedeuten und somit zum Verlust von Marktanteilen führen. Die Preisbildung wird beeinflusst von:

- den Kosten eines Produktes/einer Dienstleistung
- dem Verhalten der Kunden
- dem Verhalten der Konkurrenten

Bilden sich die Preise in erster Linie auf Basis der Kosten zuzüglich eines Gewinnzuschlags, wird von einer **kostenorientierten Preisbildung** gesprochen. Der Produzent kann den Preis selbst bestimmen. Diese Situation liegt dann vor, wenn der Hersteller als Alleinanbieter (= **Monopolist**) am Markt auftritt oder wenn eine große Nachfrage den Verkäufer in eine bevorzugte Position bringt.

Kalkulationsschema: Beispiel Kuchen (in €)

+ Materialkosten	3,70
+ Fertigungskosten	2,40
= Herstellkosten	6,10
+ Verwaltungskosten	0,70
+ Vertriebskosten	1,20
= Selbstkosten	8,00
+ Gewinn	3,00
= Nettoverkaufspreis	11,00
+ MWST (7 %)	0,77
Bruttoverkaufspreis (gerundet)	11,80

Vertiefende Inhalte zur Kostenrechnung

Die meisten Unternehmen müssen sich jedoch am **Marktpreis** orientieren. Zahlreiche Anbieter stehen im Wettbewerb um die Gunst des Kunden. Die Käufer sind in der vorteilhaften Lage, aus dem größeren Angebot auswählen zu können. Für den Hersteller ist eine Preisfestsetzung ohne Berücksichtigung der Preise von Mitbewerbern kaum möglich. Dies gilt vor allem dann, wenn einige Anbieter gleichartige Produkte verkaufen. Versucht ein Konkurrent über Preissenkungen größere Käuferschichten an sich zu ziehen, müssen die Mitbewerber sofort reagieren und unter Umständen damit rechnen, dass der Verkaufspreis kurzfristig unterhalb der eigenen Kosten liegt (= **Dumpingpreis**, ruinöser Wettbewerb).

Neben dem Preis gibt es zusätzliche Faktoren (= **Konditionen**), die die Kaufentscheidung des Kunden beeinflussen:

- Rabattgewährung: Mengen-, Treue-, Sonderrabatte, Skonto
- Zahlungsbedingungen: Gewährung von Zahlungszielen
- Dienstleistungen: Garantie, Wartung

Kapitalbedarfsrechnung

Eine erfolgreiche Unternehmensgründung ist auch stark vom Kapitalbedarf und der damit verbundenen Kapitalbeschaffung (= **Finanzierung**) abhängig. Die Unterschätzung des Kapitalbedarfs ist eine der Hauptursachen für das Scheitern von Existenzgründern. Unberücksichtigt bleibt häufig, dass ein Jungunternehmen in der Anfangsphase mit Anlaufverlusten, z. B. durch fehlende Bekanntheit zu rechnen hat. Die finanziellen Mittel sind in der Planung so zu kalkulieren, dass der Spielraum zur Überbrückung von wirtschaftlich schlechten Zeiten (z. B. zu geringer Umsatz) groß genug ist.

Im Vordergrund der Kapitalbedarfsermittlung stehen die zukünftigen Ausgaben für Investitionen. Investiert wird in Grundstücke, Maschinen, Fahrzeuge usw. Diese Güter bilden die Grundlage für die betriebliche Tätigkeit und werden langfristig genutzt. Daher spricht man hier von **Anlagegütern**.

Kapitalbedarfsplan:
Konditorei mit Frühstückscafé

Investitionen	in €
• Umbau/Renovierung	....
• Maschinen/Geräte	....
• Betriebs- u. Geschäftsausstattung	....
• Fahrzeuge	....
• erstes Material- u. Warenlager	....
Gründungsausgaben	
• Gebühren/Anmeldungen	....
• Markteinführungskosten (Werbung)	....
Anlaufverluste (monatlich)	
• Miete	....
• Lohnkosten	....
• Gebühren/Steuern/Versicherungen	....
• Eigenbedarf des Gründers	....
Gesamt	....

Möglichkeiten der Finanzierung

Nach der Ermittlung des Kapitalbedarfs stellt man die voraussichtlichen Ein- und Ausgaben eines bestimmten Zeitraums (z. B. 6 Monate) gegenüber (= **Liquiditätsplan**). Liegen die Ausgaben über den Einnahmen (bei einer Unternehmensgründung ist dies immer der Fall), müssen die benötigten finanziellen Mittel beschafft werden, damit das Unternehmen zu jeder Zeit seinen Zahlungsverpflichtungen nachkommen kann (=**Liquidität**).
Folgende Finanzierungsarten sind möglich:
• durch Eigenkapital
• durch Kredite ▶ S. 120 – 121
• durch Fördermittel
• durch Leasing
Bei der **Finanzierung durch Eigenkapital** werden die Gelder von Unternehmensgründern und/oder ihren Partnern (abhängig von der jeweiligen Unternehmensform) aufgebracht.

$$\text{Eigenkapitalquote} = \frac{\text{Eigenkapital x 100}}{\text{Gesamtkapital}}$$

Das im Unternehmen investierte Eigenkapital sollte 30% bis 40% am Gesamtkapital ausmachen. Eine ausreichende **Eigenkapitalquote** bedeutet für das Unternehmen:
• finanzielle Engpässe und/oder Verluste können ausgeglichen werden,
• eine höhere Kreditwürdigkeit gegenüber Banken und anderen Gläubigern.
Finanzierung durch Fördermittel Der Staat (EU, Bund, Länder und Gemeinden) fördert den Weg in die Selbstständigkeit mit unterschiedlichen Maßnahmen. Die häufigste

Form öffentlicher Förderung ist die Bereitstellung von Krediten zu besonders günstigen Konditionen. Dazu gehören niedrige Zinssätze, lange Laufzeiten, Beginn der Tilgung erst nach einigen Jahren. Somit werden die finanziellen Belastungen der Kreditnehmer in der schwierigen Anlaufphase niedrig gehalten. Wenn bestimmte Voraussetzungen vorliegen, erhalten Existenzgründer sogar staatliche Zuschüsse, die im Gegensatz zu den Krediten nicht zurückgezahlt werden müssen.
Finanzierung durch Leasing bezeichnet das Mieten und Vermieten von langfristig nutzbaren Gütern (Anlagegütern). Leasinggeber sind entweder spezielle Leasinggesellschaften oder die Hersteller der Produkte selbst.
Leasingverträge enthalten häufig neben der Vertragslaufzeit und der Leasingrate zusätzliche Regelungen, z. B. einen Wartungsvertrag. In der Regel wird vereinbart, dass der Leasinggegenstand am Ende der Nutzungsdauer zum Restwert gekauft werden kann. Bei einigen Leasingverträgen ist eine Anzahlung zu leisten (z. B. beim Auto).
Leasing hat den Vorteil, dass man das Gut nicht sofort in einer Summe bezahlen muss. Dadurch werden Finanzmittel geschont und können an anderer Stelle des Unternehmens eingesetzt werden. Außerdem lassen sich Maschinen, die einem schnellen technischen Wandel unterliegen, nach wenigen Jahren gegen Modernere austauschen. Nachteilig bei Leasingverträgen ist, dass für die Nutzung des Gegenstandes insgesamt mehr Geld eingesetzt werden muss als beim Kauf.

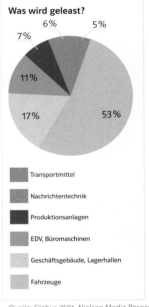

Was wird geleast?
6% · 5% · 7% · 11% · 17% · 53%

■ Transportmittel
■ Nachrichtentechnik
■ Produktionsanlagen
■ EDV, Büromaschinen
■ Geschäftsgebäude, Lagerhallen
■ Fahrzeuge

Quelle: Globus 2584, Nielsen Media Research

Zum Querdenken

1. Der Staat fördert durch unterschiedliche Maßnahmen Unternehmensgründungen. Welche Interessen könnte der Staat damit verfolgen?

2. Neben einer Vielzahl von Unternehmensgründungen jedes Jahr müssen fast genauso viele Unternehmen Insolvenz anmelden. Ist ein Großunternehmen davon betroffen, diskutiert die Politik, ob und in welcher

Form diesem Unternehmen mit staatlichen Mitteln geholfen werden kann. Soll der Staat sich einmischen? Finden Sie Argumente für und wider.

3. In der Bundesrepublik Deutschland ist jeder 14. Haushalt überschuldet. Welchen Einfluss hat Ihrer Meinung nach die Werbung auf diese Situation?

Konzept einer Unternehmensgründung

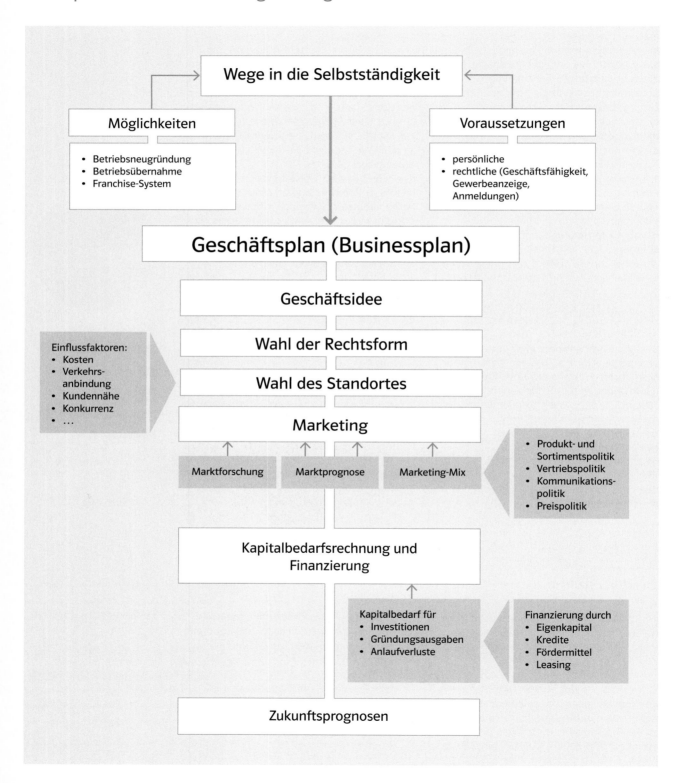

Prüfungsaufgaben

1. Wo erfolgt bei Gründung eines Handwerksbetriebes keine Anmeldung?
a) beim Gewerbeamt
b) bei der Berufsgenossenschaft
c) beim Finanzamt
d) bei der Handwerkskammer
e) bei der IHK

2. Bei der Wahl des Standorts für einen Handwerksbetrieb spielt welcher Faktor eine untergeordnete Rolle?
a) Kundennähe
b) Rohstoffreserven
c) Fachkräfte
d) Kosten für Umweltauflagen
e) Konkurrenz

3. In welchem Beispiel spricht man bei Industriebetrieben von Investitionen?
a) Kauf von Maschinen
b) Einkauf von Rohstoffen
c) Start einer Werbekampagne
d) Aufnahme neuer Gesellschafter
e) Einstellung neuer Mitarbeiter

4. Was gehört nicht zum Marketingbereich eines Unternehmens?
a) Marktforschung
b) Public-Relation
c) Produkt- und Sortimentspolitik
d) Forschung und Entwicklung
e) Vertriebspolitik

5. Nennen Sie 3 Gründe, warum bei einer Unternehmensgründung die Aufstellung eines Geschäftsplanes (Business-Plan) sinnvoll ist.

6. Nennen Sie 5 persönliche Voraussetzungen, die ein Unternehmensgründer mitbringen sollte.

7. Nennen Sie Werbemittel und entsprechende Werbeträger, die Ihr Ausbildungsbetrieb benutzt.

8. Die Abbildung zeigt, dass die überwiegende Zahl der Neugründungen im Dienstleistungsbereich erfolgte.
a) Nennen Sie 5 Arten von Unternehmen, die dem Dienstleistungsbereich zugeordnet werden können.
b) Was sind mögliche Gründe für die hohe Zahl der Neugründungen in diesem Wirtschaftsbereich?

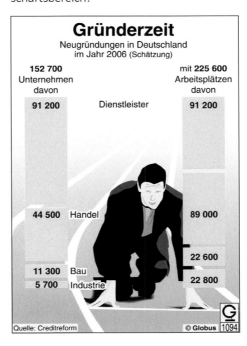

Methode: Projektmethode

Lernen für die Selbstständigkeit

Fast 80% der Deutschen finden es reizvoll, ihr eigener Chef zu sein. Das ist das Ergebnis einer Umfrage (TNS Emnid). Dabei steht für viele im Vordergrund, eigene Ideen umzusetzen, keinem Vorgesetzten Rechenschaft zu schulden und die Früchte des Erfolges ganz allein zu ernten.

Doch gleichzeitig fürchten sich 90% der Befragten vor dem finanziellen Risiko. Neben einer guten Geschäftsidee bedarf es somit eines detaillierten Geschäftsplanes.

Die Planung einer Unternehmensgründung lässt sich als Projekt durchführen. Dabei ist der Arbeits- und Lernprozess, der durch eine Projektidee ausgelöst wird, ebenso wichtig wie das Ergebnis, das am Ende des Projektes stehen soll.

In folgenden Schritten sollte man dabei vorgehen:

1. Schritt:
Auseinandersetzung mit der Projektidee

- eine Projektidee diskutieren
- eigene Ideen und Wünsche einbringen
- soziale Regeln und Regeln der Diskussion beachten
- eine Ideensammlung erstellen
- eine Projektskizze erstellen

↓

2. Schritt:
gemeinsame Absprachen über die Vorgehensweise

- eine Ideensammlung/Projektskizze auf Durchführbarkeit überprüfen
- Meinung äußern
- Absprachen über die Aufgabenverteilung treffen
- einen Projektplan erstellen

↓

3. Schritt:
Durchführung des Projektes

- Organisationsformen und Methoden festlegen
- den Weg zum Ziel planen
- Arbeitszeiten und Arbeitsorte planen

↓

4. Schritt:
Projektpräsentation

- die Projektpräsentation planen
- die Projektpräsentation durchführen

Eine Projektidee: Unternehmensgründung

Planen Sie als Klasse/Gruppe eine Unternehmensgründung. Erstellen Sie dazu einen Geschäftsplan (Businessplan). Die Unternehmensgründung kann sich beziehen auf:
- **ein rein fiktives Unternehmen,**
- **ein Unternehmen, das in Ihren Ausbildungsbereich fällt,**
- **ein praxisorientiertes Schulunternehmen (z. B. Schulkiosk),**
- **die Konditorei mit Stehcafé (▶ S. 126).**

1. Schritt:

Sammeln Sie in einem Brainstorming Ideen zur Gründung eines Unternehmens. Alle Äußerungen – auch ausgefallene und abwegig erscheinende – sind erlaubt (keine Kritik und Kommentare!).

Diskutieren Sie, für welche Idee Sie sich entscheiden wollen.

Nehmen Sie diese Idee noch einmal genau unter die Lupe. Dabei helfen Ihnen u. a. die folgenden Fragen:
- Wie originell ist die Idee?
- Gibt es Vergleichbares in der Praxis?
- Welche wichtigen Fragen müssen geklärt werden?
- Lassen sich Antworten auf diese offenen Fragen finden?
- Lässt sich das Projekt in der vorgegebenen Zeit durchführen?

Hinweis: Halten Sie die Vereinbarungen und Entscheidungen in einem Ergebnisprotokoll fest. Jeder Teilnehmer der Arbeitsgruppe erhält eine Kopie. Somit lassen sich Termine und verteilte Aufgaben überprüfen.

2. Schritt:

In dieser Phase findet der vielleicht wichtigste Teil des Projektes statt. Bei der Planung helfen Ihnen die folgenden Fragen:
- Welche Punkte enthält ein Business-Plan?
- Woher erhalten wir die notwendigen Informationen?
- In welcher Reihenfolge sollen die Arbeitsschritte erledigt werden?
- Wer übernimmt welche Aufgaben?

Danach legen Sie
- das Zeitraster fest, d.h. zu welchem Zeitpunkt müssen welche Arbeiten erledigt sein. (Meilensteine)

(Hinweise zum Thema Arbeits- und Zeitplanung ▶ S. 44/45)

Vorgang	Dauer	1. Woche	2. Woche	3. Woche	4. Woche	
Rechtliche Klärung	5 Tage	▬				
Markt- analyse	6 Tage	▬				
Standort- analyse	4 Tage	▬				
Wahl der Rechtsform						

3. Schritt:

Führen Sie nun die geplanten Arbeitsschritte durch. Achten Sie auf die Einhaltung der von Ihnen gesetzten Meilensteine.

4. Schritt:

Zum Ende des Projektes erstellen Sie eine Dokumentation/PowerPoint-Präsentation, mit der Sie Ihre Ergebnisse darstellen. Versuchen Sie, die Zuhörer für ihre Ideen zu gewinnen. In der Praxis wären dies mögliche Investoren bzw. Kreditgeber. (Die Regeln für eine gelungene Präsentation ▶ S. 66/67.)

Online-Link
882730-3400

Globalisierung

Lernsituation:

Wie leistungsfähig ist die deutsche Wirtschaft?

Bei dem Motorenhersteller Jansen GmbH findet eine außerordentliche Betriebsversammlung statt. Den Mitarbeitern wird von der Geschäftsführung mitgeteilt, dass aus Kostengründen die Gehäusefertigung, in der der Lohnkostenanteil besonders hoch ist, in die Tschechische Republik verlagert wird. Die Verlagerung dieses Teiles der Fertigung in ein Niedriglohnland ist notwendig, um die internationale Wettbewerbsfähigkeit zu erhalten. Mit dieser Maßnahme sind allerdings auch betriebsbedingte Kündigungen verbunden.

Handlungsaufgaben:

1. Beurteilen Sie die Leistungsfähigkeit der deutschen Wirtschaft anhand der Ergebnisse des Außenhandels und ziehen Sie daraus Schlüsse für den Wirtschaftsstandort Deutschland.
a) Vergleichen Sie die Lohnkosten in Deutschland mit denen anderer Länder.
b) Beschreiben Sie den Einfluss dieser Kostensituation auf den Wirtschaftsstandort Deutschland.

c) Untersuchen Sie, wie sich der deutsche Außenhandel in den vergangenen Jahren entwickelte.
d) Notieren Sie, welche Produkte und Dienstleistungen überwiegend exportiert, welche importiert werden.
e) Zählen Sie die Gründe für die „positive" Wettbewerbssituation deutscher Unternehmen auf.

2. Überlegen Sie, was Unternehmen, Arbeitnehmer und der Staat in Zukunft leisten müssen, damit die Bundesrepublik Deutschland auch weiterhin Nutzen aus der Globalisierung zieht.

Der Weg zur Globalisierung

Die Merkmale der Globalisierung lassen sich an dem Containerschiff „Cosco Germany" aufzeigen. Das 340 Meter lange Schiff, das 8200 Container laden kann, transportiert Waren und Güter zwischen Asien und Europa. Geplant und finanziert wurde das Schiff von einem Hamburger Unternehmen, gebaut auf der weltgrößten Werft in Korea und verchartert an eine chinesische Reederei. Die 25 Besatzungsmitglieder stammen aus den verschiedensten Ländern. Der Kapitän kommt aus Deutschland, der Ingenieur aus England, die Offiziere aus Kroatien und Lettland, die Matrosen von den Philippinen.

Das wirtschaftliche Handeln hat sich während des größten Teils der Menschheitsgeschichte auf die unmittelbare Umgebung beschränkt. Produkte wurden gezielt für den heimischen Markt produziert. Mit dem grenzüberschreitenden Handel veränderten sich zunächst die Warenangebote auf den Märkten vor Ort. Bis in die 1970er-Jahre exportierten die Industrieländer vor allem Industrieprodukte untereinander und in die weniger entwickelten Länder und führten von dort im Gegenzug Rohstoffe und Vorprodukte ein.

Heute errichten viele Unternehmen weltweit eigene Produktionsstätten. Containerschiffe bringen Fertigwaren wie Textilien, Spielzeug, Haushaltsgeräte, Fernseher usw. nach Europa. Industrieprodukte wie z.B. Maschinen, Autos oder medizinische Geräte werden in umgekehrter Richtung transportiert.

Diese enge internationale Zusammenarbeit hat eine immer rasantere Entwicklung genommen und neben dem Handel viele andere Bereiche wie Finanzwirtschaft, Kultur, Politik und Umwelt erfasst. Diese Entwicklung wird als Globalisierung beschrieben und hat verschiedene Ursachen.

Die Ursachen der Globalisierung sind vielschichtig

Freier Handel und somit das Zusammenwachsen von Märkten ist nur möglich, wenn es keine Behinderung gibt, etwa durch Zölle, Exportverbote oder andere Handelsbeschränkungen. Nicht zuletzt werden Räume von Menschen, Waren und Informationen schneller und kostengünstiger überwunden, wenn technische Entwicklungen stattgefunden haben.

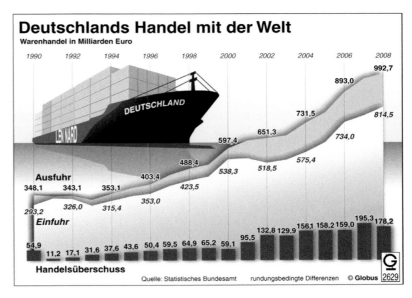

Deutschlands Handel mit der Welt
Warenhandel in Milliarden Euro

Quelle: Statistisches Bundesamt   rundungsbedingte Differenzen   © Globus 2629

Informations- und Kommunikationssysteme

Heute ist es selbstverständlich, Daten, Texte, Bilder, Musik oder Filme sekundenschnell um die Welt zu schicken oder zu empfangen. Wer will, kann praktisch fast überall und immer erreichbar sein, über Telefon, Telefax, Internet oder E-Mail. Die Vernetzung von Computern über das Internet schafft Netzwerke in den Unternehmen und zwischen Unternehmen und Konsumenten. Dies verändert die Organisation der Wirtschaft.

Beispiele:
Ein Kaufhaus versteigert einen Auftrag über die Herstellung von 100 000 T-Shirts weltweit im Internet.
Die Firma Dell bietet ihre Computer für Endverbraucher nur im Internet an.

Globalisierung
Prozess, durch den Märkte und Produktionen in verschiedenen Ländern immer mehr voneinander abhängig werden – dank der Dynamik des Handels mit Gütern und Dienstleistungen und durch die Bewegung von Kapital und Technologie.
(OECD)

Die Firma Adidas ist ein Beispiel für die Globalisierung deutscher Unternehmen. Sitz des Unternehmens ist Herzogenaurach. Dort wird heute die Kopfarbeit geleistet. Hier finden sich Abteilungen wie Design, Marketing oder Logistik. Die Niederlassung in Hongkong überwacht die Produktion von jährlich 200 Millionen Paar Sportschuhen und 230 Millionen Textilien. In Portland (USA) ist der Hauptsitz der Produktentwicklung. Damit die Mitarbeiter in den weltweit eingesetzten Filialen miteinander kommunizieren können, ist Englisch die Firmen- oder Umgangssprache, selbst dann, wenn bei einer Konferenz nur Deutsche anwesend sind.

Made worldwide- Zulieferbetriebe für einen 7er BMW

Der neue 7er BMW / Stand 2008

Slowakei: Kabelbaum
Österreich: Dachhimmel
Ukraine: Sitzheizung
Polen: Stoßfängerträger
Rumänien: Start-Stopp-Schalter
Italien: Heckleuchten
Ungarn: Instrumentenkombi
Spanien: Fanfaren
Australien: Steuergerät Heckklappenlift
Tunesien: Lenkrad
Portugal: Schließsystem (Türschlösser)
Belgien: Frontscheibe, Scheibenwischanlage
Südafrika: Ledersitzbezüge
Irland: Fensterheberschalter
Österreich: Scheinwerfer
Japan: Head Up Display
Belgien: Lautsprecher
Frankreich: Batterieleitungen, CID (Central Information Display = Navi)
Indien: Ausgleichsgehäuse (im Getriebe)

Standortwahl

Investoren (Kapitalanleger) legen dort ihr Geld an, wo sie sich die höchste Verzinsung des eingesetzten Kapitals, die höchste Rendite, versprechen.

Verbesserte Transportsysteme

Eine wichtige Voraussetzung, um den zunehmenden Warenstrom zwischen den Kontinenten, vor allem zwischen Asien und Europa, bewerkstelligen zu können, war die Verbesserung und der Ausbau der Transportsysteme. Die stärkste Veränderung zeigte sich dabei in der Containerschifffahrt. Schiffe, die bis zu 10 000 Containern laden können, transportieren heute 70 % der Stückgüter auf dem Seeweg.

Während die Waren früher umständlich umgepackt werden mussten, können die immer gleich großen Container bei ihrer Reise um die Welt heute bequem zwischen Schiffen, Zügen und LKWs verschoben werden. All dies hat dazu geführt, dass die Frachtkosten je Einheit drastisch gesunken sind. So sind die Transportkosten einer Ladung Hemden mit einem Containerschiff von China nach Hamburg genauso hoch wie die Kosten des Transports mit einem LKW von Hamburg nach Düsseldorf.

Politische Veränderungen

Beschleunigt wurde der Prozess der Globalisierung durch die politischen Veränderungen in einigen Teilen der Welt. Ende der 1980er-Jahre kam es zum politischen Zusammenbruch der osteuropäischen Staaten. Die meisten Länder stellten ihr Wirtschaftssystem um auf die Marktwirtschaft und öffneten ihre Grenzen für ausländische Investitionen und Waren. Zur gleichen Zeit gab China die Position der Abschottung gegenüber dem Rest der Welt auf und integrierte sich ebenfalls in die Weltwirtschaft.

Attraktivität der Wirtschaftsstandorte

Unternehmen suchen nach Produktionsstandorten, die bestmögliche Produktionsbedingungen bieten, um ihre Produkte konkurrenzfähig anbieten zu können oder Standorte, die nahe beim Kunden liegen. Durch die Öffnung der internationalen Märkte für Güter, haben die Unternehmen die Möglichkeit, ihren Firmensitz oder Teilbereiche ihres Unternehmens (Produktionsstätten, Vertriebsbüros, EDV- und Entwicklungsabteilungen, Call-Center usw.) fast überall auf der Welt anzusiedeln.

Als **Standortfaktoren** gelten:
- **Lohnstückkosten:** Das sind die Arbeitskosten, die für die Produktion eines Gutes anfallen.
- **Infrastruktur:** Transport- und Logistiksysteme, Kommunikationssysteme, Schul- und Hochschuleinrichtungen usw.
- **Staatliche Rahmenbedingungen:** Fördermaßnahmen (z.B. für Forschung), steuerliche Belastung, Beschränkungen bzw. Auflagen (z.B. Umweltauflagen), politische Stabilität, Bürokratie usw.
- **Marktnähe:** Vor allem in den dynamischen Märkten, das sind Märkte, in denen sich z.B. der Verbrauchergeschmack schnell ändert oder auf die viele Wettbewerber drängen, müssen Unternehmen mit ihren Produkten

Skyline von Shanghai

Textilproduktion in China

Die Globalisierung wird dazu führen, dass nicht mehr konkurrenzfähige Arbeitsplätze in Deutschland wegfallen. Ziel muss es sein, neue, produktive und rentable Arbeitsplätze entstehen zu lassen.

Deutschlands Handel im Jahr 2007 nach ausgewählten Warengruppen

	Einfuhr		Ausfuhr	
	In Mrd. €	in %	In Mrd. €	in %
Nahrungsmittel	40	5,2	33	3,5
Erdöl/Erdgas	61	7,9	3	0,3
Textilien/Bekleidung	31	3,9	22	2,2
chemische Erzeugnisse	90	11,7	128	13,2
Metalle u. Metallerzeugnisse	82	10,7	94	9,7
Maschinen	54	7,0	139	14,3
Autos	76	9,9	181	18,7
Medizin, Messtechnik	22	2,9	40	4,1
Kraftwerke/Turbinen	32	4,1	49	5,0
Büromaschinen/EDV	31	4,0	24	2,5
Elektrotechnik	43	5,5	37	3,8
Übrige	210	27,2	220	22,7
gesamt	**772**	**100**	**970**	**100**

Statistisches Bundesamt

vor Ort präsent sein, um im Konkurrenzkampf bestehen zu können.

Bei der Entscheidung für einen Standort spielen viele Faktoren eine Rolle. Auch ihre Gewichtung fällt unterschiedlich aus. Welche Gründe ausschlaggebend für die Wahl des Standortes sind, hängt ab von den Produktionsstrukturen (was und wie wird produziert) und den Unternehmenszielen. Ein Hersteller von T-Shirts und einfacher Bekleidung kann seinen Produktionsstandort in einem Land mit vergleichsweise gering qualifizierten Arbeitskräften und besonders niedrigen Löhnen einrichten. Ein Unternehmen, das hochwertige Maschinen herstellt, muss höhere Anforderungen an den Standort stellen.

Stellung der Bundesrepublik Deutschland im Welthandel

Die Einbindung Deutschlands in die Weltwirtschaft zeigt sich an der Entwicklung des Handels mit der Welt (▶ Grafik S. 139). Die Ausfuhren von Waren ins Ausland haben sich seit 1990 verdreifacht. Diese Entwicklung gilt auch für die Einfuhr. Die folgende Tabelle gibt einen Überblick über den Anteil der Warengruppen am Im- und Export.

Zurzeit ist die Bundesrepublik Deutschland Exportweltmeister. Aber gilt dies auch für die Zukunft? Oder wird die internationale Arbeitsteilung so aussehen: Indien wird die Denkfabrik, China die Werkhalle, Russland die Zapfsäule und Brasilien das Rohstofflager der Welt?

Fall der Berliner Mauer

Arbeitskosten international
(je Std. im verarbeitenden Gewerbe im Jahr 2007)

Land	Arbeitskosten
Norwegen	40,19
Schweden	34,53
Deutschland	32,70
Frankreich	32,26
Niederlande	31,34
USA	22,57
Japan	18,39
Slowakei	11,33
Tschechien	7,39
Polen	5,90
Rumänien	3,23
Bulgarien	1,80

Iwd 25.09.2008, S. 7

Neue Anforderungen für Unternehmen, Arbeitnehmer und den Staat

Von den Unternehmen wird erwartet, dass sie ihre Organisations- und Ablaufstrukturen (▶ Kap. 3.1) so ausrichten, dass sie den häufig veränderten Anforderungen ihrer Kunden gerecht werden können. Zu diesen Anforderungen gehören u. a.:
• ein gutes Preis/Leistungs-Verhältnis
• kurze Lieferzeiten
• Liefertreue
• Service
• Flexibilität bei Kundenaufträgen

Damit Unternehmen diesen hohen Anforderungen gerecht werden können, bedarf es gut ausgebildeter Mitarbeiter (▶ Kap. 1.4). Die Anforderungen, die heute an sie gestellt werden, sind u. a.:
• Fachkenntnisse
• Teamfähigkeit
• Mobilität
• Flexibilität
• Sprachkenntnisse

Dass **Arbeitnehmer** all diese Anforderungen erfüllen sollten, hängt auch mit den hohen Lohnkosten für deutsche Arbeitnehmer im Vergleich zu chinesischen oder osteuropäischen Arbeitskräften zusammen. Nur wenn die Produktivität bei uns höher ist, können hier auch höhere Löhne bezahlt werden, ohne dass dadurch die Konkurrenzfähigkeit gefährdet ist.

Damit die Bundesrepublik auch weiterhin in der Weltwirtschaft eine führende Rolle einnimmt, muss der **Staat** die Rahmenbedingungen so setzen, dass Unternehmen und Arbeitnehmer die genannten Anforderungen auch erfüllen können. Zu den Aufgaben des Staates gehören demnach u. a.:
• Schaffung eines guten Bildungssystems
• finanzielle Beteiligung im Bereich Forschung und Entwicklung
• Verbesserung der Infrastruktur, z. B. der Verkehrs- und Kommunikationswege
• Standortanreize für Unternehmen
• Senkung der Lohnnebenkosten

Zum Querdenken

1. Die Globalisierung hat neben Handel und Finanzwirtschaft viele andere Bereiche wie Kultur, Politik und Umwelt erfasst.
Diskutieren Sie: In welche Bereiche ihres Lebens dringt die Globalisierung vor?

2. Untersuchen Sie, inwieweit technologische Entwicklungen in der Vergangenheit zu wirtschaftlichen und gesellschaftlichen Veränderungen geführt haben.

3. Der Staat setzt die Rahmenbedingungen, damit der Wirtschaftsstandort Deutschland gefragt ist. Dazu gehört die gute Ausbildung von Jugendlichen. Machen Sie Vorschläge für eine Verbesserung des Schul- und Bildungssystems der Bundesrepublik Deutschland.

4. Welche Rolle spielen der Fall der Berliner Mauer und der politische Zusammenbruch des Ostblocks für die Globalisierung?

Wirtschaftsstandort Deutschland

Globalisierung

= Strom von Waren, Dienstleistungen Kapital und Menschen um die Welt

Ziel: Erschließung neuer Märkte und Produktionsstandorte

Ursachen/Voraussetzungen

| Abbau von Handelsschranken, Verzicht auf Zölle | verbesserte Informations- und Kommunikationssysteme | kostengünstige Transportsysteme (Seecontainer) | Öffnung der Grenzen • für den Welthandel • für ausländische Investoren |

internationale Standortfaktoren

- Lohnstückkosten
- Infrastruktur
- Marktnähe
- politische Rahmenbedingungen
- ...

Wirtschaftsstandort Deutschland ist abhängig von

Unternehmen,

die produktive, rentable Arbeitsplätze schaffen und Kundenanforderungen gerecht werden

dazu braucht es

dazu braucht es

qualifizierte Mitarbeiter

(Mobilität, Fachwissen, Flexibilität, ...)

staatliche Maßnahmen

= verbesserte Produktions-bedingungen durch:
- Senkung der Lohnnebenkosten
- verbessertes Bildungssystem
- Förderung von Forschung und Entwicklung, ...

Auswirkungen der internationalen Arbeitsteilung

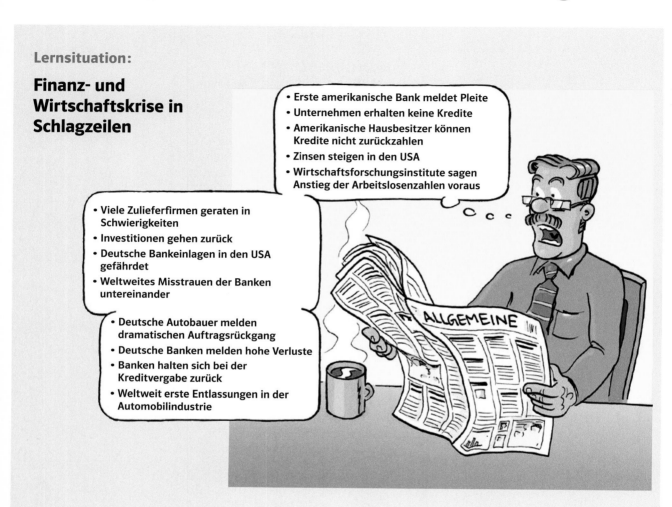

Lernsituation:

Finanz- und Wirtschaftskrise in Schlagzeilen

• Erste amerikanische Bank meldet Pleite
• Unternehmen erhalten keine Kredite
• Amerikanische Hausbesitzer können Kredite nicht zurückzahlen
• Zinsen steigen in den USA
• Wirtschaftsforschungsinstitute sagen Anstieg der Arbeitslosenzahlen voraus

• Viele Zulieferfirmen geraten in Schwierigkeiten
• Investitionen gehen zurück
• Deutsche Bankeinlagen in den USA gefährdet
• Weltweites Misstrauen der Banken untereinander

• Deutsche Autobauer melden dramatischen Auftragsrückgang
• Deutsche Banken melden hohe Verluste
• Banken halten sich bei der Kreditvergabe zurück
• Weltweit erste Entlassungen in der Automobilindustrie

Handlungsaufgaben:

1. Die internationale Arbeitsteilung bietet für die beteiligten Länder Vor- und Nachteile.
a) Kritiker sehen in der Globalisierung eine möglicherweise zu starke Abhängigkeit einzelner Volkswirtschaften vom Rest der Welt. Kommt es zu einem wirtschaftlichen Einbruch in einem Land oder in einem Wirtschaftsbereich, so hat das Auswirkungen auf andere Länder und Wirtschaftsbereiche. So weitete sich Ende des Jahres 2008 die Immobilienkrise in den USA zu einer Weltwirtschaftskrise aus. Die obigen Schlagzeilen dokumentieren diese Entwicklung.

Ordnen Sie die Schlagzeilen in der richtigen Reihenfolge, so dass sich daraus eine Argumentationskette ergibt, die die Auswirkungen der Immobilienkrise darstellt. Beispiel: Zinsen steigen in den USA – amerikanische …
b) Befürworter der Globalisierung sehen unter dem System des freien Handels Vorteile für alle Länder. Jedes Land wird seine Arbeit und sein Kapital so einsetzen, dass es im internationalen Handel davon profitiert.
Bewerten Sie die Position der Befürworter einer internationalen Arbeitsteilung.

2. Die Globalisierung bringt für den Einzelnen unterschiedliche Vor- und Nachteile mit sich.
Stellen Sie in einer Übersicht mögliche positive und negative Aspekte gegenüber, die sich für Sie aus der Globalisierung ergeben können.

Kosten- und Preisvorteile

Wirtschaften beruht auf Arbeitsteilung und Tausch; der Austausch von Gütern ermöglicht Spezialisierung (im Idealfall macht jeder, was er am besten kann); Spezialisierung führt zu steigender Produktivität und bringt allen Beteiligten einen höheren Nutzen. Diese Zusammenhänge gelten für eine Dorfgemeinschaft, auf nationaler Ebene und im Rahmen der Weltwirtschaft. Nach dieser Theorie lohnt sich Außenwirtschaft vor allem dann, wenn sich jedes Land auf die Produktion der Güter spezialisiert, die es kostengünstiger produzieren kann als andere Länder, bei denen es also einen absoluten Kostenvorteil besitzt.

Der Ökonom Adam Smith wies diesen Zusammenhang bereits im Jahr 1776 in seinem Buch „Wohlstand der Nationen" nach. Ein Beispiel soll dies verdeutlichen. Nehmen wir an, Italien und Deutschland stellen jeweils Wein und Töpfe her. Die Kosten für die Produktion seien aber unterschiedlich hoch, wie die folgende Tabelle zeigt:

Ökonom Adam Smith entwickelte die Theorie über die absoluten Kostenvorteile

Länder	Deutschland	Italien
Kosten für 1 Liter Wein	3,00 €	2,00 €
Kosten für 1 Topf	2,00 €	3,00 €
hergestellte Einheiten	1 Liter Wein 1 Topf	1 Liter Wein 1 Topf
Summe der Kosten	5,00 €	5,00 €

Ohne Spezialisierung auf die Produktion eines Gutes haben beide Länder also Kosten für die Gesamtproduktion in Höhe von 5,00 €.

Wenn ein Land nur das Produkt herstellt, welches es preiswerter produzieren kann, und danach im Rahmen des internationalen Handels austauscht, ergeben sich folgende Kosten:
Deutschland: Herstellung von 2 Töpfen; Summe der Kosten = 4,00 Euro
Italien: Herstellung von 2 Litern Wein; Summe der Kosten = 4,00 Euro
Beide Länder profitieren also von der Spezialisierung auf ein Gut, welches sie dann international austauschen.

Wenn die Waren dort produziert werden, wo sie am kostengünstigsten hergestellt werden, hat es für den Verbraucher den Vorteil, dass er Waren zu niedrigen Preisen einkaufen kann. Das erhöht die Konsummöglichkeiten.

Arbeiten im Ausland

Die internationale Arbeitsteilung und die Möglichkeiten für Unternehmen, weltweit ihre Standorte zu wählen, eröffnen auch den Arbeitnehmern die Möglichkeit, über die Grenzen Deutschlands hinaus einen Arbeitsplatz zu suchen. Zum einen ist es für Unternehmen wichtig, Beschäftigte in ihren ausländischen Niederlassungen einzusetzen. Zum anderen

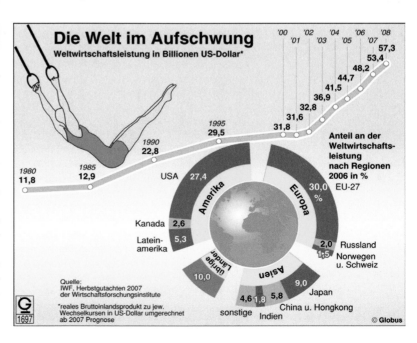

Direktinvestitionen

Investition im Ausland, die darauf abzielt, dort unternehmerisch tätig zu sein oder entscheidenden Einfluss auf die unternehmerische Tätigkeit dort auszuüben. Das kann durch Neugründung eines Unternehmens oder durch Kauf bzw. Beteiligung an einem bestehenden Unternehmen erreicht werden.

BIP

Summe aller Güter und Dienstleitungen zu Marktpreisen, die von den Mitgliedern einer Volkswirtschaft in einem Jahr im Inland erzeugt werden. Die Weltwirtschaftsleistung errechnet sich aus dem Bruttoinlandsprodukt (BIP) der Länder.

Armut

Etwa die Hälfte der 6,5 Milliarden Menschen auf der Welt lebt von weniger als zwei Dollar pro Tag.

führen Auslandstätigkeiten nicht nur zu einer Verbesserung der Berufsaussichten, sondern fördern die Selbstständigkeit, die Flexibilität und die soziale Kompetenz (▶ Kap. 1.5)

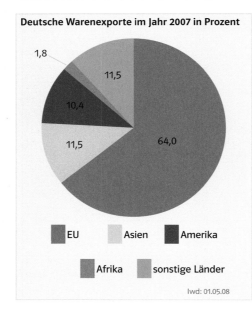

Deutsche Warenexporte im Jahr 2007 in Prozent

1,8 · 11,5 · 10,4 · 11,5 · 64,0

■ EU ■ Asien ■ Amerika ■ Afrika ■ sonstige Länder

Iwd: 01.05.08

Anteil der Länder an der Weltwirtschaftsleistung

Von der heutigen internationalen Arbeitsteilung (Globalisierung) profitieren nicht nur die führenden Industriestaaten in Europa, Nordamerika und Asien. Zu den Gewinnern zählen auch die so genannten Schwellenländer wie Brasilien, Russland, Indien und China (BRIC-Staaten). Diese vormals armen Länder haben es geschafft, durch Industrialisierung (häufig durch Direktinvestitionen) Anschluss an die Industrienationen zu finden. In den Schwellenländern gibt es Regionen und Wirtschaftszweige, die auf dem Weltmarkt wettbewerbsfähig sind und ähnlich produktiv arbeiten wie die Industrienationen.

Doch nicht alle Länder haben von der wirtschaftlichen Entwicklung profitiert. Die meisten afrikanischen Staaten spielen im Welthandel keine Rolle. Die geringe Kaufkraft macht sie als Absatzmarkt uninteressant; die politische Unsicherheit und die schlechte Infrastruktur verhindern die Ansiedlung von ausländischen Unternehmen. Zum Aufbau einer eigenen Wirtschaft fehlt das notwendige Kapital. Lediglich einige Staaten treten als Exporteur von landwirtschaftlichen Produkten

wie Kaffee, Kakao oder Früchten auf. Dabei entwickeln sich die Preise zu ihren Ungunsten. Denn während die Preise für ihre Produkte tendenziell fallen, werden Industrieprodukte und vor allem Energie teurer. Dies führt zu einer Verschlechterung der Lebenssituation in den Entwicklungsländern bzw. zu einer noch höheren Verschuldung dieser Länder.

Abhängigkeiten der Länder

Die Verflechtung der nationalen Volkswirtschaft mit den Volkswirtschaften anderer Länder führt zu Abhängigkeiten. Dies gilt besonders für die Bundesrepublik Deutschland. So ist jeder dritte Arbeitsplatz direkt oder indirekt vom Export abhängig. Veränderungen auf den Finanz- oder Handelsmärkten wirken sich bereits nach kurzer Zeit positiv oder auch negativ auf die Auftrags- und Beschäftigungslage der Unternehmen aus. So kann sich z. B. eine Senkung der Rohölpreise positiv auf die einzelnen Volkswirtschaften auswirken, u.a. weil viele Industriezweige günstiger produzieren können; besonders negativ wirkte sich jedoch die Finanzkrise im Jahre 2008 auf die Weltwirtschaft aus.

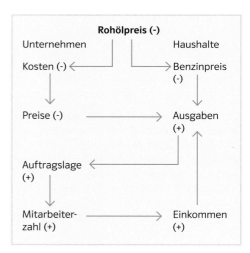

Auswirkungen auf die Arbeitswelt

Vor allem durch die Einbindung Chinas und Indiens in die internationale Arbeitsteilung hat sich das Arbeitskräfteangebot in den vergangenen Jahren auf 3 Mrd. Menschen verdoppelt. Besonders groß ist dabei das Angebot an niedrig qualifizierten Arbeitnehmern. Werden keine besonders hohen Ansprüche an die Qualifikation gestellt, so können die Unternehmen ihre Standorte für die Produktion von Fahrrädern, Textilien oder Spielzeug in vielen Ländern ansiedeln. Somit konkurrieren deutsche Arbeitnehmer mit ihren Kollegen in Asien oder Osteuropa.

Manche Tätigkeiten sind jedoch ortsgebunden. Dazu gehören Arbeitsplätze in der Bauwirtschaft, in der Landwirtschaft oder im Dienstleistungsbereich, wie z. B. Frisörhandwerk, Reinigungs- und Wachdienste. Die Öffnung der Märkte ermöglicht es Arbeitskräften aus dem Ausland (vor allem aus Osteuropa), einzuwandern und mit einheimischen Arbeitnehmern zu konkurrieren. All dies hat dazu geführt, dass es für niedrig qualifizierte Arbeitnehmer in den Industriestaaten immer weniger und immer schlechter bezahlte Jobs gibt.

Kritiker der Globalisierung befürchten sogar, dass aufgrund der Standort- und Arbeitsplatzkonkurrenz sich nicht nur die Löhne, sondern auch Arbeitsschutzbestimmungen (▶ S. 18) und Arbeitnehmerrechte sowie die sozialen Leistungen für die Arbeitnehmer nach unten entwickeln könnten, da man sich den Ländern/Standorten mit den niedrigeren Standards anpassen werde (▶ S. 71 f.).

Der starke Export Deutschlands verhilft qualifizierten Arbeitnehmern zu hohen Löhnen und sicheren Arbeitsplätzen. Dabei sind solche Produkte im Ausland gefragt, die hohen technischen Ansprüchen gerecht werden (Autos, Maschinen usw.). In Zukunft werden die so genannten Schwellenländer ihre Menschen jedoch immer besser ausbilden. In China und Indien verlassen jedes Jahr 400000 Ingenieure die Hochschulen. Bereits heute lassen Unternehmen ihre Software in Indien entwickeln, weil es dort genügend qualifizierte Arbeitskräfte gibt, die für weni-

ger Geld als Arbeitnehmer in Deutschland arbeiten. China ist hinter Japan und den USA bereits der drittgrößte Autoproduzent.

Wo werden die meisten Autos gebaut?
Kraftfahrzeuge in Prozent der Weltproduktion

Land	Prozent
Japan	16,1
USA	14,9
China	12,3
Deutschland	8,6
Südkorea	5,7
Brasilien	4,1
Indien	3,1

Informationsdienst des iwd, Jg. 34, 10/2008

Zum Querdenken

1. Die Weltwirtschaftsleistung hat sich in den vergangenen 20 Jahren verdoppelt. Welchen Einfluss hat diese Entwicklung auf die Umwelt?

2. Kritiker der Globalisierung führen an, dass wenige große Unternehmen (Multinationale Konzerne) den Waren- und Kapitalstrom steuern und kontrollieren. Recherchieren Sie im Internet, wer zu den Top Ten dieser Konzerne gehört und bestimmen Sie den Anteil der Multis am Welthandel.

Auswirkungen der Globalisierung

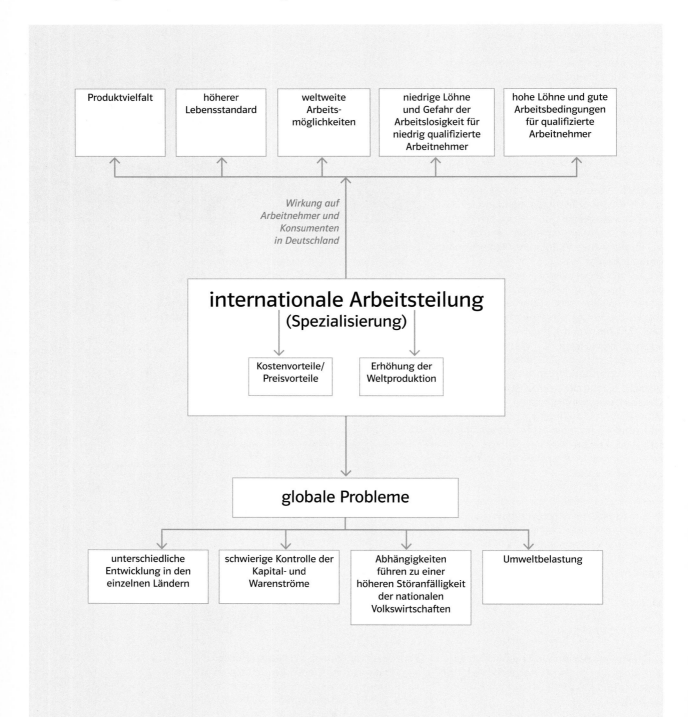

Produktvielfalt

höherer Lebensstandard

weltweite Arbeits-möglichkeiten

niedrige Löhne und Gefahr der Arbeitslosigkeit für niedrig qualifizierte Arbeitnehmer

hohe Löhne und gute Arbeitsbedingungen für qualifizierte Arbeitnehmer

Wirkung auf Arbeitnehmer und Konsumenten in Deutschland

internationale Arbeitsteilung (Spezialisierung)

Kostenvorteile/ Preisvorteile

Erhöhung der Weltproduktion

globale Probleme

unterschiedliche Entwicklung in den einzelnen Ländern

schwierige Kontrolle der Kapital- und Warenströme

Abhängigkeiten führen zu einer höheren Störanfälligkeit der nationalen Volkswirtschaften

Umweltbelastung

Prüfungsaufgaben

1. Welcher der folgenden Faktoren hat nicht zur Globalisierung beigetragen?
a) Verbesserung der Transportsysteme
b) Vernetzung von Computern über das Internet
c) Handelsbeschränkungen
d) Integration Chinas in die Weltwirtschaft
e) politische Veränderungen in Osteuropa

2. Bei der Wahl des Standortes können sich die Unternehmen für Deutschland oder das Ausland entscheiden. Welche zwei Entscheidungsfaktoren sprechen für den Standort Deutschland?
a) die Höhe der Lohnkosten
b) die gute Infrastruktur
c) die Verfügbarkeit von ausgebildeten Arbeitskräften
d) die geringe Produktivität der Arbeitnehmer
e) geringe Umweltschutzauflagen

3. Welche Wirtschaftsgüter gehören zu den „Exportschlagern" der deutschen Wirtschaft?
a) Textilien
b) Nahrungsmittel
c) Maschinen
d) Erdöl/Erdgas
e) Computer

4. Bei welchem Wirtschaftsgut ist der Wert der Einfuhren in die Bundesrepublik Deutschland höher als der Wert der Ausfuhren?
a) Autos
b) chemische Erzeugnisse
c) Maschinen
d) Textilien/Bekleidung
e) Medizin/Messtechnik

5. Die rechtsstehende Abbildung zeigt die Wirtschaftskraft einzelner Länder und Wirtschaftsregionen.
a) Beschreiben Sie die Stellung der Euro-Zone im Rahmen der Weltwirtschaft.
b) Welche Bedeutung hat der Export für diese Region?

c) Aus welchen Gründen sehen Wirtschaftsexperten die zukünftigen Wachstumszentren in China und Indien?

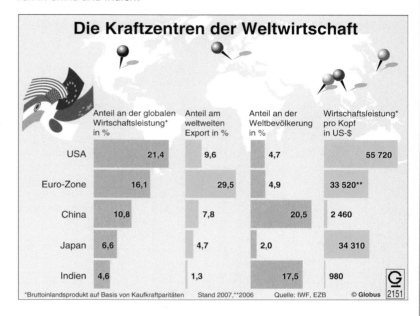

6. Die Arbeitskosten pro Stunde betragen in der Tschechischen Republik durchschnittlich 6,71 Euro. Sie setzen sich zusammen aus einem Stundenlohn von 3,76 Euro und 2,95 Euro Personalzusatzkosten. Bestimmen Sie anhand der folgenden Informationen die Arbeitskosten pro Stunde bei der Jansen GmbH.
- Stundenlohn: 18,50 Euro
- Arbeitszeit: tägl. 8 Stunden
- bezahlte Arbeitstage: 261
- geleistete Arbeitstage: 210 (51 Tage Urlaub, Krankheit, Feiertage, Fortbildung)
- Lohnnebenleistungen: 15 % (Urlaubs- und Weihnachtsgeld, vermögenswirksame Leistungen des Arbeitgebers)
- Lohnnebenkosten: 20 % vom Jahresbruttoverdienst (Arbeitgeberanteil zur Sozialversicherung)

Methode: Zukunftswerkstatt

Wie soll die Weltwirtschaft aussehen?

Zukunftswerkstatt als gemeinsames Projekt

Die Zukunft der Weltwirtschaft – ein Thema, das schon mehrfach angesprochen wurde. Zum Abschluss können wir es einmal systematisch angehen.

Als Methode eignet sich die „Zukunftswerkstatt". Es handelt sich dabei um einen Lernweg, den wir gemeinsam in einzelnen Schritten gehen können. Die folgenden Informationen organisieren und gliedern diesen Weg.

Manche fragen: Können wir nicht einfach aussteigen aus der Globalisierung? Aber eine Volkswirtschaft, in der vom Brot bis zum Hemd, vom Computer bis zum Auto alles im eigenen Land hergestellt werden müsste, ist nicht mehr denkbar. Der Ausstieg aus den Weltmärkten würde unseren Wohlstand in kürzester Zeit vernichten.

Stellen wir uns also der Verantwortung. Sie deckt sich mit unserem Interesse. Wir verkaufen die Hälfte unserer Wirtschaftsleistung ins Ausland. Die Weltwirtschaft ist unser Schicksal. Deshalb müssen wir unser Gewicht jetzt aktiv und konstruktiv in die internationale Zusammenarbeit zur Überwindung der Krise einbringen.

Die große Chance der Krise besteht darin, dass jetzt alle erkennen können: Keiner kann mehr dauerhaft Vorteile nur für sich schaffen. Die Menschheit sitzt in einem Boot. Und die in einem Boot sitzen, sollen sich helfen. Eigennutz im 21. Jahrhundert heißt: sich umeinander kümmern.

Vor allem wir im Norden müssen umdenken. Auf unserer Erde leben derzeit etwa 6,5 Milliarden Menschen. Nur rund 15 Prozent von ihnen leben in Umständen wie wir. Weit über zwei Milliarden Menschen müssen mit zwei Dollar pro Tag auskommen, eine Milliarde sogar nur mit einem Dollar. Wir sollten uns nicht länger einreden, das sei gerecht so. Sicherheit, Wohlstand und Frieden wird es auch in den Industrieländern dauerhaft nur geben, wenn mehr Gerechtigkeit in die Welt kommt. Wir brauchen eine Entwicklungspolitik für den ganzen Planeten. Das heißt: Die Industrieländer – auch Deutschland – müssen sich fragen, was sich auch bei ihnen verändern muss, um der Welt eine gute Zukunft zu sichern.

Berliner Rede von Bundespräsident Horst Köhler, 24.03.2009

Zukunftswerkstatt „Weltwirtschaft der Zukunft"

Leitfragen:
Wie stellen wir uns die Zukunft der Weltwirtschaft vor?
Welche Regeln müssen für eine globalisierte Welt formuliert werden, damit sichergestellt ist, dass das zentrale Versprechen der Befürworter der Globalisierung in Erfüllung geht: steigender Wohlstand für alle teilnehmenden Länder?

Die „Methode Zukunftswerkstatt" gibt viel Raum für selbstständiges Planen, Entscheiden und Arbeiten. Sie wurde von dem Zukunftsforscher Robert Jungk mit Gruppen aus der Ökologie- und der Friedensbewegung entwickelt. Seine Werkstätten dauerten meistens mehrere Tage. Wir können aber auch mit weniger Zeit auskommen, wenn wir ein paar Dinge beachten:

• Einiges kann man längerfristig vorbereiten: Informationen im Internet beschaffen, Handwerkszeug besorgen, …
• Der Ablauf muss in Stationen eingeteilt werden. Vor jeder Pause müssen die Ergebnisse festgehalten werden, damit sie dann beim nächsten Start zur Hand sind.
• Wir sollten uns auf das konzentrieren, was wir schaffen können; „Vollständigkeit" ist hier kein Lernziel.

Stationen der Zukunftswerkstatt –
Anregungen zur eigenen Entscheidung:

1. Schritt:

Vorbereitung

• Fragestellung festlegen: Wie soll unser Thema genau heißen?

• Arbeitsformen auswählen: Einzelarbeit, Gruppenarbeit, ganze Klasse?

• Informationen zusammentragen: vor allem unsere eigenen Vorstellungen, aber auch Materialien, die wir bislang bekommen haben; nicht zuletzt: was wir bislang in Sachen Globalisierung selber gemacht haben.

• Handwerkszeug vorbereiten: Was brauchen wir während der Arbeit, bei der Dokumentation und der Präsentation der Ergebnisse?

• Zeitplanung bedenken: Haben wir Blockunterricht oder Tagesunterricht? Zahl der „Etappen", die uns zur Verfügung stehen?

2. Schritt:

Bestandsaufnahme und Kritik

Hier soll die Kritik zu ihrem Recht kommen – aber auch kritische Argumente brauchen eine Begründung.

• Bisherige Politik der Globalisierung, Ergebnisse, Erfolge, Leistungen, …?

• Schwachstellen und Defizite, Versagen, …? Mögliche Gründe?

3. Schritt:

Blick nach vorne – Zukunftsbilder

Jetzt ist unsere „Wunsch-Weltwirtschaft" gefragt.

• Wichtig: Ideen sammeln, erklären, begründen, auf unterschiedliche Weise darstellen und mit anderen austauschen.

• Kritikpunkte aus Station 2 in positive Folgerungen umformulieren.

• Entscheiden, worauf es uns ankommt, abwägen, was uns wichtig ist, …

4. Schritt:

Realisierung – über Wege nachdenken und sprechen

Wir zeichnen nun das Bild: „Die Weltwirtschaft, wie wir sie wollen".

• Einzelne Bilder/Vorstellungen zusammentragen zu unserer Weltwirtschaft.

• Ergebnisse vor-/ausstellen.

• Mit anderen darüber sprechen, nachdenken, auch Kritik sammeln, Konsequenzen überlegen, Alternativen finden, …

Sachwortverzeichnis

Deutschland: Politische Gliederung

1:3 000 000

0 20 40 60 80 100 km

KLETT-PERTHES

D Ä N E M A R K

O s t s e e

N o r d s e e

Pommersche Bucht

Kieler Bucht

Fehmarnbelt

Lübecker Bucht

Kiel

Schleswig-Holstein

Helgoland (zu Schlesw.-Holstn.)

Helgoländer Bucht (zu Hamburg)

Mecklenburg-Vorpommern

Schweriner See

Schwerin

Müritz

Hamburg
Hamburg

(zu Bremen)

Lüneburg

Lüneburg

Elbe

Elde

P O L E N

Oder

NIEDER-

Oldenburg

Bremen
Bremen

Weser-Ems

N i e d e r s a c h s e n

Ems

Warthe

LANDE

Hannover
Hannover

Aller

Leine

Magdeburg

Berlin
Berlin

Havel

Potsdam

IJsselmeer

Waal

Maas

Münster
Münster

Detmold
Detmold

Braunschweig

Braun-

Sachsen-

Magdeburg

Brandenburg

Oder

Lippe

Ruhr

Arnsberg
Arnsberg

schweig

Anhalt

Dessau
Dessau

Elbe

Mulde

Spree

Nordrhein-

Düsseldorf
Düsseldorf

Rhein

Kassel
Kassel

Halle
Halle

Leipzig
Leipzig

Neiße

Dresden

Westfalen

Köln
Köln

K a s s e l

Unstrut

Saale

Sachsen

Dresden

Maas

Gießen
Gießen

Erfurt

T h ü r i n g e n

Chemnitz
Chemnitz

BELGIEN

Rheinland-

Trier

Koblenz
Koblenz

Lahn

Hessen

Werra

Fulda

Eger

Elbe

Prag
(Praha)

Darmstadt

Wiesbaden
Mainz

Oberfranken

Moldau

Rhein

Mosel

Pfalz

Koblenz

Main

Unterfranken

Bayreuth

TSCHECHISCHE

LUXEMBURG
Luxemburg

Trier

Rheinhessen-Pfalz

Darmstadt

Würzburg

Main

REPUBLIK

Mosel

Saarland

Saarbrücken

Neustadt an der Weinstraße

Baden-

Mittelfranken

Oberpfalz

Naab

Ansbach

Regensburg

B a y e r n

Saar

Karlsruhe
Karlsruhe

Stuttgart
Stuttgart

Niederbayern

Donau

Inn

Donau

Württemberg

Rhein

Neckar

Tübingen

Isar

Landshut

FRANKREICH

Freiburg
Freiburg

Tübingen

Lech

Augsburg
Schwaben

München
München

Oberbayern

Iller

Donau

Starnberger See

Chiemsee

Bodensee

Aare

Ö S T E R R E I C H

S C H W E I Z

Rhein

Vaduz
LIECHTENSTEIN

Inn

Bern

8 östl. Länge von Greenwich

Staatsgrenze	■ Hauptstadt eines Staates
Grenze der Bundesländer	● Hauptstadt eines Bundeslandes
Grenze der Regierungsbezirke	• Verwaltungssitz eines Regierungsbezirkes

Europa · Staaten

1 : 30 000 000

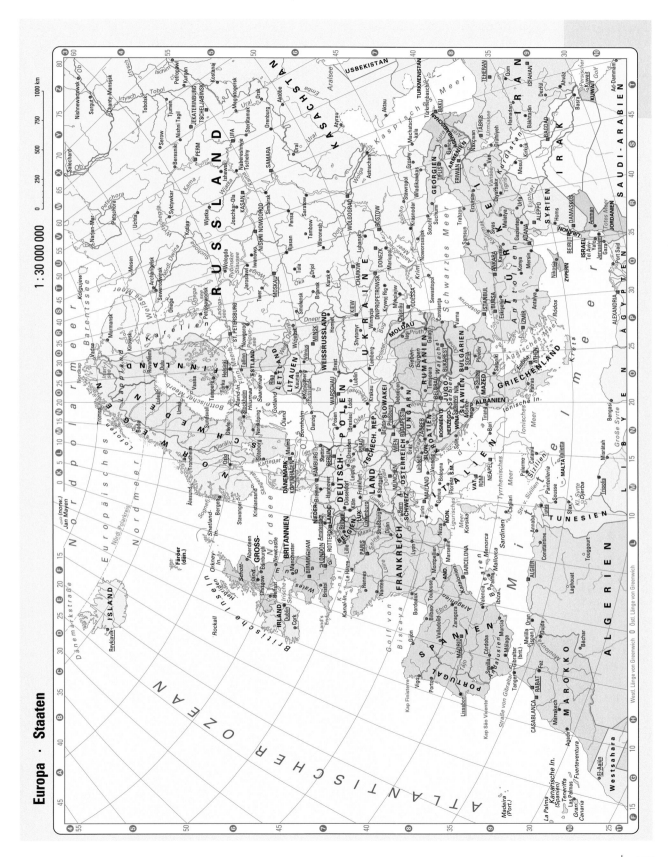

Erde · Staaten

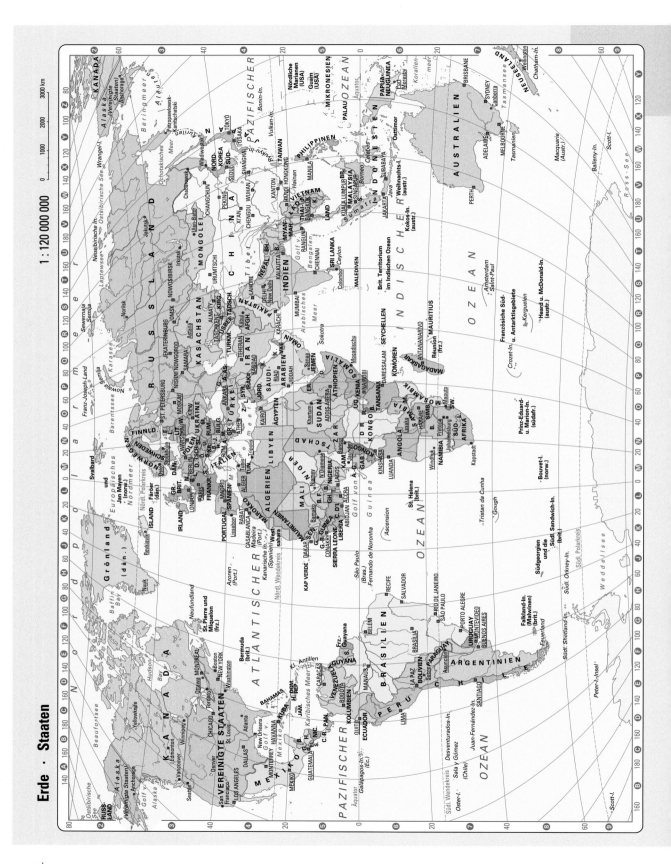

1 : 120 000 000

Bildnachweis

Hinweise zum Download

Sie wollen mehr Informationen?
Sie suchen weitere Übungsbeispiele?

Speziell zu diesem Buch gibt es ein kostenloses Angebot für Sie im Internet zum Download unter www.klett.de/online:

• **Internet-Adressen** zu jedem Thema, die regelmäßig aktualisiert werden.

• Über 150 zusätzliche **Prüfungsaufgaben** zur Vertiefung und Wiederholung, besonders vor der Prüfung.

• **Lösungen** zu den Lernsituationen, den Prüfungsaufgaben im Buch und den zusätzlichen Aufgaben im Internet, damit Sie überprüfen können, ob Sie richtig liegen.

• **Zusammenfassungen des Lernstoffs** (über die Zusammenfassungen im Buch hinausgehend) als PowerPoint-Präsentationen mit der Möglichkeit, den Text zu bearbeiten und zu aktualisieren.

• **Zusätzliche Informationen und Arbeitsblätter** zur Vertiefung und zum Üben. Wenn es zu einem Thema zusätzliches Material gibt, ist dies im Buch mit dem Zeichen ⇗ gekennzeichnet.

Das Online-Angebot wird regelmäßig aktualisiert.

Ihr Zugang zum Download-Material:
www.klett.de/online. Dann in die Suchmaske auf dieser Seite die jeweilige Kennziffer eingeben, z. B. 882730-1100.

• Die Kennziffer für die **gesamten Materialien eines Abschnitts** (z. B. 1.1 Das Unternehmen als Ausbildender) finden Sie als Online-Link auf der 1. Seite des jeweiligen Abschnitts.

• Sie können aber auch **bestimmte Bereiche gesammelt herunterladen**, z. B. alle zusätzlichen Prüfungsaufgaben oder alle Lösungen. Die Online-Link hierzu finden Sie unten.

Material	Online-Link
PowerPoint-Präsentationen und Zusammenfassungen als PDF aus dem Buch	882730-9901
Zusätzliche Prüfungsaufgaben	882730-9902
Zusatzmaterialien und Arbeitsblätter	882730-9903
Lösungen der Aufgaben im Buch	882730-9904
Lösungen zu den zusätzlichen Prüfungsaufgaben	882730-9905

• Wenn Ihnen das alles zu umständlich ist: Unter 882730-9900 ist ein Download aller Zusatzmaterialien möglich. Sehen Sie dazu die nebenstehende Seite.